U0543573

国家社科基金项目文库
National Social Science Fund Project Library

Community Life Circle for the Elderly:
System Construction and Collaborative
Development

老年人社区生活圈：
体系构建与协同营造

黄建中 等 / 著

上海社会科学院出版社
SHANGHAI ACADEMY OF SOCIAL SCIENCES PRESS

国家社科基金项目文库

总　　序

　　2005年，国家哲学社会科学基金办设立"国家社科基金成果文库"，每年从已结项的国家社科基金项目优秀成果中遴选10种左右出版，受到学界好评。2010年，"国家社科基金成果文库"进一步拓展为"国家哲学社会科学成果文库"，由全国社科规划办统一组织出版并公开表彰。入选成果坚持正确导向，符合学术规范，学风严谨、文风朴实，具有原创性、开拓性、前沿性，对繁荣中国特色哲学社会科学、推动经济社会发展和学科建设意义重大。

　　然而，也有学者反映，能获此殊荣的结项成果数量实在有限，其中有不少成果结项后也获得了优秀和良好鉴定，却未能得到上述出版机会。特别是随着国家社科基金课题立项数越来越多，出版的需求也越来越大。因此，各高校和科研机构都通过不同的方式予以支持。但由于这些成果的出版单位较为分散，即使在同一个出版社内，其从体例到装帧也有很大差别，导致很多优秀成果无法集中展示，不利于国家社科基金成果扩大影响。

　　近年来，在上海社会科学院的领导和支持下，我社致力于"打造一流智库成果出版基地"，加大对高质量、有深度的学术著作出版的支持力度，在学界已经产生了一定的影响力。上海乃至全国学者将国家社科基金结项成果交付我社出版，是对我社长期深耕智库成果出版的信任和肯定。另外，我社还是全国66家国家社科基金后期资助项目成果的出版单位之一，近3年已有40多项国家社科基金后期资助项目成果在我社出版，是我社致力于智库成果出版的又一证明。

为进一步强化我社智库成果出版导向，在上海社会科学院院庆65周年之际，我社决定设立"尚社智库"专项出版基金，重点支持其子库"国家社科基金项目文库"出版，向读者呈现中国当代哲学社会科学的最新研究成果。该基金主要支持成果的出版经费补助、学术研讨和媒体推介。同时，为进一步支持该项工作落地，我社将每年邀请全国哲学社会研究领域权威专家组成评委会，对出版的成果予以评奖，并对这类成果予以重点推介。

我们设想，以此专项基金为依托，以现有来稿为基础，进一步汇集来自社会科学院系统、高校系统、党校系统以及其他获得社科基金机构评定的结项成果，充实"国家社科基金项目文库"。该文库将从不同角度反映中国学术界贴近决策和服务国家战略的情怀和努力，以及为中国式现代化道路所做的可贵探索。我们认为，这项举措将进一步推动国家社科基金成果的社会化，有利于最新社科研究成果和思想的传播，有利于促进中国特色哲学社会科学学科体系、学术体系、话语体系的构建，也有利于进一步确立我社智库成果出版基地的定位。

最后，希冀这套文库的出版，为加快构建中国特色、中国风格、中国气派的哲学社会科学，为上海推进习近平文化思想最佳实践地建设，以及为推动我国哲学社会科学的繁荣，贡献一份微薄的力量。

上海社会科学院出版社社长、研究员

2024年2月15日

为《老年人社区生活圈：体系构建与协同营造》作序

在人口老龄化的浪潮中，我们正面临着前所未有的社会挑战。老年人群体的生活质量、健康状态以及社会参与度，已成为衡量一个城市文明程度和社会发展水平的重要指标。《老年人社区生活圈：体系构建与协同营造》一书，正是在这样的背景下应运而生，为我们提供了一个全新的视角和深入的思考。

作为城市规划与设计领域的学者，我深知社区生活圈对于老年人意味着什么。它不仅是老年人日常生活的空间载体，更是他们社会交往、精神寄托的重要场所。本书的研究成果，不仅在学术上具有开创性，更在实践应用上具有指导性，为我们如何构建一个更加包容、更加人性化的老年人社区生活圈提供了宝贵的经验和启示。

首先，本书在理论构建上具有创新性。作者团队基于生活圈理论和协同理论，深入分析了老年人的生活需求与行为特征，构建了老年人社区生活圈的理论框架。这一框架不仅涵盖了老年人的日常生活需求，还包括了社区服务、空间环境、社会参与等多个维度，为我们全面理解老年人的社区生活提供了一个多维度的视角。

其次，本书在实证研究上具有代表性。作者团队选取了上海市的27个不同类型的社区，通过问卷调查、行为日志、空间测度等多种方法，获取了大量第一手的实证数据。后续又在北京、广州进行了补充调研。这些数据为我们深入理解老年人在社区中的生活状态、行为模式提供了宝贵的素材。

再次，本书在策略建议上具有操作性。作者团队不仅从理论上构建了老年人社区生活圈的体系，更从实践出发，提出了一系列切实可行的协同营造策略。这些策略涵盖了评估、规划、建设、运营等多个阶段，为我们如何在实际操作中推进老年人社区生活圈的建设提供了明确的方向。

最后，本书在学术贡献上具有深远性。作者团队在研究过程中发表了多篇学术论文，培养了多位研究生，相关研究成果在国内外学术会议上多次交流，产生了广泛的学术影响。这些学术交流和人才培养，为推动老年人社区生活圈研究的深入发展奠定了坚实的基础。

作为本书的序作者，我深感荣幸。我相信，本书的出版，将对我国老年人社区生活圈的建设产生积极的推动作用。它不仅能够为城市规划者、社区管理者、养老服务提供者等专业人士提供理论指导和实践参考，也能够为广大老年人群体的生活质量提升带来实实在在的帮助。

在此，我要向本书的作者团队表示由衷的敬意。他们十年磨一剑，以严谨的学术态度、扎实的研究方法、创新的研究视角，为我们呈现了这样一部高质量的学术著作。我也要向支持本书出版的各方表示衷心的感谢，包括国家社会科学基金、同济大学建筑与城市规划学院、上海社会科学院出版社等，没有他们的支持，本书的出版不可能如此顺利。

最后，我要对广大读者说，这是一部值得一读的好书。无论你是城市规划的专业人士，还是社区管理的实践者，抑或关心老年人福祉的普通读者，都能从本书中获得有益的启示和思考。让我们一起携手，为构建一个更加和谐、更加宜居的老年人社区生活圈而努力！

中国工程院院士
同济大学建筑与城市规划学院教授、博士生导师

自　　序

我国正步入人口老龄化的社会转型期，在以"公平""正义"为原则的高质量发展要求下，老年人的日常生活质量与身心健康受到广泛关注。党的二十大报告将积极应对人口老龄化上升为国家战略，体现了对人口老龄化的高度重视。随着社区居家养老模式的普及，社区成为老年人日常生活的重要空间载体。当前人口老龄化压力激增，如何利用城市规划这一空间政策工具，实现社会资源和空间的公正分配，帮助老年人保持生理、心理和社会功能的健康状态，赋予老年人更多人文关怀，解决老龄化带来的突出问题，是亟待开展的重要课题。

笔者及研究团队对老龄化问题的关注，始于2014年对老年人交通出行特征和需求的研究。随着研究的不断深入，研究重点从老年人交通出行的改善，逐渐转向对老年人日常生活质量的关注。至2017年，研究课题《老年人社区生活圈的构建与协同策略研究》获得国家社会科学基金资助，整个研究得以全面展开。

从老年人居家养老的需求来看，呈现出从关注共性需求到关注差异性需求、从注重养老设施到注重社区日常服务设施、从偏重物质空间到强调社会功能的趋势。相关研究从注重老年群体的需求转向重视老年个体的差异性需求，细分老年人类型的研究逐渐增多；① 随着"居家养老"模式得到广泛认同，除养老服务机构之外的

---

① 张纯、柴彦威、李昌霞：《北京城市老年人的日常活动路径及其时空特征》，《地域研究与开发》2007年第4期。

社区日常服务支持的研究越来越受到重视；①② 同时，老年人的心理及精神健康备受关注，健康活力老龄化成为研究热点。③④ 由于出行能力的限制，社区作为老年人最为重要的日常活动空间，其物质环境及其社会交往、参与的功能也越来越受到重视。

从社区研究的重点来看，相关研究从住房供应、设施配置、环境改善转向治理、参与、可持续发展和保护，社区规划与社会问题紧密联系，社区协作和社区参与等逐渐成为研究重点，主要内容包括"社区协作和参与""物质规划内容""社区安全""社区情感与身份""社区复兴与可持续发展""GIS在社区规划中的应用"等。⑤⑥⑦⑧ 城乡规划学和地理学研究包括社区规划的方法、建设标准、协作机制以及社区规划师制度等，⑨ 总体上更加强调住房供应、设施配置和环境改善；社会学、管理学研究主要包括社区空间差异、变迁、生产及再造研究，以及社区空间建设策略、组织演化、公民参与及秩序建构研究等，⑩⑪⑫ 更加强调社会空间及治理策略。

---

① Bedney J. B., Robert B. G., Kate J., "Aging in Place in Naturally Occurring Retirement Communities: Transforming Aging Through Supportive Service Programs", *Journal of Housing for the Elderly*, 24(3-4), 2010, pp. 304-321.
② 陈喆：《老年友好城市导向下城市老年设施规划研究——以咸阳市主城区为例》，硕士学位论文，西安，西北大学，2014年，第118页。
③ David E. K., "Aging and health care costs: narrative versus reality", *Poverty & Public Policy*, 7(1), 2015, pp. 3-21.
④ 杜鹏、董亭月：《促进健康老龄化：理念变革与政策创新——对世界卫生组织〈关于老龄化与健康的全球报告〉的解读》，《老龄科学研究》2015年第12期。
⑤ Jacqueline K., Dori R., Lawrence F., "The Role of the Built Environment in Healthy Aging: Community Design, Physical Activity, and Health among Older Adults", *Journal of Planning Literature*, 27(1), 2012, pp. 43-60.
⑥ Tomeu V., Hector B., Andrés D. M., Sergi V., Maribel P., "Place Attachment, Place Identity, Sense of Community, and Local Civic Participation in an Urban Renewal Context", *Studies in Psychology*, 34(3), 2013, pp. 275-286.
⑦ Nisha D. B., Matthew T., Tom F., "Green Health Urban Planning and the Development of Healthy and Sustainable Neighborhoods and School", *Journal of Planning Education and Research*, 34(2), 2014, pp. 113-122.
⑧ Lin H., Luyt B., "The National Library of Singapore: Creating a Sense of Community", *Journal of Documentation*, 70(4), 2014, pp. 658-675.
⑨ 袁媛、陈金城：《低收入社区的规划协作机制研究——以广州市同德街规划为例》，《城市规划学刊》2015年第1期。
⑩ 阿兰纳·伯兰德、朱健刚：《公众参与与社区公共空间的生产——对绿色社区建设的个案研究》，《社会学研究》2007年第4期。
⑪ 夏建中：《治理理论的特点与社区治理研究》，《黑龙江社会科学》2010年第2期。
⑫ 李强：《社会分层与社会空间领域的公平、公正》，《中国人民大学学报》2012年第1期。

尽管研究侧重点不同，但"多元协同"已成为各学科的共识。在我国，协同理论在社区营造中的运用尚处于探索阶段。有学者对社区协同营造的主体关系进行了研究，指出多元主体角色定位和职责明确划分的重要性，也有学者从权利主体、动力来源、运作过程等方面阐释社区协同治理的动力机制。[1][2] 但现有的协同研究对中国国情下的具体参与机制总结不足，且偏重规划建设之后的治理阶段，缺乏对规划、建设、运营、评估等各阶段的研究。

值得注意的是，在营造公正共享、和谐宜居生活空间的目标下，反映居民真实生活空间、强调"自下而上、以人为本、均衡分配、广泛参与"理念的生活圈研究日益得到重视。既有的规划和建设常将社区视为独立空间单元，较少考虑与其他社区之间的关联，容易出现区域协调较差、效率低下、重复配置、过度建设等问题。由此，日本、韩国和我国台湾地区有关生活圈的研究和实践，[3][4] 开始受到学者们的重视。

生活圈从居民生活空间的角度出发，反映居民生活空间单元与居民实际生活的互动关系，刻画空间地域资源配置、设施供给与居民需求的动态关系，折射生活方式与空间质量、社会公平与社会排斥等内涵，生活圈的营造强调"自下而上、以人为本、均衡分配、广泛参与"的理念。[5] 其空间尺度涵盖了区域、城市到社区各个层面，其中社区层面的生活圈又称作社区生活圈，是生活圈的核心圈层。[6] 刘云刚等指出社区生活圈的构建一方面旨在打破行政边界和独立空间单元的束缚，促进社区之间的协同；另一方面是提供多元合作治理平台，充分发挥居民、市场、社会、政府各方的协作优势，实现空间资源共治共管、共建共享。[7]

然而，现有的社区空间规划和建设与社会治理脱节，存在重经济、轻社会，重建设、轻治理，重物质、轻文化，重蓝图、轻过程等一系列问题，忽视了城市规划

---

[1] 李汉卿：《协同治理理论探析》，《理论月刊》2014年第1期。
[2] 胡小君：《从分散治理到协同治理：社区治理多元主体及其关系构建》，《江汉论坛》2016年第4期。
[3] 山崎朗、藤本・典嗣：《「生活圏域」の特質と階層性——「二層の広域圏」にもとづく事業所立地分析》，《経済学研究》2004年第1期。
[4] 森川洋：《定住自立圏構想は人口減少時代の地方圏を支えうるか》，《自治総研通卷》2014年11期。
[5] 肖作鹏、柴彦威、张艳：《国内外生活圈规划研究与规划实践进展述评》，《规划师》2014年第10期。
[6] 孙道胜、柴彦威、张艳：《社区生活圈的界定与测度：以北京清河地区为例》，《城市发展研究》2016年第9期。
[7] 刘云刚、侯璐璐：《基于生活圈的城乡管治理论研究》，《上海城市规划》2016年第2期。

在社会保障、社会融合、多元利益协调等方面的职能，资源配置不当、参与感与归属感缺失等反映在社区空间的社会公正问题和矛盾十分突出。

在以"公平正义"为原则的包容性发展要求下，亟待融合多学科知识，从"空间与社会治理"的视角，深入分析老年人的生活需求与行为特征，构建新的空间政策工具和协同治理模式，实现"均衡资源配置、维护空间公正、组织地方生活"的目标，促使老年人保持生理、心理和社会功能的健康状态，营造公正共享、和谐宜居的人居环境。

本研究的目的是希望在社会公平公正视角下，通过老年人社区生活圈的构建和营造，探析老年人健康活力生活的实现途径，进一步加深对老年人健康生活质量的人文关怀；在协同创新理念下，以社区生活圈为社区空间治理的基本单元，探索跨越行政边界和传统空间单元的协同营造机制和方法，深化对中国国情下基层社区多元协同治理机制的理论认识。在实践方面，试图基于多学科知识，精细化解析城市

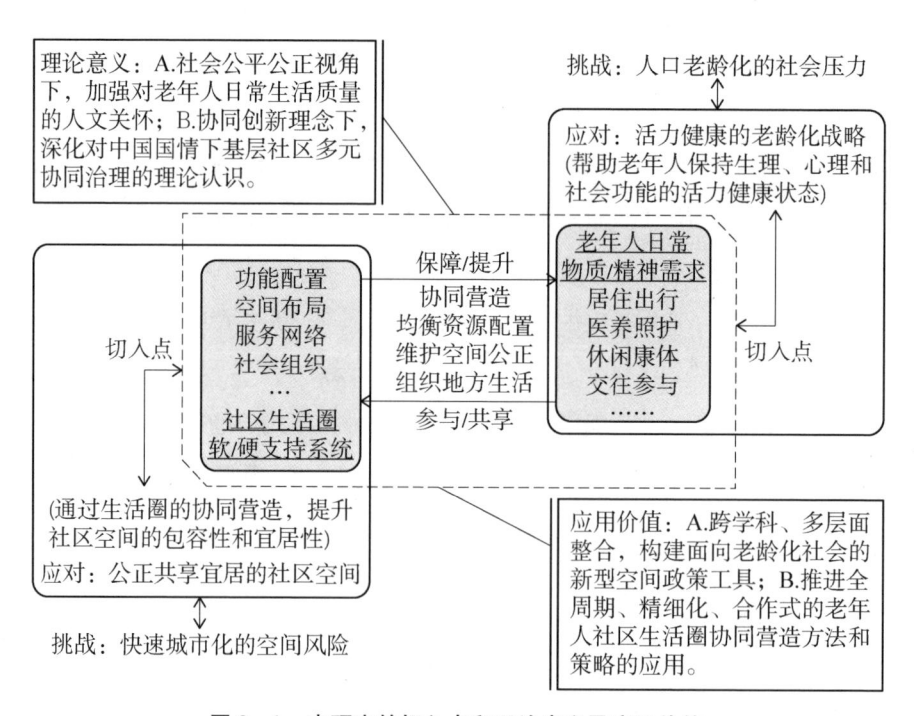

图 0-1 本研究的切入点和理论意义及应用价值

社区老年人日常行为空间，构建面向健康老龄化的新型空间政策工具，提出社区生活圈构建的目标准则、内容指标及空间层级，进一步规范和引导社区生活圈规划和建设；尝试结合典型案例社区开展老年人社区生活圈的协同营造实践，推进全周期、精细化、合作式的老年人社区生活圈协同营造方法和策略的应用。

至2021年，基金课题研究经全国哲学社会科学工作办公室审核准予结项，鉴定等级为优秀。本书是在该课题结项成果的基础上，结合鉴定意见修改补充完成的。主要内容包括理论基础与案例借鉴、老年人日常生活需求与行为特征、老年人社区生活圈体系构建、协同营造框架与机制以及协同营造策略等五个部分共十五章。

本书是笔者和团队成员共同研究的成果，整个研究从策划、调研、讨论到整理形成现在的成果历经10年，这中间凝聚了每一位合作者的智慧和汗水。在整个研究过程中，有多位研究生参与了相关研究工作，共完成了8篇硕士学位论文，累计发表期刊论文16篇，相关研究成果多次在国际国内学术会议上交流。其中，吴萌主要参与了老年人交通出行特征的研究；胡刚钰、李敏主要参与了老年人步行能力分类及社区服务设施的差异化使用特征研究；刘嘉丽主要参与了农村地区老年人出行特征研究；朱淑珩主要参与了老年人社区生活圈内容体系构建的研究；张芮琪主要参与了社区生活圈的空间层级研究；胡晓婧主要参与了国内外老年友好社区营造的经验及启示的研究；杜怡芳主要参与了老年人社区生活圈的协同营造框架和机制研究；马煜箫补充完善了老年人日常生活需求特征的研究。胡刚钰、马煜箫、张婷参与了本书的统稿、校稿和修订工作。陈思玲、王靖馨、况盛慧参与了补充调研和校稿工作，陈歌、王宇琛参与了书中图件的修改清绘工作。基金课题组成员同济大学社会学研究所张俊副教授、上海社会科学院城市与人口发展研究所于宁副研究员、同济大学城市规划系杨辰副教授在研究过程中给予了宝贵的指导意见。感谢他们的杰出工作和辛勤付出。

本书的出版，还要感谢国家社会科学基金、同济大学建筑与城市规划学院学术出版资助和上海社会科学院出版社的支持。

限于笔者的研究能力和精力，本书关于老年人社区生活圈的构建和协同营造机制及策略的研究还需要通过后期的评估来反馈、调整和优化。调查样本也均来自上海、北京、广州等超特大城市，对中小城市以及农村社区还有待进一步的研究。书中疏漏和不足之处，敬请广大读者批评指正。

2024 年 4 月

目录

总序
为《老年人社区生活圈：体系构建与协同营造》
作序
自序

第一编
老年人社区生活圈营造的理论基础与案例借鉴

第一章 生活圈的相关研究
第一节 生活圈的理论研究 / 3
第二节 生活圈的构建和应用 / 7
第三节 生活圈的空间尺度 / 11

第二章 老龄化背景下社区营造的理论研究
第一节 老年友好社区的主要内涵 / 14
第二节 老龄化背景下社区营造的主要内容 / 16

第三章 老龄化背景下社区营造的实践探索
第一节 国外老年友好社区营造实践 / 22
第二节 我国老年友好社区营造实践 / 31

第四章 经验与启示
第一节 老龄化背景下社区协同营造的内容框架 / 35
第二节 协同营造主体的角色和权责划分 / 40
第三节 协同营造的运行机制 / 46

目录 II

第二编 老年人日常生活需求与行为特征

第五章 调研设计
第一节 调研对象 / 53
第二节 调研范围 / 53
第三节 调查方法 / 55
第四节 调研样本 / 55

第六章 老年人日常生活需求特征
第一节 社区空间与服务设施需求及满意度 / 59
第二节 社区交往与服务需求及满意度 / 66
第三节 社区服务设施使用特征 / 74

第七章 老年人交通出行特征
第一节 出行特征 / 87
第二节 出行影响因素 / 96
第三节 农村地区老年人出行特征研究 / 115

第八章 老年人时空间行为特征
第一节 基于GPS数据的老年人时空间行为可视化分析 / 122
第二节 基于访谈的老年人中长距离出行活动分析 / 132

第三编 老年人社区生活圈的体系构建

第九章 老年人社区生活圈构建的目标准则
第一节 基本内涵 / 145

第二节 指导思想 / 146
第三节 发展目标 / 147
第四节 规划导向 / 149

第十章 老年人社区生活圈的内容体系
第一节 老年人社区生活圈的总体架构 / 151
第二节 五大系统主要内容及构建方法 / 152

第十一章 老年人社区生活圈的空间层级
第一节 老年人日常生活圈概念及空间
　　　 体系 / 171
第二节 老年人日常生活圈的圈层特征 / 173
第三节 老年人社区生活圈的空间测度
　　　 实证 / 175
第四节 社区生活圈的空间层次、要素及
　　　 设施配置 / 180

第四编
老年人社区生活圈的协同营造框架与机制

第十二章 老年人社区生活圈协同营造的理论
##　　　　 基础与营造主体
第一节 协同营造机制建构的理论基础 / 187
第二节 老年人社区生活圈的协同营造
　　　 主体 / 192

第十三章 协同营造机制的框架和内容
第一节 激励机制：互利互惠的关系网络 / 198
第二节 合作协调：因地制宜的联动体系 / 199
第三节 约束机制：系统规范的制度建设 / 205
第四节 动态监督：常态化评价反馈体系 / 207

第五编
老年人社区生活圈协同营造策略

第十四章 老年人社区生活圈协同营造的案例分析

第一节 北京东四南历史文化街区公共环境提升 / 213

第二节 北京劲松北社区适老化改造 / 218

第三节 上海延吉新村社区养老试点 / 223

第四节 上海敬老邨适老化改造 / 229

第五节 上海中大居民区社区花园营建 / 235

第六节 广州三眼井社区规划微改造 / 238

第十五章 老年人社区生活圈协同营造策略

第一节 倡导协同理念，建立分层级的多元主体协同营造机制 / 245

第二节 将社区生活圈营造与社区规划编制的评估阶段相结合 / 248

第三节 建立多核心的多元主体关系，共同参与规划决策 / 248

第四节 拓展资金来源渠道，为项目实施提供有力支撑 / 250

第五节 引导在地主体角色转变，形成长效管理维护机制 / 251

附录

A. 调研问卷 / 255

B. 部分访谈提纲和记录 / 274

第一编

老年人社区生活圈营造的理论基础与案例借鉴

本编从生活圈的定义、生活圈的构建与应用、生活圈的空间尺度等方面对生活圈的相关研究进行了梳理，建立了社区生活圈营造的理论基础。在此基础上，总结了老年友好社区的主要内涵和老龄化背景下社区营造的主要内容，并对国内外社区营造的实践案例进行分析，从老龄化背景下社区协同营造的内容框架、协同营造主体的角色和权责划分，以及协同营造的运行机制等方面总结经验教训，以期对我国老年人社区生活圈的协同营造提供经验借鉴。

第 一 章

生活圈的相关研究

第一节 生活圈的理论研究

一、理论基础

生活圈本质上是一个空间概念。早在1943年,美国学者Burt提出了生活圈(Home Range)概念,并将其定义为动物个体或群体为满足其定期的生理需求而涉及的地域空间。[1] 后来"Home Range"这一概念被引入地理学和城乡规划学的研究中,学者们开始关注人类个体在日常活动中所涉及的、以家为中心的空间范围。"生活圈"概念诞生于日本,并在亚洲地区得以发展和应用。日本最初将"生活圈"概念运用于居住环境整治和综合开发中。对应区域、城市等不同的空间尺度,出现了"广域生活圈""地方生活圈"与"定住圈"等概念。政府通过对生活圈的规划、建设与管理,促进各地区均衡发展。其中,"定住圈"关注人的日常生活需求,是工作、购物、医疗、教育和娱乐所涉及的空间单元。[2] 韩国

---

[1] Burt W. H., "Territoriality and home-range concepts applied to small mammals", *Journal of Mammalogy*, 24(3), 1943, pp.346–352.
[2] 陈丽瑛:《生活圈,都会区与都市体系》,《经济前瞻》1989年第16期。

在住区规划时引入"生活圈"概念,将居住区、居住小区和组团与大、中、小三级生活圈相对应。在规划实践中,强调不同等级的圈层所对应的尺度和人口。[①] 20世纪60年代末,我国台湾为提升生活品质而展开生活圈建设工作,将城市划分为35个"地方生活圈"。

由此可见,生活圈包含不同尺度的空间组织单元,可以形成一套完整的圈层空间体系。不同于行政区划,生活圈是城市活动(如区域间的经济活动、城市居民的通勤等)在地域空间上的实际体现,具有地理学和城乡规划学的属性,常常被视作区域或城市空间结构分级以及城市规划建设与管理的基本单位。

近年来,城市层面的日常生活圈逐渐成为国内学者的研究重点。日常生活圈(Daily Life Circle)是指居民开展日常活动所遍及的地域空间范围。肖作鹏等认为,日常生活圈更加真实地刻画了生活空间与居民日常活动的互动关系,能够反映资源配置、设施供给与居民需求的动态关系,对城市规划中的设施配置、空间公平等议题具有重要意义。[②] 社区生活圈(Community Life Circle)是日常生活圈的基础圈层,更加强调以家庭居住地为中心、以社区为基础的空间范围。

二、生活圈的定义

生活圈的概念最早可追溯到1965年日本的《农村生活环境整备计划》,它与日本全国、大都市、地方市和地方县等地域的开发规划及结构调整紧密相关,被用于指导设施布局、防灾等规划设计。[③]《农村生活环境整备计划》提出生活圈是一个行为轨迹圈,是人们的日常行为活动在地理空间中的投射,是一个圈层形态的面域。[④] 日本以一定的村落人口规模和一定的空间间隔为基准,按等级将生活圈域划分为五个基本层次,即"村落—大字—老村落—市町村—地方都市圈"。

1969年,为解决地区拥挤、人口减少和地区差距等问题,日本在《新全国综

---

① 朱一荣:《韩国住区规划的发展及其启示》,《国际城市规划》2009年第5期。
② 肖作鹏、柴彦威、张艳:《国内外生活圈规划研究与规划实践进展述评》,《规划师》2014年第10期。
③ 孙道胜、柴彦威:《日本的生活圈研究回顾与启示》,《城市建筑》2018年第36期。
④ 孙烟烟、李桂斌:《社区生活圈理念在廊坊控规研究中的实践探索》,人民城市,规划赋能——2022中国城市规划年会论文集(17详细规划),武汉,2023年9月。

合开发计划》(二全综)中提出在农村地区建立"广域生活圈"。为落实该计划,同年日本自治省(现总务省)推出了"广域市町村圈"计划,将地方核心城市和周边农村地区整合成日常社会生活区域;日本建设省主导"地方生活圈"计划,将生活圈划为"基本集聚圈""1 次生活圈""2 次生活圈"。[1] 1977 年,为实现土地利用均衡、整治人居环境,《第三次全国综合开发计划》提出"定住圈"的概念,并指出它是地区开发的基础区域,也是流域圈、通勤通学圈、广域生活圈的生活基本区域。[2]

随后,生活圈的概念被广泛传入韩国等地。[3] 1970 年,韩国借鉴日本日笠端氏的"分级理论",将组团规划为小生活圈,将小区规划为中生活圈,将居住区规划为大生活圈。随后,日常生活空间的研究范围从住区内部扩大到城市空间,在分级结构生活圈的基础上,引入"线形轴"的概念,实现生活圈之间的连接,进而形成聚集效应。[4] 1979 年,我国台湾地区采用"地方生活圈"的概念,以地方为核心,根据通勤和购物活动距离、行政范围等因素划定影响范围。[5] 此阶段的研究主要集中于生活圈的形成和发展、人口流动和城市化、生活质量和环境等方面。20 世纪 90 年代后,研究内容逐渐转向城市规划与建设、生活方式与文化、经济发展与产业结构、社会治理与公共服务等方面,研究方法也更加多样化和科学化,采用问卷调查、实地调查、数据分析等方法。

2016 年,《中共中央 国务院关于进一步加强城市规划建设管理工作的若干意见》中提出打造方便快捷的生活圈。同年,上海发布的全国首个《十五分钟社区生活圈规划导则》指出,15 分钟生活圈是上海打造社区生活的基本单元,即在 15 分钟步行可达范围内配备生活所需的基本服务功能于公共活动空间。[6] 2018 年,中国发布新版《城市居住区规划设计标准(GB50180—2018)》,正式将生活圈概念引入居住区规划中,按居民步行时长(15 分钟、10 分钟、5 分钟)将生活圈分为三级,在不同分级下满足居民物质、文化、基本日常生活

---

[1] 孙道胜、柴彦威、张艳:《社区生活圈的界定与测度:以北京清河地区为例》,《城市发展研究》2016 年第 9 期。
[2] 朱查松、王德、马力:《基于生活圈的城乡公共服务设施配置研究——以仙桃为例》,规划创新:2010 中国城市规划年会论文集,重庆,2010 年 10 月。
[3] 蔡兴飞、王浩、李莉、宁晓刚、李光哲:《社区生活圈评估应用实践、挑战与展望》,《规划师》2023 年第 5 期。
[4] 肖作鹏、柴彦威、张艳:《国内外生活圈规划研究与规划实践进展述评》,《规划师》2014 年第 10 期。
[5] 程蓉:《以提品质促实施为导向的上海 15 分钟社区生活圈的规划和实践》,《上海城市规划》2018 年第 2 期。
[6] 周弦:《15 分钟社区生活圈视角的单元规划公共服务设施布局评估:以上海市黄浦区为例》,《城市规划学刊》2020 年第 1 期。

的需求。[1] 2021年,自然资源部发布了《社区生活圈规划技术指南(TD/T1062—2021)》,进一步明确了社区生活圈的定义,指出社区生活圈是在适宜的日常步行范围内,满足城乡居民全生命周期工作与生活等各类需求的基本单元,融合"宜业、宜居、宜游、宜养、宜学"多元功能,引领面向未来、健康低碳的美好生活方式。[2] 由此可见,虽然各国(地区)对生活圈的定义不同,但是核心均是以人的生活需求为出发点,关注基本活动圈层。

随着研究的进一步深入,生活圈的概念不断扩展和细化。首先,广州、深圳、杭州等城市相继从"时空距离"角度对生活圈的定义做出解释。[3][4][5] 部分学者从功能角度定义生活圈,如"日常体育生活圈"是人们从居住地到体育生活服务提供地之间移动的行为轨迹以及相关要素构成的地域空间体系。[6] 王婷杨借鉴了日本以及我国台湾等关于防灾生活圈的实践经验,将"防灾生活圈"拆解为延烧隔断带、防灾生活圈单元、防灾据点和基础设施4个关键词。[7] 其次,生活圈概念从城市范围拓展至乡村范围,形成"乡村生活圈",如杨山等将乡村生活圈解构为居住圈、就业圈和交际圈。[8] 官钰等认为乡村生活圈不仅包括基于居民日常活动构成的圈层形态,还具有方向性与相邻区域的重叠性。[9] 自然资源部发布的《社区生活圈规划技术指南》提出,乡村生活圈是"村庄建设范围内,从满足乡村居民生产、生活需求角度,结合乡村居民的日常出行规律形成的乡村活动单元"。[10] 最后,针对不同人群的生活圈研究也逐渐兴起,如"儿童生活圈""大学生生活圈"及"高龄者生活圈"等。[11][12][13] 由于生活圈是人群活动的空间

---

[1] 黄明华、赵冰婧、胡仕婷、王琛:《〈城市居住区规划设计标准〉的街坊开发强度探讨》,《规划师》2019年第18期。
[2] 《社区生活圈规划技术指南》TD/T1062-2021,自然资源部,2021年。
[3] 张亦汉、李利红:《广州一小时生活圈的划分及其变化分析》,《中山大学学报》2014年第3期。
[4] 刘伟、罗雪燕、邱晶晶:《福田融入港人半小时生活圈》,《深圳特区报》2007年7月1日A10版。
[5] 葛辉:《杭州打造15分钟幸福养老生活圈》,《中国建设报》,2013年6月6日003版。
[6] 朱晓东、颜景昕、卢青、张松敏:《上海市日常体育生活圈的公共体育设施配置研究》,《人文地理》2015第1期。
[7] 王婷杨:《城市防灾生活圈绿地空间研究》,硕士学位论文,华南理工大学,2016年。
[8] 杨山、杨虹霓、季增民、于璐璐:《快速城镇化背景下乡村居民生活圈的重组机制——以昆山群益社区为例》,《地理研究》2019年第1期。
[9] 官钰、李泽新、杨琬铮:《乡村生活圈范围测度方法与优化策略探索——以雅安市汉源县为例》,《规划师》2020年第24期。
[10] 《社区生活圈规划技术指南》TD/T1062-2021,自然资源部,2021年。
[11] 吴胜:《探寻儿童生活圈中的英语活动》,《教育观察》2016年第11期。
[12] 邱敏:《基于移动互联网的SICNU校园生活圈O2O商务模式研究》,硕士学位论文,电子科技大学,2014年。
[13] 张昕楠、刘克嘉、李石磊:《基于高龄者生活圈的都市住区适老性更新研究》,《新建筑》2017年第1期。

反映,而不同类别的人群具有各自的行为活动特征,因此分人群的生活圈研究具有较好的针对性和实践指导意义。

第二节 生活圈的构建和应用

生活圈体系的构建需要考虑空间层次、面积、人口规模、服务功能配套及居民活动特征(活动类型,出行方式,出行时空距离、频率)等因素。以日本为例,社区级的"定住圈"面积约为5—8平方千米,人口3万—6万人,在步行15分钟的范围内需要具备居住、绿化、养老、购物、教育等功能,及少量的就业和高级别购物中心。因为研究目的或应用导向不同,所以生活圈体系的构建也有不同的侧重。

在城市空间结构的研究中,柴彦威等为优化城市生活空间、促进区域协同发展,提出了"基础生活圈-通勤生活圈-扩展生活圈-协同生活圈"的城市生活圈体系。[1] 袁家冬等将"生活圈"概念引入地理学,建立了基于"基本生活圈-基础生活圈-机会生活圈"的城市地域系统。[2]

在城乡规划管治及社区治理的应用中,刘云刚等探讨了基于生活圈的城乡管治模式,指出生活圈的构建有利于发挥政府、市场、社会三方在城乡管治中的主体作用。[3] 奚东帆等探讨了生活圈在社区建设和治理中的重要意义,并在上海地区展开了相关实践,将生活圈作为组织居住、就业、休闲等要素的基本单元,同时构建创新高效的治理体系。[4][5]

目前,生活圈概念最广泛的应用领域是城乡公共服务设施的优化配置,不少学者从指标体系优化、划分方式、规划布局、居住形态等方面展开研究。朱查松将居民行为特征和设施服务半径相结合,划分出基本生活圈、一次生活圈、二

---

[1] 柴彦威、张雪、孙道胜:《基于时空间行为的城市生活圈规划研究——以北京市为例》,《城市规划学刊》2015年第3期。
[2] 袁家冬、孙振杰、张娜、赵哲:《基于"日常生活圈"的我国城市地域系统的重建》,《地理科学》2005年第1期。
[3] 刘云刚、侯璐璐:《基于生活圈的城乡管治理论研究》,《上海城市规划》2016年第2期。
[4] 奚东帆、吴秋晴、张敏清、郑轶楠:《面向2040年的上海社区生活圈规划与建设路径探索》,《上海城市规划》2017年第4期。
[5] 王睿:《生活圈构建视角下特大城市社区发展规划探索——以上海市万里街道为例》,持续发展理性规划——2017中国城市规划年会论文集(20住房建设规划),2017年11月。

次生活圈和三次生活圈,并对不同层次的生活圈公共设施的配置进行优化。[1] 孙德芳等依据居民对公共服务设施的时间成本意愿,构建出初级-基础-基本-日常生活圈体系,旨在推动城乡服务设施一体化配置。[2] 耿虹等和王少博分别将生活圈设施配置优化方案应用于小城镇和乡村地区。[3][4] 朱晓东等则聚焦于体育设施的配置,结合上海市日常体育生活圈的建设,提出了相应的设施配置体系和模式。[5] 孙道胜等提出社区生活圈Ⅰ(自足性圈层)、社区生活圈Ⅱ(在居民出行能力制约下形成,面向本社区提供服务)、社区生活圈Ⅲ(共享性圈层,多个社区生活圈之间重叠的部分),从时空视角对案例社区生活圈的集中度和共享度进行计算并划分,提出相关优化策略。[6] 焦健根据出行距离将生活圈划分为城市拓展、街道邻里、社区基本等三类生活圈,对居民日常活动出行特征、案例社区设施布局及设施布局优化进行研究。[7] 黄建中等通过对老年人日常生活圈的空间识别及特征分析,从不同空间层次出行活动视角,将生活圈划分为社区生活圈、扩展生活圈和机会生活圈。[8] 此外,黄慧明等从居住形态视角对社区生活圈的组织类型进行研究,总结出锚点依托式、社区邻里中心集聚式、街区式以及边界围合式等四种社区生活圈划分模式,并提出相应的公共服务规划配置方式。[9] 总的来说,生活圈理论主要应用在三个方面:城市空间结构的组织划分、城乡规划及社区治理和公共服务设施的配置布局。

---

[1] 朱查松,王德,马力:《基于生活圈的城乡公共服务设施配置研究——以仙桃为例》,规划创新:2010 中国城市规划年会论文集,重庆,2010 年 10 月。
[2] 孙德芳、沈山、武廷海:《生活圈理论视角下的县域公共服务设施配置研究——以江苏省邳州市为例》,《规划师》2012 年第 8 期。
[3] 耿虹、许金华、张艺:《基于生活圈的小城镇公共服务设施优化配置——以山西省小城镇为例》,城市时代,协同规划——2013 中国城市规划年会论文集(12—小城镇与城乡统筹),青岛,2013 年 11 月。
[4] 王少博:《生活圈视角下泾阳县乡村社区基本公共服务设施配置研究》,硕士学位论文,长安大学,2015 年。
[5] 朱晓东、颜景昕、卢青、张松敏:《上海市日常体育生活圈的公共体育设施配置研究》,《人文地理》2015 第 1 期。
[6] 孙道胜、柴彦威:《城市社区生活圈体系及公共服务设施空间优化——以北京市清河街道为例》,《城市发展研究》2017 年第 9 期。
[7] 焦健:《基于居民日常活动出行特征的社区公共服务设施布局研究》,硕士学位论文,西安建筑科技大学,2017 年。
[8] 黄建中、张芮琪、胡刚钰:《基于时空行为的老年人日常生活圈研究——空间识别与特征分析》,《城市规划学刊》2019 年第 3 期。
[9] 黄慧明、周岱霖、王烨:《基于居住形态类型的社区生活圈空间组织模式研究——以广州为例》,《城市规划学刊》2021 年第 2 期。

表1-1 现有研究中的生活圈体系构建和应用

应用目的	应用尺度	生活圈体系	划分指标
空间结构的组织划分	北京市(柴彦威)	基础生活圈-通勤生活圈-扩展生活圈-协同生活圈	出行特征; 设施使用频率
	城市地域系统(袁家冬)	基本生活圈-基础生活圈-机会生活圈	土地利用功能; 可达范围; 社会经济数据
城乡规划及社区治理	韩国住区规划	大生活圈-中生活圈-小生活圈	设施功能/等级; 设施使用频率; 出行时空距离; 人口
	广东省鹤山市(刘云刚)	基础生活圈-扩展生活圈-城乡生活圈	出行特征; 设施服务半径; 行政区划
	上海市社区级(奚东帆、王睿)	城镇社区生活圈 乡村社区生活圈	出行可达性(步行15分钟可达范围); 设施功能/等级; 行政村区划
公共服务设施的配置布局	仙桃市(朱查松)	基本生活圈-一次生活圈-二次生活圈-三次生活圈	不同人群出行距离; 设施服务半径
	江苏省邳州市(孙德芳)	初级生活圈-基础生活圈-基本生活圈-日常生活圈	公共服务设施的时间成本意愿 (时间距离)
	山西省小城镇(耿虹)	基础生活圈≤30分钟; 基本生活圈30—60分钟; 日需生活圈60—90分钟; 机会生活圈≥90分钟	不同出行时间
	咸阳市泾阳县乡村社区(王少博)	社会生活圈; 时间生活圈; 功能生活圈	民风民俗和价值取向; 不同出行目的可承受的时间成本、出行方式和道路交通条件; 功能生活圈的空间中心和服务等级

(续表)

应用目的	应用尺度	生活圈体系	划分指标
	上海市（朱晓东）	基本体育生活圈≤15分钟； 基础体育生活圈 15—30分钟； 机会体育生活圈≥30分钟	步行时距
	北京市清河街道（孙道胜）	社区生活圈Ⅰ：集中度＞临界值； 社区生活圈Ⅱ：集中度小于临界值，共享度亦小于临界值； 社区生活圈Ⅲ：共享度大于临界值	集中度和共享度
	西安市（焦健）	城市拓展生活圈＞1 500米； 街道邻里生活圈≤1 500米； 社区基本生活圈≤800米	出行距离
	上海市（黄建中）	社区生活圈（以惯性行为为主，时空密集度高）； 扩展生活圈（以惯性行为和随机行为为主，时空密集度适中）； 机会生活圈（以随机行为为主，时空密集度低）	出行-活动的时空分布（时空间密集度）； 行为属性（惯性行为和随机行为）
	广州市（黄慧明）	锚点依托式； 社区邻里中心集聚式； 街区式； 边界围合式	"锚点"设施的势力范围； 可达性及邻里中心； 高度组织作用的"主街"； 以村域为边界

随着 2019 年末新冠肺炎疫情的暴发，社区生活圈相关研究逐渐从物质空间转向社区交往和社区安全层面，不少学者从韧性、健康、安全、环境视角对生活圈进行深入研究，以此提升城市抗风险能力，应对突发事件带来的冲击。赵宝静等从韧性提升视角探讨生活圈规划策略，提出应推进公共资源下沉、落实

差异管控思路、提升应对风险能力、加强社区治理效能等观点。[①] 吴宇彤等从不同空间尺度,结合社区内在和外部提出社区韧性概念,并对武汉市中心城区开展城市社区韧性评估和外部关联特征分析。[②] 韩帅等基于健康城市理念,从用地功能、道路交通、蓝绿空间、公共服务等健康规划视角,系统性构建多尺度健康生活圈。[③] 此外,姜玉培等对社区生活圈休闲步行和环境的耦合协调关系进行研究,并深入探析其影响因素。[④]

当前,我国城乡建设发展已由增量开发转为存量更新,[⑤]相关研究对数据精准度、生活圈的精准划分技术要求逐渐提高。张文佳等基于时空行为研究视角,利用机器学习方法的大数据分析优势,对时空行为预测技术的社区生活圈划分、非线性建模技术的社区生活圈设施配置优化进行研究。[⑥] 唐钰婷等通过合并步行规划时空圈和地图盒子(Mapbox)时空圈数据方法优化对社区生活圈的划定,并从设施布局、空间可获得性和居民满意度等维度,构建生活圈建设水平综合测度指标体系。[⑦]

第三节　生活圈的空间尺度

空间尺度测度是生活圈研究的重要内容。在生活圈概念未得到广泛应用之前,以家庭、社区为中心的生活空间研究为生活圈的空间测度提供了基础。行政或物理边界、设施服务半径及可达性、居民行为特征是生活空间划分和尺度计算的主要依据。

[①] 赵宝静、奚文沁、吴秋晴、王睿:《塑造韧性社区共同体:生活圈的规划思考与策略》,《上海城市规划》2020年第2期。
[②] 吴宇彤、左沛文、彭翀、朱晓宇:《面向突发公共卫生事件的城市社区韧性评估及其外部关联特征——以武汉市中心城区为例》,《国际城市规划》2023年第4期。
[③] 韩帅、袁奇峰、顾嘉欣、孟婧:《基于健康城市理念的多尺度生活圈规划路径探析——以北海市廉州湾新城为例》,《上海城市规划》2023年第4期。
[④] 姜玉培、甄峰、张振龙:《面向人本治理的社区生活圈休闲步行与环境协调关系及影响因素研究——以南京市为例》,《人文地理》2023年第4期。
[⑤] 陈卓、李敏、张耀宇、陈利根:《新型城镇化建设对城市建设用地稀缺度的影响研究》,《城市问题》2023年第10期。
[⑥] 张文佳、李春江、罗雪瑶、柴彦威:《机器学习与社区生活圈规划:应用框架与议题》,《上海城市规划》2021年第4期。
[⑦] 唐钰婷、杜宏茹:《社区生活圈划分及建设水平综合测度方法——以乌鲁木齐市为例》,《干旱区地理》2023年。

柴彦威在早期的生活空间研究中，基于中国特色的单位大院形式，将工作单位及其附属居住、生活、福利设施的空间范围定位为基础生活圈，提出生活空间与行政管理相对应的观点。[1] 吴秋晴认为生活空间单元应与行政区划衔接，以保障设施配置的实施和管理，在此基础上再考虑社区居民的出行需求特征，并指出上海市"社区生活圈"平均范围应为3—5平方公里，与上海街道的规模匹配。[2]

既有研究多以生活设施为原点来探讨其服务范围，服务半径所覆盖的区域就是该生活设施的可达范围。陈青慧等依据家庭和社区周边设施的配置等级和距离，提出了核心生活圈和基本生活圈概念。[3] 宋小冬等总结并比较了等距可达和等时可达的计算方法，认为基于GIS网络分析的等时可达范围更加精确合理。[4] 周鑫鑫等基于服务设施分级配置的基本思想，根据不同等级的设施配置构建了农村生活圈的不同圈层；在此基础上结合居民出行特征，根据出行时间和出行速度确定圈层的具体半径。[5] 依据设施服务半径和可达性的空间测度研究已有了丰富的成果，但大多分析都以空间数据（place-based）为基础，并未充分考虑活动数据及出行人群（people-based）的差异。近年来，随着地理学研究"人"和"行为"的转向，越来越多的学者开始以人为原点的生活设施方面的研究。[6]

基于居民行为特征（如需求、出行时间、出行距离、使用频次）的空间尺度计算也取得了较大进展，尤其在移动通信设备及互联网数据广泛运用后，客观、精准的个体时空间数据为空间尺度计算提供了新视角。[7] 柴彦威在研究北京市城市生活圈时，从居民对设施的使用频率出发划分空间层次；其中社区生活圈内的活动频次为一日多次，具有短时、节律性的特点，基础生活圈的活动频率为1—3日一次，通勤生活圈为一日一次，扩展生活圈的活动为偶发性行为，周期为一周。[8] 季钰等通过对居民居住点和日常活动驻点联系的空间聚类分析（K-

---

[1] 柴彦威：《以单位为基础的中国城市内部生活空间结构——兰州市的实证研究》，《地理研究》1996年第1期。
[2] 吴秋晴：《生活圈构建视角下特大城市社区动态规划探索》，《上海城市规划》2015年第4期。
[3] 陈青慧、徐培玮：《城市生活居住环境质量评价方法初探》，《城市规划》1987年第5期。
[4] 宋小冬、钮心毅：《再论居民出行可达性的计算机辅助评价》，《城市规划汇刊》2000年第3期。
[5] 周鑫鑫、王培震、杨帆、徐建刚：《生活圈理论视角下的村庄布局规划思路与实践》，《规划师》2016年第4期。
[6] 孙道胜、柴彦威：《日本的生活圈研究回顾与启示》，《城市建筑》2018年第36期。
[7] Miller H. J., *Place-based versus People-based Accessibility*, Access to Destinations, Emerald Group Publishing Limited, 2005, pp.63-89.
[8] 柴彦威、张雪、孙道胜：《基于时空间行为的城市生活圈规划研究——以北京市为例》，《城市规划学刊》2015年第3期。

Means),划分社区生活空间。[①] 申悦等通过 GPS[②] 技术收集时空间行为数据,利用标准置信椭圆对日常活动空间进行测度。[③] Yin L. 等结合 GPS 和活动日志,采用最小凸多边形法(Convex Hull)确定社区活动空间尺度,得出青年人集中活跃在距居住地 400 米半径的扇形空间内的结论。[④] Loebach J. E. 等利用 GPS 数据测算了儿童在社区周边的活动空间范围,并通过栅格化数据计算出儿童在不同空间的时间(when and for how long)属性。[⑤] 孙道胜等提出生活空间不是"非此即彼",而是相互嵌套的,在构建了基于时空密度的生活圈层次后,采用阿尔法形状(Alpha-shape)算法确定了社区生活圈的具体空间范围。[⑥]

空间尺度的研究意义重大,只有明确了生活圈体系的尺度,才能有效组织空间结构,将规划治理及公共设施配置优化落到实处。

[①] 季珏、高晓路:《基于居民日常出行的生活空间单元的划分》,《地理科学进展》2012 年第 2 期。
[②] GPS,全球定位系统。编者注。
[③] 申悦、柴彦威:《基于 GPS 数据的北京市郊区巨型社区居民日常活动空间》,《地理学报》2013 年第 4 期。
[④] Yin L., Samina R., Xiao L., Yuan L., Leonard E., James R., "Neighbourhood for Playing: Using GPS, GIS and Accelerometry to Delineate Areas within which Youth are Physically Active", *Urban Studies*, 50 (14), 2013, pp. 2922 - 2939.
[⑤] Loebach J. E., Gilliland J. A., "Free Range Kids? Using GPS-Derived Activity Spaces to Examine Children's Neighborhood Activity and Mobility", *Environment & Behavior*, 48(3), 2014, pp.421 - 453.
[⑥] 孙道胜、柴彦威、张艳:《社区生活圈的界定与测度:以北京清河地区为例》,《城市发展研究》2016 年第 9 期。

第二章

老龄化背景下社区营造的理论研究

社区生活圈的建设离不开社区营造,社区营造是社区生活圈规划的具体实践。两者都注重居民的参与和社区的互动,社区营造更注重社区居民的参与,通过各种活动和项目,让居民更加积极地参与社区的建设和管理,不仅提高居民生活满意度,还增强社区的凝聚力和城市活力。社区营造融合了社区的文化、经济、社会和环境等多个方面,是综合性的社会治理创新产物。因此,社区营造是生活圈建设的重要途径,可提升居民的生活质量,促进社区的和谐发展。

随着人口老龄化程度的加深,不少国家提出建设老年友好社区,国内相关研究主要针对社区营造、适老化改造等。因此,老龄化背景下社区营造的理论研究主要从老年友好社区的内涵和老龄化背景下社区营造的内容两方面展开。

第一节 老年友好社区的主要内涵

社区是老年人最重要的日常活动空间。[①] 在国际上,对于如何构建适宜老年人生活的社区,世界卫生组织(WHO)倡导全球范围的"老年友好社区"实践,并在2005年巴西里约热内卢召开的第十八届老年病学和老年医学世界大

---

① 李小云:《面向原居安老的城市老年友好社区规划策略研究》,博士学位论文,华南理工大学,2012年。

会上首次提出"老年友好城市"(Age-friendly City)的概念,还设计了一套便于城市进行自我评估和规划发展蓝图的指导性手册——《全球老年友好城市建设指南》,手册涉及的 8 个主题均与社区息息相关。[①] 老年友好社区的构建普遍在 WHO 倡导的"积极老龄化"的理念和框架下开展。"积极老龄化"倡导通过增加和优化健康、参与及安全的机会,提升人口老龄化过程中的生活质量。

不同国家对构建老年友好社区的理解和目标不同。如美国退休人员协会(AARP)认为老年人应该"拥有可负担的住房、具有社区支持功能和服务,并提供适当的出行选择,共同促进居民的个人独立及社会生活参与"。[②] 英国则将目标诠释为"为所有年龄段的人提供健康、福祉以及良好的社会、经济环境和公民参与的机会"。[③] 在学术界,目前比较公认的解释是阿利(Alley)等提出的"老年人积极参与社区并受到尊重,以及通过支持设施和服务,使老年人的需求得到有效满足,并实现个人价值"。[④] 国内一些学者将老年友好社区解读为在空间环境、社会环境及支持服务上均对老年人实现态度友好的社区,[⑤][⑥]强调所创建的环境能提高老年人独立生活能力和参与城市、社会生活的积极性。[⑦]

社区应该使老年人可以维持现有的兴趣和活动,享受发展新兴趣和获得成就的机会,并获得必要的支持和良好的居住条件。[⑧] 阿尔拉赫(Scharlach)依据发展心理学的 5 个基本概念,进一步提出适宜老年人生活的社区应实现的 5 个目标:连续性(Continuity)、补偿性(Compensation)、连接性(Connection)、贡献性(Contribution)和挑战性(Challenge)。[⑨] 连续性是指要维持老年人现有的社会行为模式和社会环境,以促进老年人的身心健康;补偿性是指通过提供支持

[①] World Health Organization, *Global age-friendly cities: A guide*, October 5, 2007.
[②] Kochera A., A Straight., T Guterbock., Beyond 50.05: A Report to the Nation on Livable Communities: Creating Environments for Successful Aging, AARP Public Policy Institute, Washington, January, 2005.
[③] Harding E, *Towards Lifetime Neighbourhoods: Designing sustainable communities for all*, Department for Communities and Local Government, London, November 19, 2007.
[④] Dawn A., Phoebe L., Jon P., Tridib B., In H.C., "Creating elder-friendly communities: preparations for an aging society", *Journal of Gerontological Social Work*, 49(1-2), 2007, pp.1-18.
[⑤] 李小云:《面向原居安老的城市老年友好社区规划策略研究》,博士学位论文,华南理工大学,2012 年。
[⑥] Hanson D., Emlet C.A., "Assessing a community's elder friendliness: a case example of The AdvantAge Initiative", *Fam Community Health*, 29(4), 2006, pp.266-278.
[⑦] 赵伟伟:《老年友好背景下社区公共服务设施优化策略研究》,硕士学位论文,西安建筑科技大学,2017 年。
[⑧] Lehning A., Scharlach A.E., Dal Santo T.S., "A Web-Based Approach for Helping Communities Become More 'Aging Friendly'", *Journal of Applied Gerontology*, 29(4), 2010, pp.415-433.
[⑨] Scharlach A., "Creating Aging-Friendly Communities in the United States", *Ageing International*, 37(1), 2012, pp.25-38.

性设施和服务,以满足残障老年人的基本健康和社会需求,包括可负担的家庭护理和康复服务、可达的非紧急交通系统及房屋的适老化改造;连接性是指提供有意义的人际交往机会,以促进相互支持,并保持社会联系,随着年龄的增长,对老年人来说,这一点变得尤为重要;贡献性是指老年人也在积极地为社区贡献自身的力量,他们需要始终感受到自己对于环境的积极影响;挑战性是指老年人可以发展新的兴趣并参与实践,如体育锻炼、智力活动、社会参与等,以避免由于缺乏刺激和熵引起的身心衰退。

第二节 老龄化背景下社区营造的主要内容

总体来看,老龄化背景下,社区营造应注重配置老年人基本生活所需的各项功能和设施,适宜老年人的出行范围,引导健康活力和绿色低碳的生活方式。相关组织和学者结合空间环境和社区服务探讨了老年友好社区的评估维度与营造范畴。

WHO根据世界33个城市开展的针对老年人的调查,制定了《全球老年友好城市建设指南》,包括以下几个方面:"室外空间和建筑、交通、住房、社会参与、尊重和社会包容、社区参与和就业、信息交流、社区支持与健康服务"。[1] AARP2017年开发了一套"宜居指数"并使用至今,包含7个维度60多项指标,7个维度分别是"住房、邻里、交通、环境、健康、社会参与、机遇"。[2] 美国全国地区老龄机构协会(National Association of Area Agencies on Aging,简称"N4A")发起的就地老龄化倡议和出版的《行动蓝图:发展全民宜居社区》,包括7个主题"住房、区划和规划、交通、健康和社区支持、文化和终身学习、公共安全、社会参与"(表2-1)。[3] 加拿大公共卫生局(PHAC)提出了加拿大老龄友好社区倡议,并提供了加拿大老龄友好型城市及社区框架和评价指南,讲述如何利用指标来衡量老龄友好社区进展,在加拿大13个省和地区促进老龄友好方面发挥了作用。

---

[1] World Health Organization, *Global age-friendly cities: A guide*, October 5, 2007.
[2] Mary K., Dean B., Neha G., Jacqueline L., Parul M., "*Livable Communities: An Evaluation Guide*", AARP Public Policy Institute, Washington, 2005.
[3] Organizational Policy Document, "*A Blueprint for Action: Developing a Livable Community for All Ages*", National Association of Area Agencies on Aging, Washington, May 17, 2007.

表 2-1 N4A 就地老龄化倡议的 7 个主题

主题	问题与挑战	策略
住房	有限的、可负担的住房选择	为老年房主制订财产税减免计划
	房屋的设计不能适应老年人的身体需求	制订房屋修缮计划；增强新建住宅中的通用设计和可视性
	房屋和服务不协调	建立房屋和服务供给者的合作关系
区划和规划	新的社区设计缺乏广泛的公众支持	使老年人参与社区规划
	分区法规不鼓励更多的适老化选择	在区规代码中加入老年友好住宅
交通	道路设计使行走困难	通过可步行性审核改善步行环境
	驾驶环境对老年驾驶者不友好	改善路标设计；为老年驾驶者提供安全项目和课程
	以乘客为导向的社区交通较少考虑老年人	使交通服务更加灵活；支持志愿驾驶计划
健康和社区支持	有关服务的社区信息分散在代理机构和提供商之间	集成本地服务信息并纳入同一平台
	家庭服务通常是分散提供的，而不是以协调的方式提供的	整合家庭服务
	不良的饮食和缺乏运动会增加许多老年人的健康风险	根据老年人的喜好制订锻炼和积极的生活计划；提供疫苗接种和预防性筛查
	缺乏医疗交通而影响了获得医疗保健的机会	改善医疗交通
文化和终身学习	针对老年人的社区艺术、文化项目较少	提供各种方案，使老年人能够为社区的文化生活做出贡献
	社区艺术、文化项目缺乏吸引力	创造围绕艺术和文化的代际学习机会
	老年人经常没有机会掌握最新技术	增加老年人的技术培训
公共安全	老年人通常对邻里安全表示担忧	鼓励实行邻居观察计划；创建邮件运营商警报程序

(续表)

主题	问题与挑战	策　略
	老年人受虐待问题日益受到社会关注	加强执法人员培训以发现并报告虐待老年人事件
社会参与	老年人正在寻求更多的社会参与机会	支持代际学习计划;建立高级学院;建立资产地图

资料来源:根据注释①翻译。

近年来,社区环境与设施的适应性成为研究的重要议题。研究方向包括公共设施的老年友好性设计、社区环境的无障碍改造、室外活动空间的创设等,以满足老年人对社区环境的需求。在社区空间环境层面,有学者认为,如果老年人居住在住宅和商业混合的社区中,不仅能促使老年人进行更多的步行活动,保持活跃状态,而且能保持老年人功能独立。[2] 因此,应该在分区规划阶段鼓励多户家庭的住宅和土地混合使用,使老年人可以接触不同年龄的居民并获得便捷的服务。[3] 还有学者提出发展终身住宅是老年人友好社区营造的关键点,包括可视性和通用设计、重新选址及为低收入老年人提供支持。[4] 居民社会网络的密度和社会参与度等社会环境指标高度依赖稳定的住房,[5]以及室外空间和公共建筑的可达性和安全性。[6][7][8]

在社区服务层面,研究发现通过提升社区包容度与参与度、提供长期护理等方法可以显著提高老年人的健康与幸福感,[9]同时社区里良好的邻里互动、

---

① Organizational Policy Document, "A Blueprint for Action: Developing a Livable Community for All Ages", National Association of Area Agencies on Aging, Washington, May 17, 2007.
② Clarke P., George L. K., "The Role of the Built Environment in the Disablement Process", *American Journal of Public Health*, 95(11), 2005, pp.1933-1939.
③ Scharlach A., "Creating Aging-Friendly Communities in the United States", *Ageing International*, 37(1), 2012, pp.25-38.
④ Pynoos J., Caraviello R., Cicero C., "Lifelong housing: The Anchor in Aging-Friendly Communities", *Generations*, 33(2), 2009, pp.26-32.
⑤ Scharlach A. E. "Age-Friendly Cities: For Whom? By Whom? For What Purpose?", in: Moulaert, T., Garon, S., eds. *Age-Friendly Cities and Communities in International Comparison*, Springer International Publishing, 2016, pp.305-329.
⑥ Federal Provincial Territorial Ministers Responsible for Seniors, *Age-friendly rural and remote communities:a guide*, September, 2006.
⑦ 李珊、杨忠振:《城市老年宜居社区的内涵和评价体系研究》,《西北人口》2012 年第 2 期。
⑧ 覃国洪:《基于"老年友好"理念的社区室外环境设计研究》,硕士学位论文,华南理工大学,2016 年。
⑨ Rowles G. D., "Evolving Images of Place in Aging and 'Aging in Place'", *Generations: Journal of the American Society on Aging*, 17(2), 1993, pp.65-70.

社会参与对老年人的生活质量有着显著的影响。[1] 老年人的社会参与被认为是社区服务的核心内容,应该包括参与政策制定和具体的社区营造过程两个层次,[2]至少包含两种基本形式。第一种形式,老年人应该通过和社区中其他人的交往及对社区资源的使用实现积极的生活,主要包括对于交通、购物、图书馆、公园等公共空间与设施的使用;进而,使老年人有机会参与社区的政治生活和相关组织。[3] 第二种形式,老年人友好社区的营造要强调老年人参与、多方协同及政府支持的重要性。不仅是让老年人受益,还应鼓励老年人真正参与表达他们的关切,并参与定义服务或设施的特征。[4] 此外,应与多个社区的利益相关者建立和维持伙伴关系,将"自下而上"和"自上而下"的力量相结合,[5][6]促进服务提供商、志愿组织、私营部门、护理人员和公民团体等利益相关者和政府的多方协同。[7][8] 此外,如果缺乏政府的支持,社区营造会受到较大限制,[9]相关政策的制定和实施离不开各级政府的支持。[10] 与国外学者研究类似,也有一部分国内学者关注社会环境层面。研究表明,适合老年人生活的社区应具备良好

---

[1] Phillipson C., "Developing Age-Friendly Communities: New Approaches to Growing Old in Urban Environments", in Settersten R., Angel J., eds. *Handbook of Sociology of Aging*, New York: Springer, 2011, pp.279-293.

[2] Chan G.M.Y., Lou V.W.Q., Ko L.S.F., "Age-Friendly Hong Kong", In Thibauld M., Suzanne G., *Age-Friendly Cities and Communities in International Comparison*. New York: Springer, 2016, pp.121-152.

[3] Fitzgerald K.G., Caro F.G., "An overview of age-friendly cities and communities around the world", *Journal of Aging & Social Policy*, 26(1-2), 2014, pp.1-18.

[4] Lui C.W., Everingham J.A., Warburton J., Cuthill M., Bartlett H., "What Makes A Community Age-friendly: A Review of International Literature", *Australasian Journal on Ageing*, 28(3), 2009, pp.116-121.

[5] Harding E, *Towards Lifetime Neighbourhoods: Designing sustainable communities for all*, Department for Communities and Local Government, London, November 19, 2007.

[6] Department for Work and Pensions, *Link-age: Developing Networks of Services for Older People*, September 1, 2004.

[7] Austin C., McClelland R., Sieppert J, et al. *A Place to Call Home: The Final Report of the Elder Friendly Communities Project*, Calgary: Faculty of Social Work, The University of Calgary, 2001.

[8] Austin C.D., Camp D.E., Flux D., Mcclelland R.W., "Community development with older adults in their neighbourhoods: The elder friendly communities program", *Journal of Contemporary Social Services*, 86(3), 2005, pp.401-409.

[9] Garon S., Paris M., Beaulieu M., Veil A., Laliberte A., "Collaborative Partnership in Age-Friendly Cities: Two Case Studies From Quebec, Canada", *Journal of Aging & Social Policy*, 26(1-2), 2014, pp.73-87.

[10] Hanson D., Emlet C.A., "Assessing a community's elder friendliness: a case example of The AdvantAge Initiative", *Fam Community Health*, 29(4), 2006, pp.266-278.

的基础环境、社会文化环境、信息和社区支持,[1]其中社会支持和社会网络对老年人主观幸福感有较大影响。[2] 也有国外学者采访了来自地方政府、卫生、社会保健和社区组织的主要利益相关方,探讨地方政府、卫生部门、社会护理部门和社区组织在建设有利于老年人社会参与的环境时所遇到的障碍,证实了他们在为老年人团体和活动争取资源时面临的重大困难,也影响了他们与老年人接触的能力。[3] 但随着信息技术的发展,智能化和信息化技术在社区营造中的应用也逐渐受到关注。不少学者侧重于智能家居技术、[4]远程医疗服务、[5]健康监测系统[6]等方面研究,以提高老年人生活的便利性和安全性。

在构建方式上,多位学者从学科交叉的视角,结合空间策略、政策倡议、社会保障体系等方面进行了综合分析。例如,李小云提出了社会服务规划、物质环境规划、规划整合与调控策略,以及促进多元主体合作的建议。[7] 张铷航以"失能老人"为研究对象,从税收机制、法律要求和社会养老福利体系三个方面提出了养老协作模式建议及城市空间设施规划方案。[8] 吴斌从物质资产、人力资产、社会资产三个方面提出了老年友好社区规划策略,强调居民参与和利益相关者合作。[9] 相关研究认为在社区多元主体的角色与分工中,应该突出老年人的主体地位,使老年人能为社区的政策、方针和计划制定做出贡献,突破单一模式实现创新合作,调动社会力量自下而上地参与。[10][11] 同时,社会保障也值得

---

[1] 马玉卓:《老龄化背景下老年友好社区的探析》,硕士学位论文,山东大学,2011年。
[2] 何铨、张实、王萍:《"老年宜居社区"建设过程中社区管理对老年人幸福感的影响——以杭州市的调查为例》,《西北人口》2015年第4期。
[3] Winterton R., "Organizational responsibility for age-friendly social participation: Views of Australian rural community stakeholders", Journal of Aging & Social Policy, 28(4), 2016, pp.261-276.
[4] Lihoreau T., Giroux S., Spalla G., Zarshenas S., Gagnon-Roy M., Aboujaoud A., Yaddaden A., Morin L., Bier N., "Is research on ?smart living environments? based on unobtrusive technologies for older adults going in circles? Evidence from an umbrella review", Ageing Research Reviews, 84, 2023, 101830.
[5] Dassieu L., Develay E., Beauchet O., Quesnel-Vallée A., Godard-Sebillotte C., Tchouaket E., Puzhko S., Karunananthan S., Archambault P., Launay C., Holyoke P., Sauriol C., Galery K., Sourial N., "Implementing a Telehealth Support Tool for Community-Dwelling Older Adults During the COVID-19 Pandemic: A Qualitative Investigation of Provider Experiences", Journal of Aging & Social Policy, 2022.
[6] Wuestney K., Ramirez J., Cook D., Fritz R., "Smart Home Data Visualization for Proactive Health Monitoring of Community Dwelling Older Adults", Innovation in Aging, 6, 2022, pp.597-598.
[7] 李小云:《面向原居安老的城市老年友好社区规划策略研究》,博士学位论文,华南理工大学,2012年。
[8] 张铷航:《失能老人社区养老协作模式与设施规划研究》,硕士学位论文,大连理工大学,2016年。
[9] 吴斌:《"资产为本"的老年友好社区规划策略研究》,硕士学位论文,重庆大学,2016年。
[10] 马玉卓:《老龄化背景下老年友好社区的探析》,硕士学位论文,山东大学,2011年。
[11] 刘雅云、高理想:《老年宜居社区建设推进路径研究》,《沈阳工程学院学报(社会科学版)》2015年第2期。

重视,国外有学者证实,缺乏高效的领导会影响老年友好社区的营造。[①]

  总体上看,空间环境的相关研究中对于老年人的关注多局限于需求调研阶段,而调研中又注重养老设施,缺乏对老年人日常生活的关注,老年人在规划设计阶段的参与度不足。对于社区服务的研究,分层次、分类型的讨论较少,对不同层面下实践的适应性仍然不足,仍需要对我国特有的特征和问题进行进一步分析,从而探索老龄化背景下,适合中国国情的社区营造发展路径。老年友好社区的营造强调老年人的社会参与、政府支持及多元协同,将"自下而上"和"自上而下"的力量相结合至关重要,且政府的支持必不可少。目前的研究仍需对多元主体的权责划分和合作机制进行进一步的探讨。

[①] Sun Y., Chao T.Y., Woo J., Au D.W.H., "An institutional perspective of 'glocalization' in two Asian tigers: The 'structure-agent-strategy' of building an agefriendly city", *Habitat International*, 59, 2017, 101–109.

第三章

老龄化背景下社区营造的实践探索

第一节　国外老年友好社区营造实践

2006年,世界卫生组织发起"全球老年友好城市和社区网络"和老年友好城市及社区项目的政策建议。经统计,全球老年友好城市和社区项目已经扩展到37个国家的533个城市,覆盖全世界1.58亿人口。[1]

一、美国

美国的相关项目已有数百个,涵盖了四大类别:社区规划、系统协调与项目推进、服务协同配合和会员组织。[2] 其中,社区规划项目占比最高,主要对社区进行需求评估与战略规划,系统协调与推进项目则致力于调动各个年龄段的社区居民和不同的社会机构,开展跨代际跨部门的协作。一些主要城市如纽约、亚特兰大等通过地方政府、社会组织和当地部门的合作,提供资金和社会服务

---

[1] 和睿养老:《解析老年友好社会——基于世界卫生组织的"老年友好"理念》,https://www.sohu.com/a/378954932_100110125。
[2] Scharlach A., "Creating Aging-Friendly Communities in the United States", *Ageing International*, 37(1), 2012, pp.25-38.

以面对社会老龄化的发展。[1]

其中,最有代表性的项目有社区就地老龄化创新计划(Community Innovations for Aging in Place)、宜居社区倡议(Livable Coummunities)、就地老龄化倡议(Aging in Place)、积极老龄化倡议(AdvantAge initiative)、全民社区计划(Communities for All Ages)和老年人社区伙伴关系计划(Community Partnerships for Older Adults)。从主导力量来看,除"就地老龄化创新"是政府推动和拨款的项目外,其余项目均由非营利组织主导,基金会提供资金支持,但所有的项目都由多元主体协同推进。从项目内容来看,不同的项目各有侧重:社区就地老龄化创新项目侧重于医疗保健和社会服务的完善;宜居社区、就地老龄化侧重于通过发布评估或行动指南指导社区采取积极的行动,这两个计划都强调社区领导力培育;积极老龄化项目侧重于数据驱动下的老年人需求调研和社区"老年人友好度"评估;全民社区计划和老年人社区伙伴关系计划侧重建立跨代际和跨部门的合作关系并培育老年人社区领袖。

美国的社区营造成果得到了社会的广泛认可,有问卷调查发现,绝大多数的社区居民都表达了积极的评价,部分指标的评估值甚至超过了90%,[2][3]其中最为重要的原因就是强调社区居民尤其是老年人的参与。

1962年,纽约滨南社区由纽约市国际妇女服装工人联合会建造,居民主要为工会的工人,占据6个街区,近15公顷[4],共15栋建筑和2820套公寓;1985年,60岁以上人口占75%;同年滨南社会服务部成立(PSSS),提供全面的社会和健康服务;随后又成立了滨南老年人计划(PSPS),以帮助老年人实现家中养老。通过引入全面的老年服务设施,滨南社区成为美国第一个自然发生的退休社区。该社区由于不需要考虑医疗设施设备和专业护理的投入,侧重整合利用家庭、社区和社会资源,因此更具有价格优势。

该社区成立了老年事务的专门委员会,负责募集资金和开展养老服务,仅

---

[1] Scharlach A., "Creating Aging-Friendly Communities in the United States", *Ageing International*, 37(1), 2012, pp.25 – 38.
[2] Hanson D., Emlet C.A., "Assessing a community's elder friendliness: a case example of The AdvantAge Initiative", *Fam Community Health*, 29(4), 2006, pp.266 – 278.
[3] Oberlink M.R., Stafford P.B., "The Indiana AdvantAge Initiative: Measuring Community Elder-Friendliness and Planning for the Future", *Journal of the American Society on Aging*, 33(2), 2009, pp.91 – 94.
[4] 1公顷约等于10 000平方米。编者注。

3年，就有460家医院和317家康复中心加盟"在地养老"服务项目，纽约州政府因此节约了上千万美元的财政开支。该项目资金来源于政府资助和政府项目、基金会和商业公司、母公司、非营利组织筹款、慈善捐款等，其中政府资助和政府项目是最主要的资金来源。社区的收费模式有鲜明的福利属性，有利于中低收入人群。

滨南社区的室内社交场所分设在各住宅楼的底层，便于老年人就近参加活动。管理团队在6号楼底层设立综合服务办公室，老年人可举办社交活动，随着参与人数的增加、活动内容的多样化，其他楼栋的底层也逐渐设置了综合性活动室、儿童游戏室、陶艺室、计算机房、健身房、青少年活动室、木工俱乐部等专用活动室。

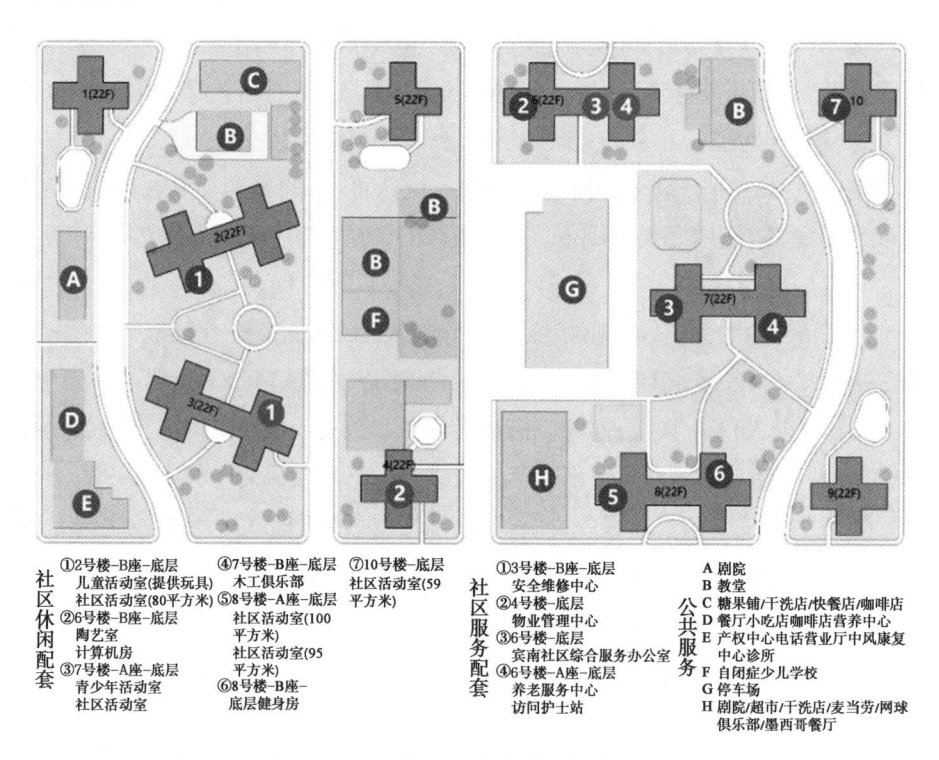

| 社区休闲配套 | ①2号楼-B座-底层
儿童活动室(提供玩具)
社区活动室(80平方米)
②6号楼-B座-底层
陶艺室
计算机房
③7号楼-A座-底层
青少年活动室 | ④7号楼-B座-底层
木工俱乐部
⑤8号楼-A座-底层
社区活动室(100平方米)
社区活动室(95平方米)
⑥8号楼-B座-底层健身房 | ⑦10号楼-B座-底层
社区活动室(59平方米) | 社区服务配套 | ①3号楼-B座-底层
安全维修中心
②4号楼-底层
物业管理中心
③6号楼-底层
滨南社区综合服务办公室
④6号楼-A座-底层
养老服务中心
访问护士站 | 公共服务 | A 剧院
B 教堂
C 糖果铺/干洗店/快餐店/咖啡店
D 餐厅小吃店咖啡店营养中心
E 产权中心电话营业厅中风康复中心诊所
F 自闭症少儿学校
G 停车场
H 剧院/超市/干洗店/麦当劳/网球俱乐部/墨西哥餐厅 |

图3-1 滨南社区各住宅楼底层功能布局

资料来源：《城镇体系研究系列：老年友好城市建设实践（三）——多元养老社区的模式探讨》，《SPT规划设计》，https://mp.weixin.qq.com/s/WjF4WpMoX7GKd0hRtFiBcw。

室外活动场地分散在社区各处，通过设立市政公园、代际花园、青少年及成人花园、少儿花园、儿童花园，吸引有孩子的家庭入住该社区。社区中设有多处座椅,彼此相距不远,供老人随时停歇和交流。楼栋入口处的室内外空间常举办派对、交谊舞等集体活动。此外,社区专门提供了代际花园服务,让老人与儿童结伴负责苗圃种植,提升老人的幸福指数。随着代际关系的加深,老少两代共同参与的手工俱乐部、老年志愿者教书并帮助儿童组建兴趣小组等代际活动出现。

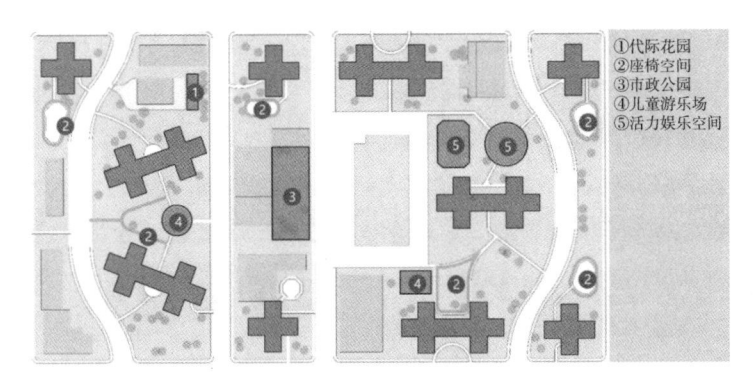

图 3-2　滨南社区室外活动场地布局

资料来源:《城镇体系研究系列:老年友好城市建设实践(三)——多元养老社区的模式探讨》,《SPT 规划设计》,https://mp.weixin.qq.com/s/WjF4WpMoX7GKd0hRtFiBcw。

经多年的发展,自然退休模式社区(NORC)数量增加,NORC 的老年人口比例呈不断上升的态势,但社区老年服务的供需矛盾也日益突出。1986 年,为加强老年人健康护理和社会服务建设,美国犹太社区联合会及相关非政府组织共同提出"社区服务支持项目"(NORC-SSP)。该项目的宗旨是尊重老年人居家养老的选择、充分利用已有的社会网络,以及认可老年人自身对社区的贡献能力,主要提供四个方面的核心服务:个人社工服务、医疗健康服务、教育娱乐服务,以及给老年人的志愿机会。

二、加拿大

加拿大以 WHO 倡导的建设"老年友好城市和社区"为目标。早在 2006 年,加拿大公共卫生局就向 WHO 提供了财政支持,以支持《老年友好城市建设指南》的研究。有 1/3 65 岁及以上的老年人生活在农村地区,基于加拿大农村和偏远地区的社区老龄化程度更严重的现状,政府将重点放在了农村和偏远地区的社区,形成了《加拿大农村和偏远地区老年友好

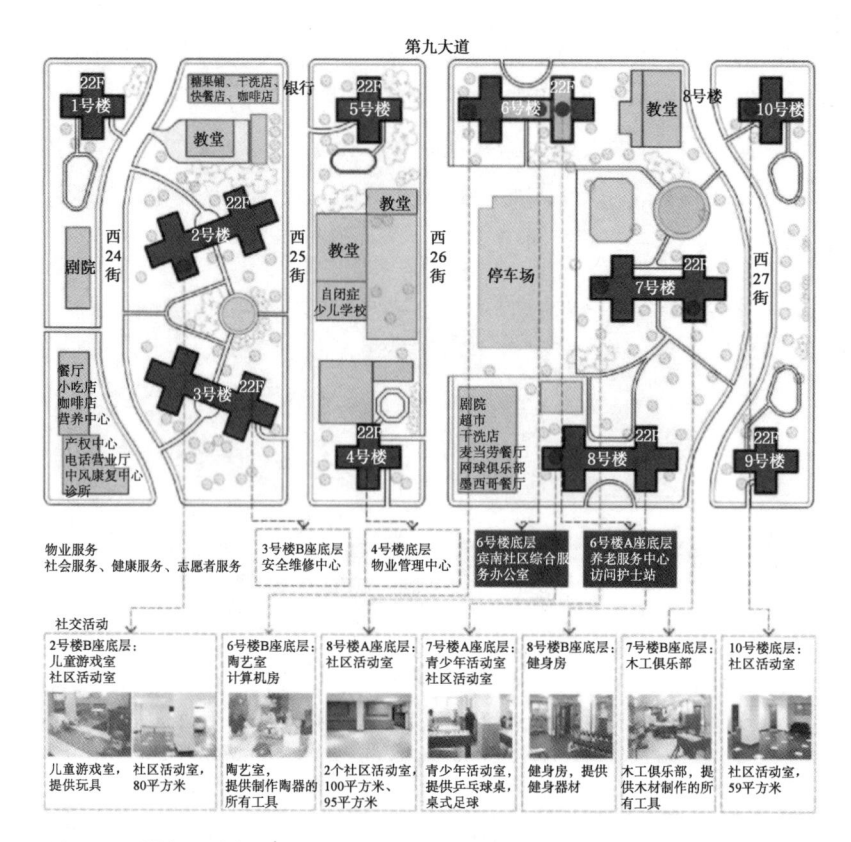

图3-3 服务设施与社交空间（实现就地养老的社区更新策略——以美国自然形成的退休社区（NORC）为考察对象）

资料来源：唐希璐、周颖：《实现就地养老的社区更新策略——以美国自然形成的退休社区（NORC）为考察对象》，《建筑学报》，2018年第2期，第80—84页。

型社区指南》。[①]

2006年，负责老龄事务的联邦/省/地区部长联合批准了老年友好农村/偏远社区倡议，即通过政策、服务及与物质和社会环境相关的结构设计，帮助老年人安全的居住、享受健康的生活和积极地参与社会。主要有三个实施维度：制定战略、多方参与、创建政策工具以促进研究和交流，并且整个过程中必须有政府的正式参与。该倡议最初在10个社区进行试点，社区规模从600—5 000名居民不等，目前已经在加拿大被广泛推广。最早参与WHO研究的魁北克省，

[①] Menec V. H., Hutton L., Newall N., Nowicki S., Spina J., Veselyuk D., "How 'age-friendly' are rural communities and what community characteristics are related to age-friendliness? The case of rural Manitoba, Canada", *Ageing & Society*, 35(1), 2015, pp. 203-223.

到 2015 年已有超过 86% 的人口居住在开展这项倡议的社区中。[①] 同时,加拿大公共卫生署也开始注重评估工作的重要性,大多数社区会定期对社区的老年友好度进行评估,以确定下一步工作重点。

三、英国

英国相关机构在 2007 年提出了"终身住宅"的概念和设计标准。该标准提出了 16 个关于"终身住宅"的关键特征,这些特征将"终身住宅"设定为可达性高、适应性高且老龄友好度高的高质量居住环境。[②③] 英国的老年友好社区营造实践以"终身住房"为目标,强调给居民授权和提高可达性。2008 年 2 月,社区和地方政府部门开始推行终身住房,包含 6 个主题:居民授权、可达性、建成环境与自然环境、服务和相关设施、社会参与网络、终身住房(图 3-4)。其中,有两项内容最关键:一是强调给居民授权,由居民参与和主导社区建设,并促进居民、社会组织和公共与私营机构的广泛合作,而居民授权区别于单纯的居民参与,强调居民主动提出自己的需求和关注点或者由居民自发行动对社区进行改变;[④]二是基于出行链视角的可达性,包含一次出行的各个阶段,如多样化的交通选择、社区内支持可移动性和步行性的物理基础设施、可便捷获得的有关社区服务和资源的信息、便于与周边居民联系的通信系统等。

除了这一国家计划,许多地区也制订了当地的计划,如纽卡斯尔长者理事会在纽卡斯尔开展老年友好的城市和社区建设、大伦敦推行的尊重老年人战略、北部住房协会开展的英格兰北部老年友好社区计划等。这些计划虽然由不同的组织发起,参与机构也不同,但都以老年人协商为第一步进行社区现状的

[①] Garon S., Veil A., Paris M., Rémillard-Boilard S., "How Can a Research Program Enhance a Policy? AFC-Quebec Governance and Evaluation Opportunities", in Moulaert, T., Garon, S., eds. *Age-Friendly Cities and Communities in International Comparison*, Springer International Publishing, 2016.

[②] Harding E, *Towards Lifetime Neighbourhoods: Designing sustainable communities for all*, Department for Communities and Local Government, London, November 19, 2007.

[③] Andrews B., "Lifetime homes, lifetime neighbourhoods-developing a housing strategy for our ageing population", *Policy and Politics*, 36(4), 2008, p605. Sun Y., Chao T. Y., Woo J., Au D. W. H., "An institutional perspective of 'glocalization' in two Asian tigers: The 'structure-agent-strategy' of building an agefriendly city", *Habitat International*, 59, 2017, 101-109.

[④] Harding E, *Towards Lifetime Neighbourhoods: Designing sustainable communities for all*, Department for Communities and Local Government, London, November 19, 2007.

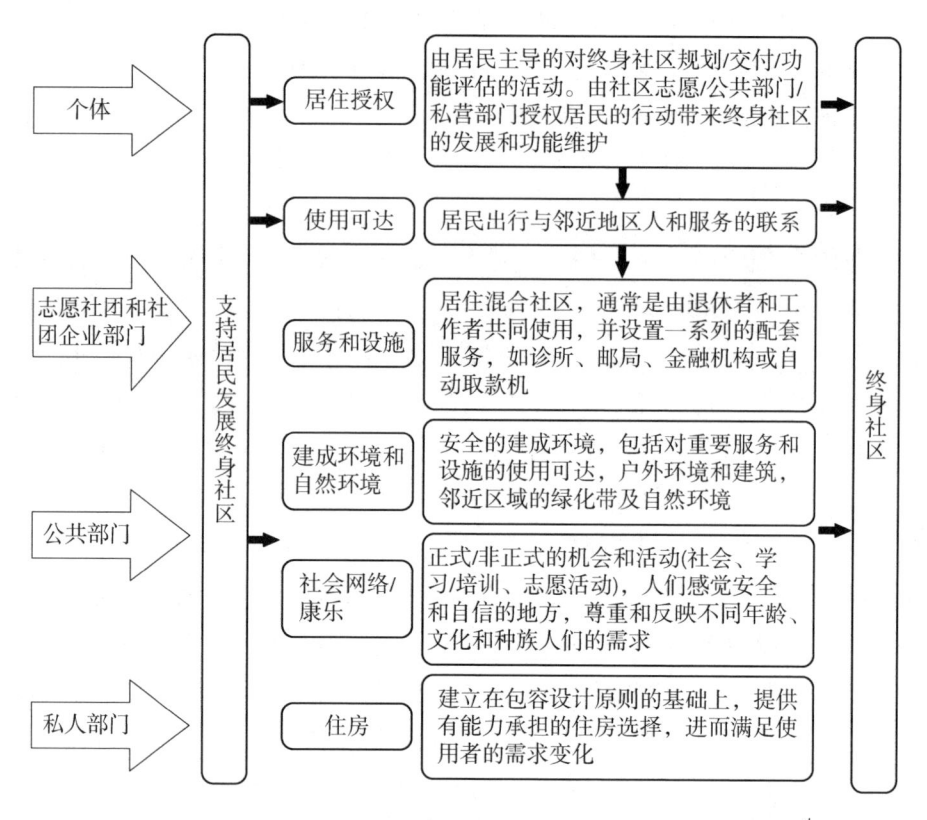

图 3-4　英国终身住房营造框架

资料来源：根据注释①翻译。

评估。同时这些计划都有一个核心思想，即"使公众认识到，老年人不仅是健康和社会护理的接受者，同时是为城市生活做出积极贡献的公民"。此外，英国还专门提出了"终身住宅"计划，并于 2011 年颁布了《终身住房设计导则》，为全龄化住房的设计提供技术指导。

四、日本

日本是亚洲最早步入老龄化的国家，他们开展了"长寿社会的社区营造"，强调政府的引领和以市民为主体，着重打造综合关怀体系、适老化住宅并推动

---

① Department for Work and Pensions, *Link-age: Developing Networks of Services for Older People*, September 1, 2004.

老年人社会参与。日本从20世纪70年代开始,逐步推进"长寿社会的社区营造"计划,充分调动非营利组织、志愿者团体、研究机构、财团和企业等协同参与。内容涵盖地域综合关怀体系的构建、社区环境的改善、住房适老化的改造及老年住宅的建设、出行环境与服务提升、老年人社会参与的推动,以及保障面向老年人的各种咨询渠道的通畅等,其中构建综合关怀体系、提供适合老年人的住宅和提高老年人的参与性是重点内容。[1]

日本第一个加入WHO"全球老年友好城市和社区网络"的秋田县于2010年启动了"老年友好城市计划",由"政府主导"和"市民主导"的两条主线同步开展,相互协作、相互支持。该计划确定了三个优先事项:让居民发挥领导作用,确保私营企业、行政组织和公民间的合作,鼓励市政府相关部门间的合作。[2]

日本一直在为老年人的健康和福祉建设友好的环境。有研究通过调研日本不同地区243名老年人的经历,以及评估了WHO推荐的临时环境理论框架的20个因素发现,参与志愿者活动、有偿就业机会和有互联网接入这三个因素显著影响老年人社会网络的多样性、积极老龄化和生活质量。总之,在社区中获得护理对老年人的生活质量很重要,而社会参与和锻炼也促进积极老龄化。老年友好型的环境意味着护理、福利和健康服务之间的平衡。[3]

日本千叶县柏市丰四季台社区项目占地约32.6公顷,共有103栋住宅楼、4666户租赁住宅,最盛期总人口约1万人,是一个拥有商业、公共服务等配套的大型综合社区。随着丰四季台社区的老化,2015年社区居民约6000人,75岁以上的占40.6%,其中日常生活需要支持和照护者占10%,被认定为需要照护4、5级者(生活无法自理)占15%。按日本人口结构推移测算,日本老龄化率将在2060年左右达到40%,丰四季台社区将是先行达到这一老龄化程度的地区。

2004年,开发方都市再生机构(UR)开始更新社区,提出"Aging in Place

---

[1] 胡澎:《日本"长寿社区营造"及其实践》,《日本问题研究》2017年第4期。
[2] Tomeu V., Hector B., Andrés D. M., Sergi V., Maribel P., "Place Attachment, Place Identity, Sense of Community, and Local Civic Participation in an Urban Renewal Context", *Studies in Psychology*, 34(3), 2013, pp. 275–286.
[3] Nyein M. A., Yuka K., Satomi U., Tiraphat S., Yuasa M., "A Contemporary Insight into an Age-Friendly Environment Contributing to the Social Network, Active Ageing and Quality of Life of Community Resident Seniors in Japan", *Journal of Aging and Environment*, 35(2), 2021, pp. 145–160.

(就地养老)"模式,主要通过统筹医疗资源、建设老年人专用住宅、引进养老机构、积极引入外部运营资源等方式进行改造更新。社区规划建设目标有3点。第一,通过引入居家医疗系统、建设福祉设施和扩充育儿设施等措施创建多年龄层次共同生活的社区。第二,成为地区居民交流的据点。第三,构筑优美的居住环境景观,推行低碳型社区建设。

在社区更新过程中,形成集"民(居民的广泛意见征集)、产(产业开发方UR都市机构)、政(柏市行政)、学(学术研究机构东京大学)"全方位合作的社区建设规划制定及实施工作模式(图3-5)。社区规划提出了三个重点功能,即医疗(居家医疗系统)、饮食与工作(有意义的生活、工作和学习)、居住(住宅空间)。在具体的实施上,确立"居家医疗"和"就地养老"的社区养老模式,建设地区医疗合作中心、老年人专用住宅、养老院等,协调组织周边的医养设施,建立起面向老年人的医养服务网络。

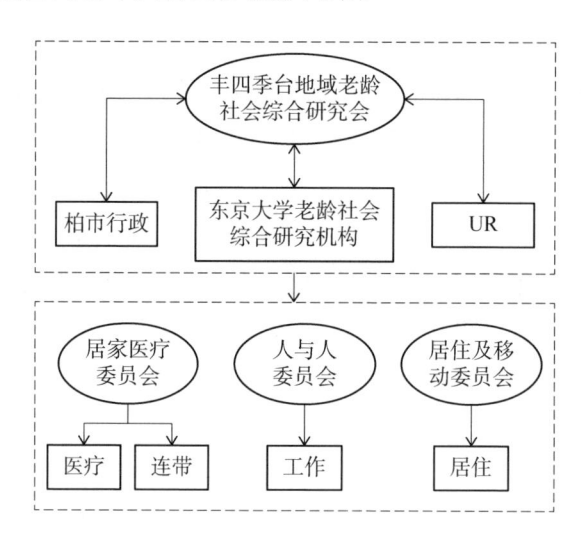

图3-5 "民产官学"全方位合作的工作模式

资料来源:https://www.sohu.com/a/220244285_653061。

2011年,社区内小羊园养老院建成并投入运营,养老院提供组团护理、短期入住、日间照料服务,设置居家照护事务所、地区交流沙龙等,既优化了老年人的社区服务,也提供了工作岗位。2014年4月,社区中心建成约1000平方米的柏地域医疗合作中心,该中心旨在打造地区医疗与多业种共同的服务据点,协助患者完成医院与居家间的过渡性需求,提供各种医疗和照护的协调、咨询服务。同年，一站式老年人专用住宅设施建成，此设施提供短期照料、临时入住和上门服务等服务，为设施内外提供24小时看护、护理和社区交流等多类型服务，成为社区养老的服务据点，进一步完善社区的就地养老功能，成为日本首个附带地区一体化看护系统的老年住宅。

美国、英国、加拿大和日本的实践表明，老年友好社区的营造不存在"金标准"，各国都在探索本地问题的本地化解决方案。从营造内容来看，均是在完善的社会保障体系下涵盖了空间环境和社区服务的各个方面，但有不同的主题、范畴与侧重点。从营造的参与主体来看，不同国家的利益相关者有不同的角色定位，同一国家利益相关者在不同层面和不同阶段角色也不同。从营造的运行机制来看，各国由于社会福利制度、社区治理模式不同，以及公民意识、非营利组织和慈善基金的发展水平存在差异，形成了不同的运作模式（政府主导、非营利组织主导、居民主导）。

第二节　我国老年友好社区营造实践

在老龄化程度不断加深的背景下，我国逐步开展了"老年宜居社区""老年友好城市"和"老年宜居环境建设"等试点工作。试点城市和社区结合地方特色，制定了相应的实施方案，并取得了初步成效。

一、北京

北京市人民政府印发《关于加强新时代首都老龄工作的实施意见》，强调完善就近精准养老服务体系，构建综合、连续的老年健康体系，促进老年人社会参与，培育发展银发经济及全面推进老年友好型社会建设。很多社区应对老龄化趋势，对社区居住环境、公共服务、公共空间设施等方面进行了适老化改造，如北京海淀区北下关街道通过对居住环境、服务环境、出行环境等方面进行改造，打造老年宜居环境的"样板间"。石景山区八角南路社区结合1个养老联合体、2个养老照料中心、11个养老驿站、多个"一刻钟服务商圈"共同构建"1+2+11+X"模式的八角养老生活圈，同时对公共服务设施和便民服务场所进行升级改造，为老年人提供无障碍出行环境。海淀区西三旗街道社区推出"邻聚庭院"模式，构建"中央厨房＋社区助餐服务网点＋配餐/送餐入户"多层次社区养老助餐服务体系,打造集邻里交流、商业服务于一体的邻里交往公共空间。

二、上海

2016年,上海市发布《老年宜居社区建设细则》,对老年人在社区日常生活中的居住环境、出行安全、公共设施和服务便利等方面的硬件设备、管理要求、人文内容和环境营造,提出了全方位的设计和规范。上海市在推行老年宜居社区的实践中,出现了许多值得借鉴的案例,如静安区静安寺街道,按照本区关于健全居家养老服务网络,探索打造具有静安特色、适宜老年人生活居住的"温馨家园"思路,开展了"乐龄生活圈"建设。每2—3个居委会设置1个乐龄生活圈(简称"生活圈"),每个生活圈必须配备乐龄站点、卫生服务站点、老人活动室、老人维权点、老人健身苑点等设施。乐龄生活馆的各项服务向各生活圈延伸,既整合了资源,又方便了社区的老人。杨浦区平凉社区由平凉老年协会(社会团体)、平凉社区居家养老服务中心(民办非企业单位)主导社区养老服务的供给,整合社会优质资源形成为老服务联盟。为老服务联盟包括为老服务社会组织、民办非企业组织、志愿者服务组织和商业组织,以及长青心理工作坊、长青艺术团、老年活动室、助理关爱员队伍、老年人助餐服务中心、理发店和浴室等社区为老服务加盟单位,共同为老年人提供形式多样的服务。

三、广州

2017年10月,广州市实现"银龄安康行动"全城市覆盖,降低了老年人意外伤害的损失。2021年,广州市在全国范围内,率先出台了《广州市老年人照护需求综合评估管理办法》,建立老年人照护需求综合评估制度,有效解决居家养老上门服务和院后延续服务的难题。2022年6月,广州市老龄工作委员会印发《广州市老龄事业发展"十四五"规划》,定期对老年人人口和老龄化事业进行统计调研,并结合当前发展趋势,开展老年人长期照护服务、老年人力资源等专题调研,为广州市制定人口老龄化政策提供参考。广州市在老年友好社区建设实践中,也积累了丰富的经验,如越秀区东湖新村社区率先建成越秀区第一个社区嵌入式养老机构,承接居家养老服务,提供加装扶手、紧急呼叫设备、改装洗浴设备等适老化改造服务,为社区老年人提供"医养结合"体验。白云区梓元岗社区先后成立了老年人协会和"365党员服务队",带动老年人发挥余热参与社区服务。天河区五所社区居委会、电子五所离退休工作处及物业三方共同打造"十分钟养老服务圈",对社区道路进行适老化改造,为老年人打造"夕阳红讲堂",以便老年人交流及技能学习。白云区交电新村结合当地气候特点,构建环形闭合的散步道,打造一主二次三条景观廊道,采用多样形式配置绿化,增加座椅、健身设施、无障碍通道,改善公共空间环境。

四、武汉

武汉市从设施配套齐全、服务功能完善、居住便捷舒适、环境优美整洁、人际友善和谐、社区机构健全等6个方面进行老年宜居社区创建,不仅关注养老设施,更注重提升老年人的日常生活质量,例如对人行道等交通设施进行整治,对坡道等公共建筑节点进行适老化改造,对公园等公共空间进行环境提升等。有学者针对709研究所社区、水果湖街武铁社区、钢花新村118社区、冶建花园社区、邮科院社区、阳光社区和武展社区等7个典型老旧社区的适老化改造进行研究,提出增加户外空间数量、丰富空间功能体验、多层级空间营造等三大优化策略,以此提升老旧社区户外运动空间品质。[①] 此外,江岸区辅堂社区实施"夕阳之约"计划,为社区老年人提供学习交流平台,增加彼此间的理解和友谊。

五、香港

2008年,由香港社会服务联会(简称"香港社联")辖下的长者服务专责委员会成立了"香港长者友善社区督导委员会",自下而上地在香港率先推广"香港长者友善社区"计划。推行公众教育,发动长者参与,促进地方组织和商界的参与,继而通过区议会促进政府出台相关政策及拨款。目前香港的18个区已经全部参与计划。长者友善社区概念的一个核心是"长者参与",即长者才是生活领域的权威和专家,应主动参与社区事务,并对个人事务有自主选择和决定的权利。实践表明计划成功的关键也正是在于"长者参与"。[②] 在香港长者友善社区的推动下,特区政府也提出了相关计划,包括"左邻右里积极乐颐年"试验计划、"老有所为"活动计划等,联络业主立案法团、业主委员会、物业管理公司、社会服务机构、地区团体及教育团体等利益相关者共同参与,为老年人在社

---

① 冯樱、徐彤、甘伟、白舸:《老旧社区户外运动空间适老性评价与优化策略研究——以武汉七个社区为例》,《华中建筑》2022年第12期。
② 香港社会服务联会:《启动全城,香港长者友善社区》,香港社会服务联会2012年版。

区开展各式各样的活动,发挥老年人的潜能为社会做贡献。

虽然上述实践取得了较好的成果和可借鉴的经验,但也存在不少问题:

第一,重空间环境,轻社区服务。总体偏向于设施建设,虽然很多社区在努力完善为老服务体系,但服务质量有待提高;偏重于医学视角的"养老",而对于老年人日常生活的"老有所为"和"老有所乐"则重视不足,老年人社会参与形式大于内容。

第二,以"自上而下"的模式为主,缺乏社会力量的多方协同。社会组织、市场和居民虽然有所参与,但深度、广度明显不足,往往各自为政,缺乏协同。政府大包大揽一方面容易脱离老年人的实际需求,另一方面容易陷入资金和人员不足的困境。同时,老年人基本处于被动接受服务的状态,在营造内容、营造方式等决策中参与度较低、话语权较弱。

总的来说,我国的相关实践仍处于探索阶段,缺乏规范化的营造标准和长效化、制度化的发展政策,需要对老年人的社会参与和营造主体的多方协同进行深入研究。

第四章

经验与启示

社区生活圈是生活圈构建的重要内容,协同营造是社区生活圈构建的主要方法。中国面向老龄化的社区协同营造研究亟待深入。我们通过对国内外相关研究动态的总结和梳理,得到以下几个方面的经验和启示。

第一节 老龄化背景下社区协同营造的内容框架

不同的国家、地区和机构根据当地的主要关注点和发展障碍,提出了不同的协同营造内容框架(表4-1)。从地域来看,加拿大主要关注农村和偏远社区,美国、英国和日本则主要关注城市地区,这主要是因为加拿大的农村人口老龄化率明显高于城市地区。从服务对象来看,美国和英国强调对全民友好,重点改善老年人的生活;加拿大、日本则主要针对老年人。从主要内容来看,加拿大沿袭了WHO倡导的框架;美国针对日益突出的公共安全问题,增加了社区领导力建设和社区安全的内容;英国在推动权力下放的前提下,提出以居民授权为核心,将可达性提升作为重要指标;由于日本存在劳动力不足、赡养压力过大的问题,所以比其他国家和地区更为关注老年人就业。

为了指导地区一级的营造行动,各国(地区)纷纷制定行动指南,内容包含

表4-1 老龄化背景下各社区协同营造的内容对比

分类	WHO	美国				加拿大	英国	日本
倡议名称	老年友好城市与社区	AARP宜居社区	N4A就地老龄化	纽约探访护士服务(VNSNY)积极老龄化	美国老龄化服务机构(AOA)就地老龄化创新计划	老年友好农村与偏远社区	终身住房	长寿社区
硬支持系统	户外建筑与空间	社区规划与土地使用、环境清洁性	区划和规划	邻里环境	社区规划	户外建筑与空间	建成环境与自然环境、设施可达性	社区环境
	交通	交通	交通	公共交通	交通	交通	交通可达性	出行
	住房	住房	住房	住房	住房	住房	终身住房	住房
软支持系统	社区支持与卫生保健	社区护理与健康服务	健康和社区支持服务	身心健康和护理	健康护理和支持服务	社区支持与卫生保健	健康与护理服务可达性	综合关怀体系
	交流和信息	—	—	获得信息	—	交流和信息	—	咨询渠道畅通
	社会参与	社会参与娱乐与文化活动	社会参与、文化和终身学习	社会参与和志愿服务	社会参与、娱乐活动	社会参与	社会参与网络	社会参与
	尊重与社会包容	—	—	—	—	尊重与社会包容	—	—
	社区参与和就业	就业等机会	志愿服务机会	—	接受教育	社区参与和就业	—	老年人就业
特色内容	—	社区领导力建设	公共安全、社区领导力建设	社区安全	—	—	居民授权	—

营造内容、主要障碍、策略建议、实施步骤、优秀案例分享等。其中,加拿大、英国和中国香港,已经颁布了一份统一的行动指南,即加拿大的《老年友好农村与偏远社区指南》、英国的《迈向终身住房》、中国香港的《启动全城——香港长者友善社区》。需要强调的是,虽然是统一性的指南,但内容绝对不是强制性和一成不变的,各地方应"因地制宜",为当地问题寻求本地化解决方案。相比之下美国则由政府和非营利组织发起了诸多不同倡议,而由于发起者的角色差异,各倡议的侧重点也有所不同。其中,AARP 的《宜居社区评估指南》和 N4A 的《行动蓝图:发展全民宜居社区》成为主要的指导手册。日本提出了"长寿社会的社区营造"倡议,但尚未形成全国性的指导文件,主要以试点社区的形式推进。

对于内容框架的确定方式,焦点小组讨论和公共论坛的方法被广泛采用。焦点小组和公共论坛的成员中,老年人及其看护者是必不可少的,其他还应该包括社区领袖、社会组织负责人、政府人员、城市规划人员、公共卫生人员、服务提供商的代表等。

各国和各地区营造内容和侧重点虽然不同,但均涵盖了空间环境和社区服务两个方面。从内容来看,均包含土地使用与设施、户外空间、交通、住房、社区支持与卫生保健、社会参与 6 项主题,此外还有交流和信息、尊重与社会包容、文化与终身学习、老年人就业、公共安全、社区领导力建设等内容。通过空间环境和社区服务的设计、政策的变革及服务的优化,老年人能够保持独立并避免与社会隔离。

对于空间环境,主要强调设施和空间的可达性、可支付性、安全性和舒适性。第一,提升土地的功能混合度,提升商业、娱乐、医疗卫生、文化等设施的可达性;第二,营造充满活力的户外空间,提供适合老年人使用的公共休闲和体育设施、安全的人行道和人行路口、显眼的标识系统和适合老年人使用的公共建筑等;第三,提升公共交通系统的可达性;第四,对老年人住房进行适老化改造并在新建住宅社区中加入"无障碍"要求,建设终身住宅;第五,各项服务设施应向老年人提供优惠,以提高可支付性。

对于社区服务,主要强调社会支持和健康服务以及老年人社会参与的机会。第一,构建生活和卫生服务网络,为老年人提供高质量、专业化、容易获得的医疗护理和生活照料等服务;第二,强调为老年人创造更多社会参与的机会,丰富老年人的生活,使老年人继续为社会做贡献,实现人生的价值;第三,随着数字技术的发展和普及,老年人对其需求逐渐增加,数字技术融入老年人生活,不仅提高了老年人的生活质量和幸福感,还促进了老年人参与社区管理,提高了社区管理的民主性和透明度。

各国都强调居民特别是老年人的社会参与,并探索出多样化的参与途径(图4-1)。第一,出台相关法律,制定相关制度,保障老年人就业的权利,激发老年人参与志愿工作的积极性。第二,将居民授权或老年人的社会参与作为社区协同营造的核心内容,授予老年人多项权利。第三,开展专门的社区领导力培育、老年人领袖计划。第四,保障老年人全流程参与,鼓励老年人承担组织者、策划者和推广者的角色。老年人应成为工作组成员,可以参加工作坊,亲自调研并搜集社区资料,主持发布会和推广活动,参加社区研讨会,约见政府部门,参与具体实施等。第五,鼓励老年人参与社会团体并举办丰富多样的活动。第六,鼓励老年人担任志愿者。促进老年人社会参与的核心理念在于,将老年人视为"贡献者"而不是"被照顾者"。扭转"老龄化"的医学视角和年龄歧视,不再过于强调依赖、健康问题、残疾和能力下降,而是将老年人视为各领域的专家,能够为社会做贡献。一方面,提高老年人的成就感和社会认同感,帮助老年人实现晚年生活的价值;另一方面,缓解政府和社会的压力,推动营造计划的成功。

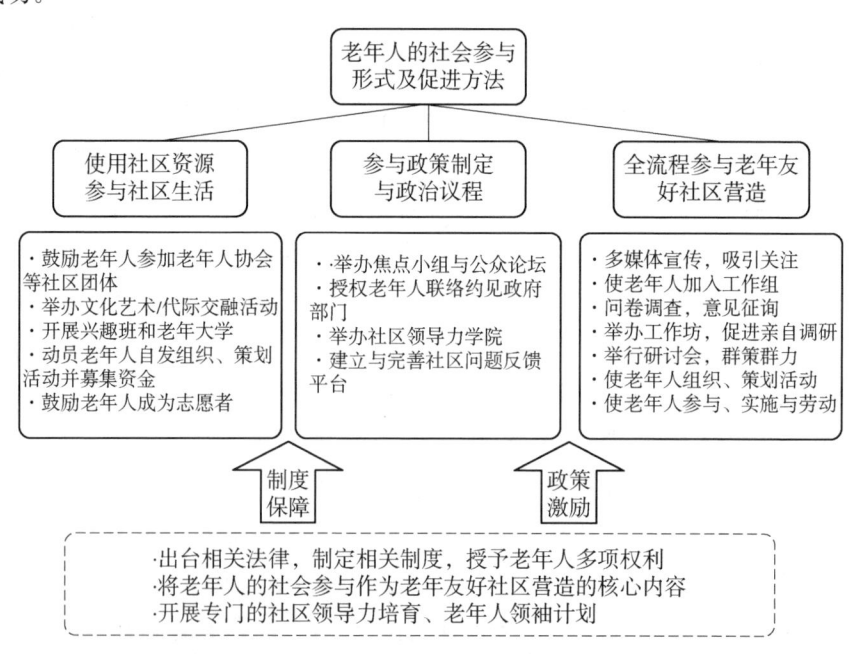

图4-1 老年人社会参与的形式与促进方法

中国的不同地区在经济发展水平、文化传统、社会结构等方面存在显著差异,因此,社区协同营造的内容框架也有所不同。但总体来说,中国老龄化背景下社区协同营造主要是构建以居家为基础、社区为依托、机构服务为补充的多层次养老服务体系,注重社区卫生服务、文化建设、支持与互助、环境改善和政策保障等方面。与其他国家相比,更注重城乡并重,服务对象广泛,内容范畴全面,旨在为老年人提供一个健康、安全、和谐的生活环境,同时促进社区的可持续发展和社会和谐。

例如,北京市主要通过构建多层次社区养老服务体系、升级公共设施无障碍环境、推广"邻聚庭院"邻里交往模式、发展银发经济等方式,营造老年宜居社区,打造全面适老的友好型社会。上海市推出了《老年宜居社区建设细则》,全面设计规范了老年人的居住环境、出行安全、公共设施和服务便利等方面。广州市通过实施"银龄安康行动"全覆盖,降低老年人意外伤害风险;出台《老年人照护需求评估管理办法》建立评估制度,优化居家及养老院养老服务,制定"十四五"老龄事业发展规划,进行统计调研,支持老龄化政策制定。香港通过长者服务专责委员会成立督导委员会,推广覆盖全港18区的长者友善社区计划,着重于公众教育、鼓励长者参与社区事务,确保他们的自主权。同时,促进政府、地方组织和商界的跨部门合作,并通过区议会推动政策和拨款。特区政府也实施了多项计划,如"左邻右里积极乐颐年"试验计划,以多样化活动发掘老年人潜能,实现社会价值。

不同城市在老龄化背景下的社区协同营造中既存在共同的目标举措,也有各自特有的方案项目。例如,上海市推出《老年宜居社区建设细则》,并实施了"乐龄生活圈",北京推广"邻聚庭院",广州实施"银龄安康行动",香港有长者友善社区计划。不同城市在整合政府、社会组织和商业资源方面采取的模式和途径也有所不同。各地政策的制定和实施会依据本地实际情况存在差异,如广州市出台老年人照护需求评估管理具体办法,香港则通过区议会推动政策和拨款。各城市的社区实践焦点也有所不同,例如,广州市越秀区东湖新村社区注重养老机构建设和适老化改造;天河区着力打造养老服务圈和讲堂。

第二节　协同营造主体的角色和权责划分

一、相关主体角色定位

协同营造的利益相关者主要包括以下几类：社区负责人、政府及政府官员（老龄工作委员会、城市规划、住房、交通、市政等部门）、倡导老年友好/健康/可持续社区等主题的非营利组织，以及社工、健康/卫生私人和非营利服务提供商及护理人员、交通/住房/其他社区服务中的私人和非营利服务提供商、基金会、规划师/建筑师/市政工程师、大学研究中心/研究机构及专业人员、在健康社区/体育锻炼/伤害和预防跌倒等相关领域工作的专业人员、社区全体居民、老年人俱乐部等社区团体、各种媒体等。他们在老年友好社区协同营造中发挥着积极的作用，但在具体的营造项目中，他们扮演的角色取决于当地的优先事项和社区需求，没有完全固定的组合。

因各国存在不同的老龄化及社会福利制度、社区治理和发展模式、差异化的公民意识、非营利组织和慈善基金的发展水平，所以不同的利益相关者扮演着不同的角色（表4-2）。

表4-2　各国主要利益相关者的角色定位

利益相关者	美国	加拿大	英国	日本
主导者	以非营利组织为主，部分计划和项目由政府主导	以政府为主，部分社区层级项目由居民主导	国家和地区层级：政府 社区层级：以居民和社会组织为主	国家和地区层级：政府 社区层级：以社会组织和居民为主
政府	中央政府：制定法律和政策；通过竞赛、直接资助、购买服务等方式提供资金支持；支持并培育社会组织；	中央政府：制定法律和政策；发布社区营造计划并推广；发布行动指南；提供资金支持；地方政府：	中央政府：制定法律和政策；发布社区计划并推广；发布行动指南；变革规划系统；提供资金支持	中央政府：制定法律和政策；发起社区计划并推广；提供资金及其他支持 地方政府：

(续表)

利益相关者	美国	加拿大	英国	日本
	发起社区营造计划 地方政府：协助与支持地区/社区行动	制定地方发展战略和计划； 直接干预社区营造； 牵头建立合作伙伴关系	地方政府： 制定地方发展战略； 主导建立合作伙伴关系； 居民授权并提供信息和连接资源； 提供资金支持	制定地方发展战略； 主导建立合作伙伴关系； 提供资金支持
社会组织	各个层级计划的主要发起者与主导者； 提供合作平台，倡导居民参与； 推动相关法规/政策的制定并监督实施； 开发评估工具和行动指南； 为政府和社区组织提供咨询； 为项目筹集资金； 在社区中进行宣传教育工作； 征集/培训和管理志愿者； 提供社区服务	项目督导委员会的重要成员； 行动的发起者； 社区服务的提供者； 征集/培训和管理志愿者	社区项目的发起者与主导者； 为居民主导的行动提供了平台； 征集/培训和管理志愿者； 提供社区服务	社区项目的发起者与主导者； 为居民主导的行动提供了重要平台； 征集/培训和管理志愿者； 提供社区服务
老年人	国家层级的参与者； 社区层级的主导者、推行者、参与者	各个层级的参与者	国家层级的参与者； 社区层级的主导者、参与者	各个层级的参与者
私营企业	为老服务的主要提供者；营造工作的重要参与者；资金的来源方			

从主导者来看，不同国家和地区的不同层级主导者不同，包括政府、社会组织和居民。在国家和地区层面，主导者包括政府和社会组织；而在社区层面，政

府、社会组织和居民都可以担任主导者。

美国从国家到社区均主要由社会组织主导,但中央政府也是社区营造计划的主导者,由社会组织发起综合性、全国性的老年友好社区协同营造倡议,并通过多样化的途径向地方推广;而政府从中央到地方都给予强有力的支持与协助,并发起支持计划,推进社区某一层面的全国行动。这一模式形成的原因包含以下三个方面。第一,美国的社会组织发展非常成熟,具有很强的资源整合能力,并在社会上有很强的号召力与影响力,能够推动倡议变成全国性的实践;第二,他们都是"小政府、大社会"的社会治理模式,不设社区一级政府,社区自成立之初便具有高度的自治性;第三,具有比较深厚的民主传统,市民的公民意识和个人主义思想强烈。

加拿大政府是各层面计划的主要推动力,由政府发起倡议并通过强有力的政策在地方上推广实施,且地方上的项目也必须有政府的参与,并由政府主导与促进伙伴关系的建立。

英国和日本则是国家和地区层面由政府主导,而社区层面主要由社会组织和居民主导。由中央政府发起全国性、综合性的倡议;地方政府建立跨部门、跨领域的工作组,提出本地化倡议与方案;具体的社区营造项目则是依托居民组织,以居民为主体开展。

我国4个城市的老龄化及社会福利制度、社区治理和发展模式、公民意识、非营利组织和慈善基金的发展水平也存在着差异,不同的利益相关者扮演着不同的角色(表4-3)。

表4-3 我国4个城市主要利益相关者的角色定位

利益相关者	北京	上海	广州	香港
主导者	以政府为主,民间非营利机构为辅	以政府为主,部分以社区居委会为主	政府为主	以非营利组织为主,部分特区层级计划由政府主导
政府	中央政府:制定法律和政策;地方政府:发起社区营造计划;	中央政府:制定法律和政策;地方政府:发起社区营造计划;	中央政府:制定法律和政策;地方政府:发起社区营造计划;	特区政府:制定法律和政策;提供资金支持并进行监督;

(续表)

利益相关者	北京	上海	广州	香港
	提供资金支持并进行监督；支持与培育社会组织	提供资金支持并进行监督；负责项目的推进实施	提供资金支持并进行监督	支持与培育社会组织；发起社区营造计划地方政府：协助与支持地区/社区行动开展爱老敬老的公共教育
社会组织	搭建平台引入多元资金和智慧资源；承担项目策划、组织、实施在内的整体运营过程；负责面向居民的沟通工作	提供合作平台，倡导居民参与；项目完成后的评价工作；后期的运营管理；为项目筹集资金	提供合作平台，倡导多方参与；实施效果反馈推动治理；参与设计方案的意见反馈	各个层级计划发起者与主导者；提供合作平台，倡导居民参与；推动相关法规/政策的制定；开发评估工具和行动指南；开展宣传教育工作；提供社区服务；征集/培训和管理志愿者；为项目筹集资金
老年人	社区层级的推行者和参与者	社区层级的实施者和参与者	社区层级的推行者、参与者、监督者	特区层级的参与者；社区层级的推行者和参与者
私营企业	营造工作的重要参与者；资金的来源方			

从主导者来看，上述城市大多是以政府为主，中央政府主要是制定法律和政策，地方政府主要负责社区营造的发起、资金支持及项目的推动实施。（香港较为特殊，是以非营利组织为主，部分特区层级计划由政府主导）。鉴于城市发展水平的差异化，社会组织的职责也有所不同。相较而言，香港的社会组织发展成熟，具有很强的资源整合能力，在社会上有很强的号召力与影响力，所以香港的社会组织所承担的职责更多。社区的老年人都是社区营造的参与者和推行者，私营企业除了作为营造工作的主要参与方和实施方，部分企业也是资金的来源方。

二、政府的核心责任是顶层设计与资源整合

（一）国家层面，政府承担或多或少的领导作用和必不可少的协助与保障作用

领导方面，发起并主导全国性的倡议，发布行动指南，或者主导部分相关的专项奖励、支持计划；引领全国社区发展方向和路径，指导地区和社区层面的行动，并通过强有力的政策向地方推广。

协助与保障方面，法规、政策、制度提供保障，财政预算提供资金支持。法规与政策是老年人福利和各项权利最有力的保障，也是使社区营造成为全国行动最有效的手段；财政预算则是最基础和最稳定的资金来源。

（二）地区和社区层面，政府的核心作用是推动合作伙伴关系建立及提供支持

不管政府是否是地区和社区层面行动的主导者，都扮演着必不可少的"连接"和"驱动"作用，同时政府的支持是项目得以实施的关键。首先，政府凭借强大的资源整合能力，连接利益相关者、社会资源和相关计划；吸引社会与社区力量，驱动利益相关者共同努力。由于地方政府掌握了社区的众多信息，对社区有更加深入的了解，因此通过政府与其他参与者的互动，可以有效识别可用资源并进行连接与互补，以及通过政策手段推进行动。其次，由于社区营造是一项系统性的工作，涉及政策的制定、设施的建设、资源的整合，且关乎社会公平，因此各个环节都需要政府的支持。

三、社会组织的核心责任是社会倡导与沟通平台

（一）全国层面，社会组织可以担任倡导者和咨询团队

倡导方面，包括全国行动倡导和立法与政策倡导。由社会组织发起倡议并在全国范围进行推广；通过倡导工作推动相关法规的制定和完善，并监督政策和制度的落实。

咨询方面，包括开发评估工具和为政府提供咨询。通过开发评估工具，发布行动指南，为社区协同营造的领导者提供技术援助和经验参考；通过自己在特定领域的专业经验，为政府提供专业咨询。

(二) 社区层面,社会组织主导与推动积极变革,为居民参与提供平台和服务

各个国家和地区的社会组织均是社区层面老年友好社区协同营造的参与者和部分项目的领导者,权责包括主导与推动积极变革、提供服务。主导与推动积极变革方面,一方面成为居民行使社会参与权利、主导社区事务,以及与政府进行沟通的平台;另一方面形成"自下而上"的推动力量,成为现代社区治理的重要一环。

服务供给方面,为老年人提供房屋修缮、交通、集中照料、医疗健康、教育娱乐等多种社区服务,极大缓解了政府在老年服务供给方面的财政和人员压力,并能提供高质量、差异化的服务。

虽然社会组织的发展程度和参与程度不同,但都发挥着政府和企业不可替代的作用,尤其是在调动居民积极性、争取居民支持、创建社会参与"平台"和提供各项为老服务方面。

四、市场的核心责任是服务供给与资金援助

市场是社会养老服务及与老年人生活息息相关的各种服务的提供者,也是社会资金的重要提供方,是老年友好社区营造的重要合作伙伴。

社区养老服务供给方面,企业通过收取适当费用为老年人提供差异化服务,满足不同层级老年人的需求,促进社区居家养老服务的多样化。服务内容涵盖助餐、上门关怀、集中照料、医疗护理、精神与心理辅导、教育娱乐、老年就业指导与培训等,使老年人最大程度地实现独立、有尊严的生活。

生活服务供给方面,为老年人提供优惠的生活服务、无障碍服务和员工义务帮助。社会企业提供的服务涵盖老年人生活的方方面面,包括交通、住房、商业、水电煤气等。

社会资金援助方面,美国、加拿大、英国、日本等国和中国香港的老年友好社区建设均得到了私营企业的赞助,对企业来说,起到了品牌宣传效应;对政府来说,拓宽了资金来源和渠道,缓解单纯依靠政府补贴的财政压力,有利于可持续发展。

五、居民的核心责任是互爱互助与全流程参与

居民是社区营造的最终受益者,应该发挥主人翁意识,积极承担社区责任,积极参与协同营造;同时发扬"互爱互助"的精神,积极参与志愿活动。而居民

中的特殊人群、老年人，更应被纳入整个流程。老年人的角色不仅仅限于最初的咨询阶段的"顾问"，也可以是工作组的核心成员，担任计划的策划者与推行者、调研的工作者、活动的组织者，以及有能力影响政府行为的社区建设者。

国际和国内的经验表明，老年人的参与不仅对他们的晚年生活带来积极的影响，而且能推动社区营造工作的成功。例如，加拿大《老年友好农村和偏远社区建设指南》指出地方政府和老年人的领导至关重要；中国香港《启动全城，香港长者友善社区》指出计划的顺利完成最重要的因素是坚持"长者参与"，以长者关注点为决定的依据，使长者参与政治议程之中。

第三节 协同营造的运行机制

社区协同营造需要全方位、多层次的保障机制，跨部门、跨领域的多元协作机制，重参与、重协商的评估诊断机制和分阶段、动态化的实施与监督机制（图4-2）。

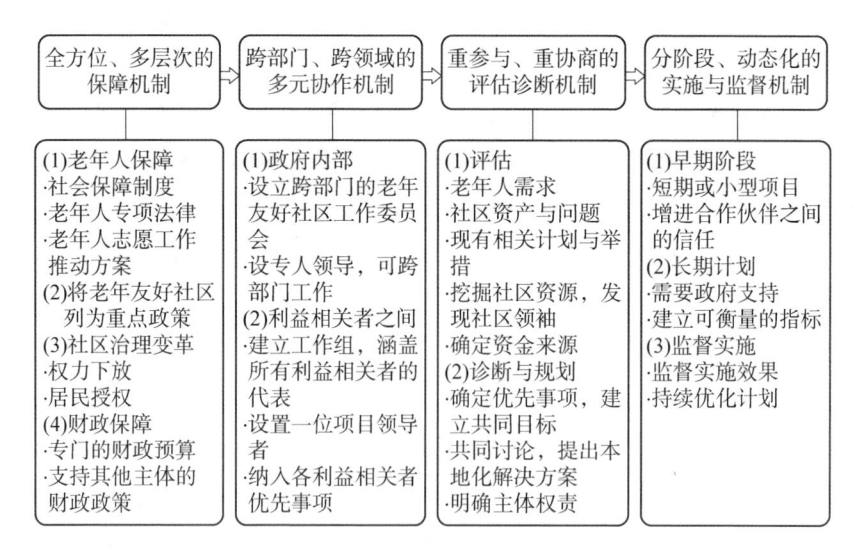

全方位、多层次的保障机制	跨部门、跨领域的多元协作机制	重参与、重协商的评估诊断机制	分阶段、动态化的实施与监督机制
(1)老年人保障 ·社会保障制度 ·老年人专项法律 ·老年人志愿工作推动方案 (2)将老年友好社区列为重点政策 (3)社区治理变革 ·权力下放 ·居民授权 (4)财政保障 ·专门的财政预算 ·支持其他主体的财政政策	(1)政府内部 ·设立跨部门的老年友好社区工作委员会 ·设专人领导，可跨部门工作 (2)利益相关者之间 ·建立工作组，涵盖所有利益相关者的代表 ·设置一位项目领导者 ·纳入各利益相关者优先事项	(1)评估 ·老年人需求 ·社区资产与问题 ·现有相关计划与举措 ·挖掘社区资源，发现社区领袖 ·确定资金来源 (2)诊断与规划 ·确定优先事项，建立共同目标 ·共同讨论，提出本地化解决方案 ·明确主体权责	(1)早期阶段 ·短期或小型项目 ·增进合作伙伴之间的信任 (2)长期计划 ·需要政府支持 ·建立可衡量的指标 (3)监督实施 ·监督实施效果 ·持续优化计划

图4-2 协同营造的运行机制

一、全方位、多层次的制度保障机制

全方位、多层次的法律和制度保障与资金保障涵盖老年人的福利、权益、社

会融入,政策指引,社区治理、财政政策等。

在老年人方面,第一,制定养老保障制度、医疗保险制度、救助制度等社会保障制度,为老年人构筑社会保障的安全网,如日本通过《护理保险法》《老人福利法》《老人保健法》等法律法规建立了以年金-医疗-护理为核心的老年福利体系。第二,制定专门针对老年人的法律,保障老年人各方面的权益,包括退休后的收入、身心健康服务、住房、恢复性和长期护理、就业机会、参与社会并做贡献、高效的社区服务、自由独立行使决策权等。如美国设立了专门针对老年人的《老年人法案》,详细规定了支持老年人的一整套服务。第三,设立老年人社会参与推动方案,鼓励老年人积极融入社会,如美国出台的《老年人志愿工作方案》《老年人社区服务就业法》《老年人个人健康教育与培训方案》等一系列法律及政策,激励并保障了老年人在退休后的社会参与和社会融入。

将老年友好社区营造等作为政策重点,纳入国家计划,引导社会各界加强对老龄化问题的关注,如我国香港2016年将长者友善社区作为特区政府《施政报告》的重点内容;加拿大发布题为《加拿大的健康老龄化:新视野,一项至关重要的投资》的讨论文件,提出建立支持性的社区环境以促进健康老龄化。[①]

在社区治理层面,不断促进权力下放,赋予社区充分自治的权利,如英国颁布《地方主义法案》扩大地方政府和社区的权力和资源,实行社区自治,并提出"邻里规划"这一全新形式,将规划的最低层级延伸到邻里层面,同时赋予社区居民自行申请编制规划和发展计划的权利,全过程都由社区居民组成的社区组织主导,使居民有更多权力参与社区发展。

在财政政策方面,一方面,对社区营造设置专门的财政预算;另一方面,财政政策支持民间力量、企业和非营利组织参与老龄事业。如英国爱丁堡和曼彻斯特设置专门的财政预算用于终身住房。中国香港的民间力量和企业通过资金捐助和对口支援的形式,帮助非营利安老组织的日常运营,在达到一定资助额度后,政府以"以减代奖"的形式减免这些企业的税收和捐助人的所得税。

二、跨部门、跨领域的多元合作机制

不同国家(地区)的经验表明,在政府积极支持和资助下的"自下而上"的方法或"自上而下"和"自下而上"相结合的方法,都是实现社区营造行之有效的途

---

① 香港社会服务联会:《启动全城·香港长者友善社区》,香港社会服务联会2012年版。

径。这两种方法都离不开政府的支持，离不开政府、社会组织、私营企业、居民等利益相关者有效的协作。

在政府内部，设立跨部门的委员会，并设专人领导。委员会成员应来自不同部门，可以在政策支持下开展跨部门、跨领域的工作，鼓励各部门将其纳入工作重点。设置一位专门负责委员会工作的领导者，并授予他跨部门工作的权力。

设立涵盖所有利益相关者的工作组，建立不同利益相关者之间的合作伙伴关系。工作组成员应该包括地方政府及官员、非营利组织、私营企业、老年人俱乐部等居民团体。老年人是工作组必不可少的成员，同时需要注意老年人不是一个单一的群体，其年龄、性别、文化和能力都不相同，应确保他们的需求、观点和建议具有广泛性和包容性。工作组需要设置一位项目领导者，该项目工作组的发起者可以是政府，也可以是非营利组织或社区居民，发起者往往也是整个项目的领导者。而工作组的成员，即利益相关者，应该根据地区的特色、项目的规模与目标进行确定，并在营造工作的过程中根据情况动态的变化，不断吸收新的参与者。

正式的工作组一般都会有地方政府的参与，但有一些居民、社会组织或非营利组织发起的，针对如社区空间协同营造、增进老年人社会融入等特定主题的社区，不会建立正式的工作组，而是依靠居民和社会组织之间的互动网络开展活动的。

三、重参与、重协商的评估反馈机制

不同国家（地区）均重视评估工作，并将评估作为协同营造正式开始的起点。评估内容包括以下 5 点：对老年人的需求进行调研；对社区的现状进行全面评估以总结社区中的优势因素和不利因素；讨论社区现有的相关计划和举措；梳理社区现有的服务、设施等资源，对各利益相关者掌握的数据和资源进行汇总，并挖掘社区领袖；讨论项目可能的资金来源。这些工作一方面为预测未来的进展和确定优先事项提供了参考，另一方面促进了合作伙伴间的交流与对话，使各利益相关者对项目有更深入的了解。

评估方式包括由工作组执行和委托第三方组织。工作组应努力使老年人参与进来，并由专业工作人员协助完成调研。对比由规划师等专业人员开展调研的方法，老年人亲自参与调研更有利于发现社区存在的问题，使老年人的需

求得到更直接的表达。委托第三方组织的案例有由美国的探访护士服务中心受社区委托发起的积极老龄化计划并开展调查，以确定社区老年人的需求，但调查数据是"中性的"，不包括观点或提议。

利用评估结果，工作组通过广泛讨论确定需要通过计划解决的优先事项，为本地项目提供本地化的方案。评估结果讨论的过程需要各利益相关者进行深入的讨论，对社区的优势条件进行利用与维持，对发现的问题进行排序以明确优先事项，并集思广益制定发展战略和行动计划时间表。这一过程也应该明确每个利益相关者的角色和具体的权责划分。在这个过程中，规划团队应该发挥专业优势，对讨论内容给予专业指导。

通过广泛的讨论，可以在利益相关者中建立共同的目标，使工作小组内部更加团结，以确保他们对老年友好社区营造计划和行动的持续性支持。一个或多个"有权威的推动者"是有助于达成共识和制订计划的有用机制，这个或多个"有权威的推动者"代表老年人、企业以及社区中的其他人，影响他们的想法和行为，能在不强迫的条件下推动共识的达成。

四、分阶段、动态化实施与监督机制

根据社区的需求、既定的优先事项、可用的财务和人力资源，以及利益相关者的意见，有选择性地确定老年友好社区营造的规模。可以由当地社区成员小范围、小规模来实施（如开展老年活动等），也可以利用地区政府的资源，采取较大的举措，如影响社区规划、住房开发、交通规划等。

分阶段实施营造计划。在早期阶段，社区可以采取短期项目的形式，一方面向参与者和地区政府、社区居民等展示项目效果，引发社会的关注并发展社区的认同感，表明这一项目的可行性，甚至推动政策的变革；另一方面可以增进利益相关者之间的信任，深化合作伙伴关系，增强他们为达成长期目标进行规划的能力。待合作伙伴关系成熟、获得政府及更多外部资源的支持后，可以制订并发展长期的计划。

在实施计划中，需要纳入明确且可衡量的目标和指标，使社区可以监控进展。监测应该是一个持续的过程，使工作人员可以按预定时间间隔重新评估计划并调整事项的优先级和目标。

第二编

老年人日常生活需求与行为特征

  本编选取老龄化程度高、社会治理和空间治理较为复杂的超大城市典型社区，采取问卷调查、行为日志、空间测度、模拟仿真等方法，精细化研究各类老年人在居住、出行、医养、交往参与、休闲康体等方面的生活需求和行为特征，包括活动内容和类型、活动的物质要求和社会条件、活动的时空区间、行为意愿等，并基于 GPS 和 GIS 数据，按照老年人真实行为划定生活空间范围，归纳和提炼各类老年人的典型生活需求和行为模式。

第五章 调研设计

第一节 调研对象

根据《中华人民共和国老年人权益保障法》对老年人的定义,60周岁及以上的公民为老年人。结合中国退休年龄与其他实际情况,本研究以60周岁及以上的老年人为调研对象。

第二节 调研范围

为体现研究的代表性和普适性,在老龄化程度高、社会治理和空间治理较为复杂的超大城市,本研究综合考虑城乡属性、居住类型和老龄化程度等因素后选取若干调研社区。以上海市为例,综合考虑上述因素,共选取21个城市社区和6个农村社区展开调研(表5-1、5-2)。

表5-1　上海市城市地区调研社区基本情况

社区名称	行政区	老龄化程度(%)	居住类型
三德小区	黄浦区	33.2	老公房
上海滩新昌城	黄浦区	14.2	商品房
鞍山三村	杨浦区	26.9	老公房
内江新村	杨浦区	44.8	老公房
同济绿园	杨浦区	22.9	商品房
延吉二三村	杨浦区	31.2	老公房
延吉四村	杨浦区	51.8	老公房
延吉五六村	杨浦区	30.14	老公房
延吉七村	杨浦区	47.13	老公房
控江东三村	杨浦区	24.98	老公房
控江西三村	杨浦区	46.5	老公房
沧州路180弄	杨浦区	25.5	老公房
凤城二村	杨浦区	47.4	老公房
凤城三村	杨浦区	41.7	老公房
长白三村	杨浦区	13.95	老公房
联洋一居委	浦东新区	21.38	商品房
联洋二居委	浦东新区	17.81	商品房
联洋四居委	浦东新区	19.38	商品房
联洋六居委	浦东新区	15.82	商品房
绿一社区	嘉定区	19.49	保障房
绿三社区	嘉定区	19.59	保障房

注：数据来源于居委会访谈。

表5-2　上海市农村地区调研社区基本情况

社区名称	行政区	老龄化程度(%)	居住类型
罗南二村	宝山区	18.7	集聚型
旗杆村	浦东新区	26.2	半集聚型
牌楼村	浦东新区	30.9	半集聚型

(续表)

社区名称	行政区	老龄化程度(%)	居住类型
永丰村	崇明区	38.7	分散型
新晨居委	崇明区	32.9	集聚型
张塘村	奉贤区	28.9	半集聚型

注:数据来源于居委会访谈。

第三节 调查方法

在调研中采用了问卷调查法、访谈法、活动日志法、GPS数据采集法、实地调查法和卫星影像识别法,具体如表5-3所示:

表5-3 调查方法

调查方法	调研对象	获取内容	协助工具
问卷调查法	老年人	了解调研对象基本信息、生活需求、行为特征、满意度等	调查问卷
访谈法	老年人	深入了解问卷中难以反映的调查对象的具体想法和行为意愿等	访谈提纲、录音材料、笔录材料
活动日志法	老年人	获取老年人日常出行链及相关信息	活动日志表格
GPS数据采集法	老年人	GPS时空间数据	GPS便携设备、补充问卷
实地调查法	社区支持系统	包括社区空间环境和社区服务在内的社区支持系统基本信息	照片、踏勘记录、支持系统信息列表
卫星影像识别法	社区环境	卫星遥感影像识别及电子地图	相关软件

第四节 调研样本

在街道与居委会的协助下,上海地区共调查了21个城市社区和6个农村社区。城市社区发放并回收有效问卷1485份,活动日志157份,深入访谈120份,GPS轨迹数据70份;农村社区发放并回收有效问卷606份,深入访谈43份。北京和广州共发放并回收网络问卷948份,有效问卷817份。

其中,GPS轨迹调查是在上海市延吉新村街道和控江路街道完成的。本次调研所选取的GPS微型定位器常常被用于防老年人或儿童丢失,其定位技术基于WIFI、GPS及北斗,误差在5米范围之内,造型美观,轻便易携带(图5-1)。GPS微型定位器每隔60秒记录一次使用者的空间地理坐标,通过后台操作,可以查看使用者特定时间段的出行轨迹。GPS便携设备发放给70位目标老年人佩戴一周,记录其一周的出行时空数据。经数据回收查验,70份轨迹数据均为有效实验数据,可以用于后续分析。

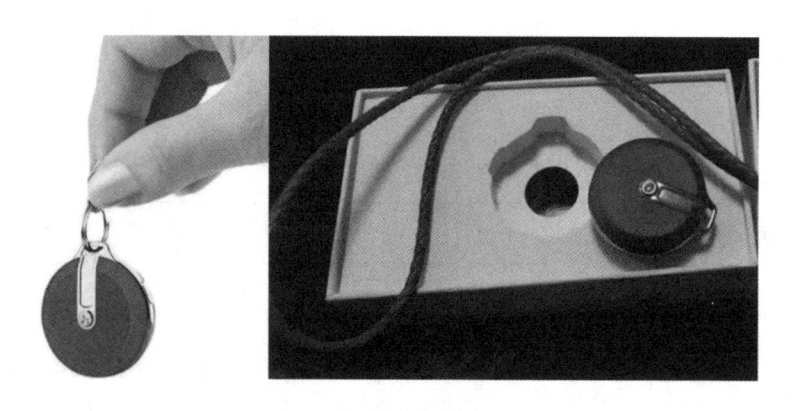

图5-1 GPS微型定位器

在城市地区2433个有效老年人样本中,男性1228人,女性1205人,性别比例接近1∶1。60—69岁的年轻老年人共1276人,70—79岁的中度老年人共749人,80岁及以上的高龄老年人共408人,分别占52.45%、30.79%、16.77%。月收入、教育程度和居住状态各类型均有涵盖,具体类型和比例见图5-2。样本整体结构较为均衡,基本满足分析要求。在农村地区606个有效老年人样本中,男性318人、女性288人,性别比例接近1∶1。年龄方面,60—69岁的年轻老年人共334人,70—79岁的中度老年人共235人,80岁及以上的高龄老年人共37人,分别占55%、38.8%、6.1%。月收入、教育程度和居住状态各类型均有涵盖,具体类型和比例见下图5-3。综上所述,调研样本整体结构较为均衡,基本满足分析要求。

图 5-2 城市地区调研对象基本信息

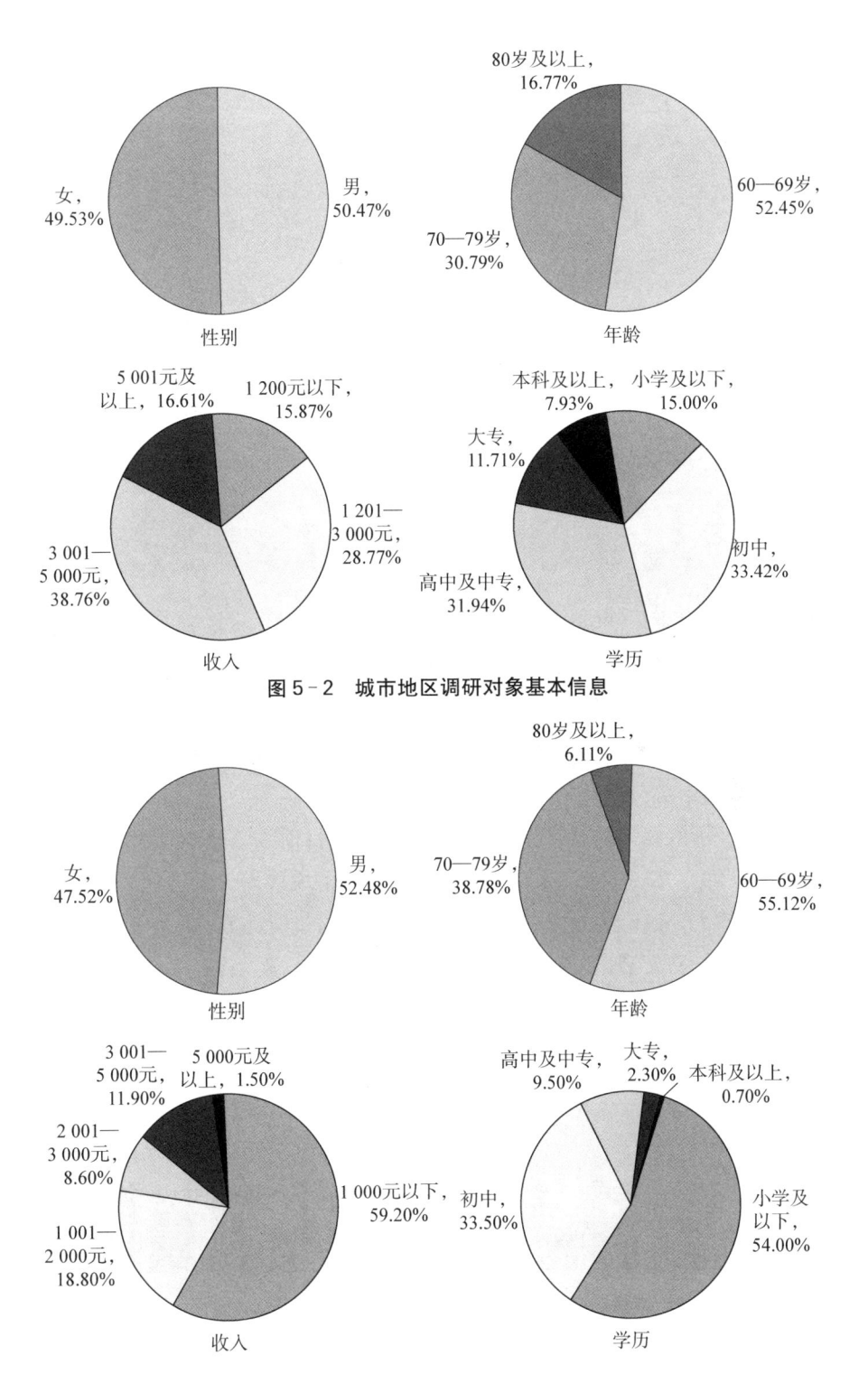

图 5-3 农村地区调研对象基本信息

第六章

老年人日常生活需求特征

老年人的日常生活需求是构建老年人社区生活圈目标准则和体系框架的重要参考。围绕老年人的需求，社区系统可分为设施和空间环境构成的硬支持系统和社会交往与服务构成的软支持系统，故本章分硬支持系统——老年人社区空间与服务设施需求及满意度和软支持系统——老年人社区交往与服务需求及满意度两个部分展开阐述。

整体来看，老年人对日常生活满意度较高，对目前生活感到"非常满意"或"比较满意"的占82.07%。支持老年人日常生活的系统可分为社区居住、交通出行、医疗养老、交往参与和休闲康体五个方面，通过对比发现：老年人对社区居住较为满意；对交通出行、医疗养老和休闲康体的不满情况较多；对交往参与的关注度较低，但总体不满意的情况居多（图6-1）。

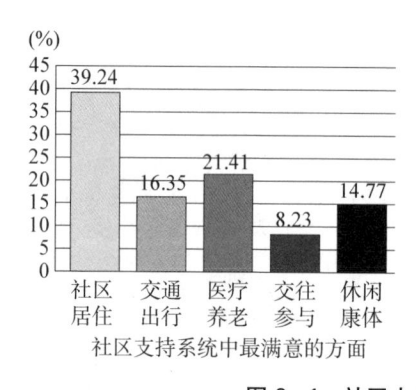

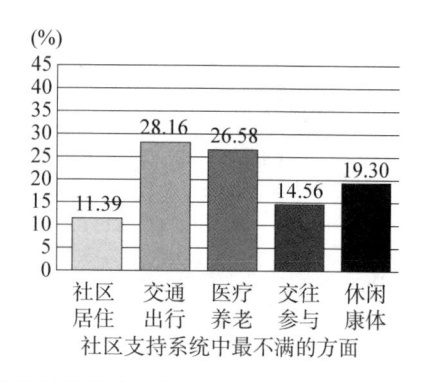

图6-1 社区支持系统满意度对比

第一节　社区空间与服务设施需求及满意度

本节从社区居住、医疗设施、休闲康体三个方面分别描述老年人对社区空间和服务设施的需求和满意度。

一、社区居住需求及满意度

在居住方面，老年人整体满意度较高，比较满意或非常满意的老年人占72.67%，一般满意的老年人占19.59%，不太满意和很不满意的老年人仅占总体的7.74%（图6-2）。

（一）居住状态

以是否有年轻人看护、照料生活为分类标准，有年轻人看护包括与子女同住或居住在养老机构的老年人和无年轻人看护包括独居或与配偶居住的老年人各占一半（图6-3）。期望居住状态与居住现状存在差异的老年人占26.16%，其中，在养老机构和独居的老人希望改变居住现状的较多，分别占29.63%和29.59%，与配偶居住的老年人对居住现状感到满意的最多。在想要改变现有居住状态的老年人中，希望与子女共同居住的最多，占47.46%（图6-4）。

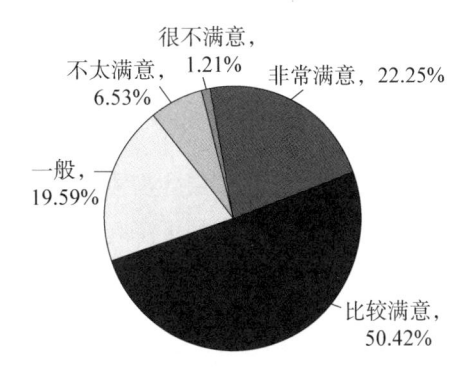

图6-2　老年人社区和住房满意度

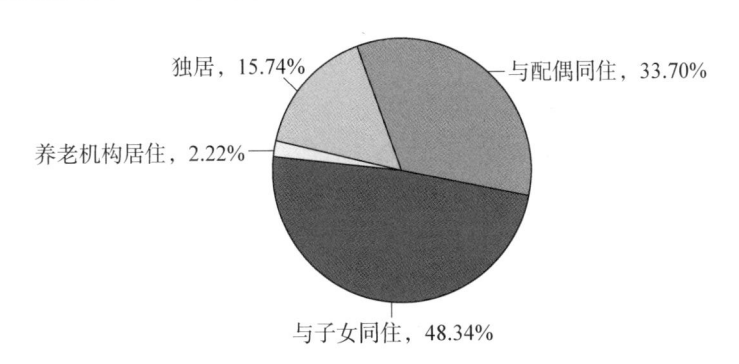

图6-3　老年人居住现状

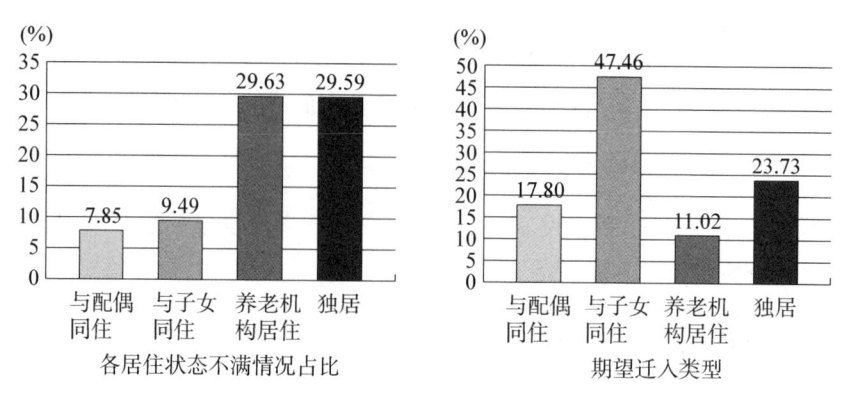

各居住状态不满情况占比 / 期望迁入类型

图6-4 期望居住状态

（二）住房类型

老年人居住在多层住房中的占57.07%，其中超过半数无电梯（图6-5）。随着老年人步行能力的下降，上下楼及相关的活动应得到重视，相比安装电梯，各类上门服务更容易实现，方便老年人的生活。

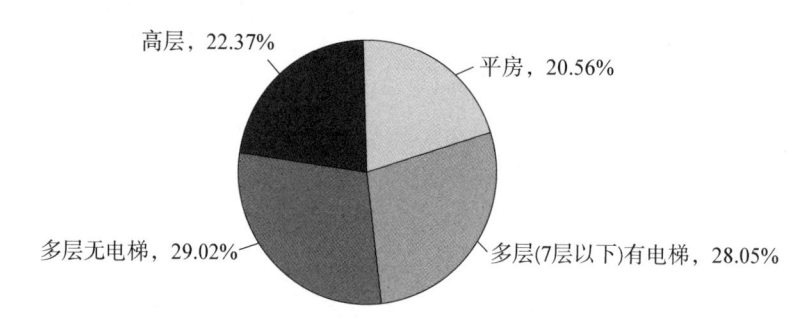

图6-5 老年人住房类型

（三）社区环境

从老年人关注的住房环境要素来看，各类无障碍设施完善程度、出入方便程度和社区环境是否安静以及空气质量对老年人最为重要，甚至超过了交通和公共服务设施的便利程度（图6-6）。老年人多数时间都生活在社区中，出入方便和良好的环境是实现其他活动的基础。从亟待改善的住房环境要素来看，改善公共服务设施和公共交通便利性的急迫程度超过了社区内部的其他要素，其中认为周边公共服务设施配置急需改善的老年人接近半数（图6-7）。可见目前需要进一步优化社区环境和提高周边交通及公共服务设施的便利性。

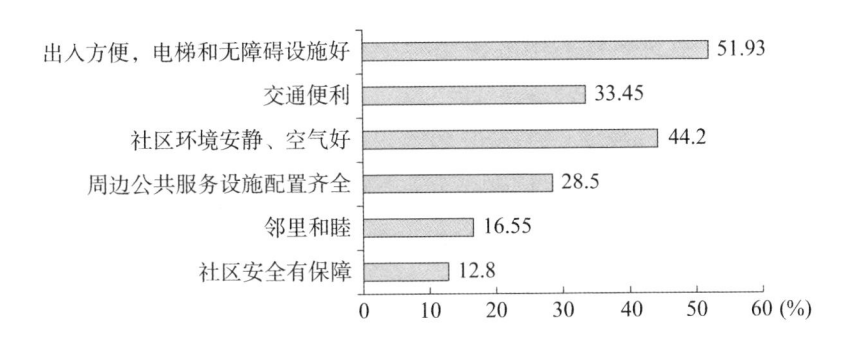

图 6-6 老年人社区环境要素关注度

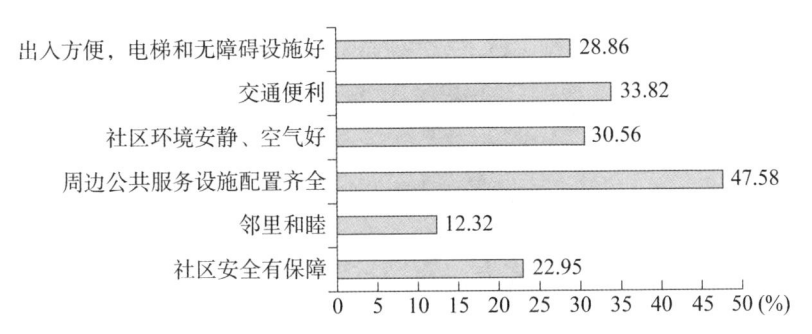

- 出入方便，电梯和无障碍设施好 51.93
- 交通便利 33.45
- 社区环境安静、空气好 44.2
- 周边公共服务设施配置齐全 28.5
- 邻里和睦 16.55
- 社区安全有保障 12.8

图 6-7 老年人社区环境亟待改善度

- 出入方便，电梯和无障碍设施好 28.86
- 交通便利 33.82
- 社区环境安静、空气好 30.56
- 周边公共服务设施配置齐全 47.58
- 邻里和睦 12.32
- 社区安全有保障 22.95

二、医疗设施需求及满意度

老年人对医疗服务设施有较高的需求，尤其是社区卫生服务中心和综合医院。老年人对医疗服务的整体满意度尚可，非常满意和比较满意的占 63.31%（图 6-8）。就医方面，老年人面临的最多的问题是医疗资源的获

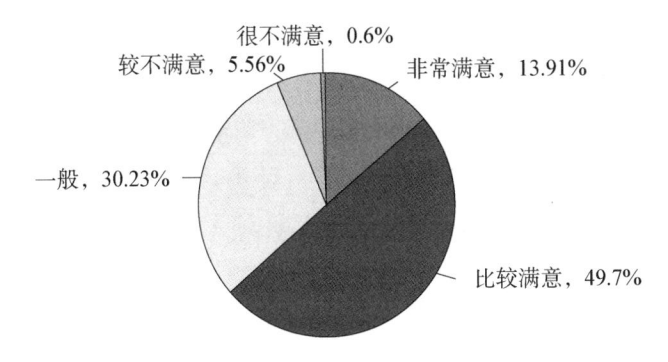

图 6-8 医疗服务设施满意度

- 很不满意，0.6%
- 较不满意，5.56%
- 一般，30.23%
- 非常满意，13.91%
- 比较满意，49.7%

取、行动能力限制和设备使用能力限制，老年人最需要的是与日常健康监控相关的服务。

（一）就诊方式与频率

从就诊方式来看，老年人最常使用的医疗设施是社区卫生服务中心，其次是各级综合医院，网络问诊和上门问诊使用较少（图6-9）。从就诊频率来看，37.12%的老年人每月都要去医院就诊（图6-10），医疗设施的便利程度对老年人非常重要。

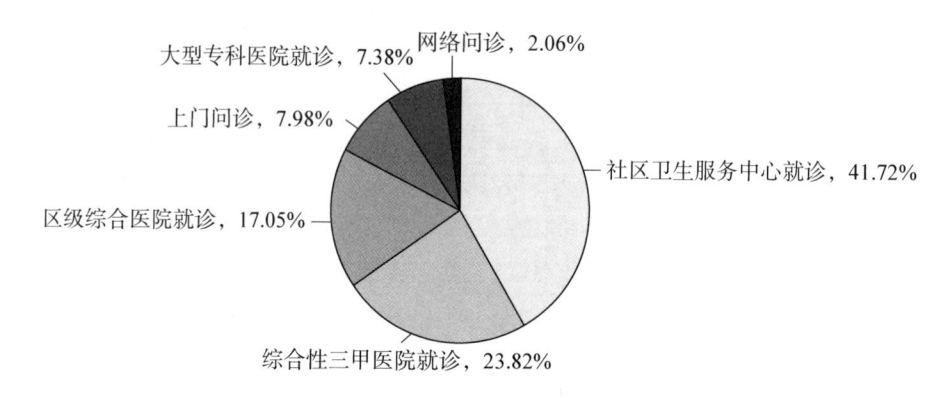

图6-9 老年人就医方式

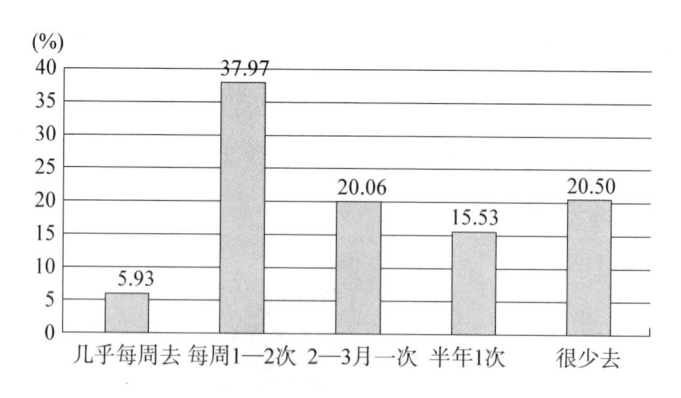

图6-10 老年人就医频率

（二）就诊需求

从就诊阻碍来看，老年人就诊面临最多的问题是医疗资源的获取、行动能力限制和设备使用限制。接近半数的老年人提出排队太多的问题。首先,排队问题随医院等级提升而更加突出,故医疗资源合理分配、建设分级诊疗制度和推出适合老年人的社区医疗服务是非常必要的;其次,老年人受体力限制,对排队的耐受能力更差;再次,老年人对逐步电子化的医院就诊系统接受能力有限,导致需要在各个服务窗口排队咨询,这更加重了排队问题。同样,老年人也反映了腿脚不便和就诊过程过于复杂的问题(图6-11)。在社区医疗服务需求方面,老年人反映最多的是与日常健康监控相关的问题,包括定期体检、购药拿药和健康咨询(图6-12)。

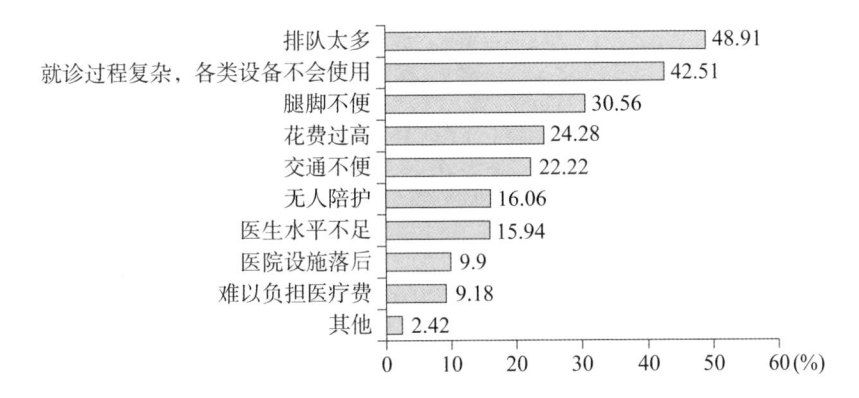

就诊阻碍因素	百分比(%)
排队太多	48.91
就诊过程复杂,各类设备不会使用	42.51
腿脚不便	30.56
花费过高	24.28
交通不便	22.22
无人陪护	16.06
医生水平不足	15.94
医院设施落后	9.9
难以负担医疗费	9.18
其他	2.42

图6-11 老年人就诊阻碍因素

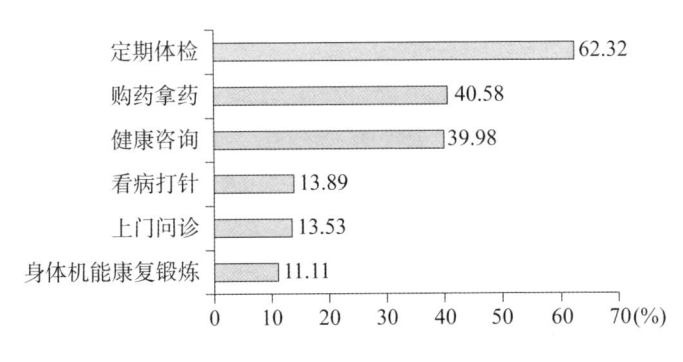

社区医疗需求	百分比(%)
定期体检	62.32
购药拿药	40.58
健康咨询	39.98
看病打针	13.89
上门问诊	13.53
身体机能康复锻炼	11.11

图6-12 老年人社区医疗需求

三、休闲康体需求及满意度

在休闲康体活动中,多数老年人有较高的体育锻炼的需求,61.35%的老年人日常会进行体育锻炼,且多数为每天锻炼或隔天锻炼,锻炼时间多为1—2小时。老年人在运动时选择附近公园最多,甚至超过社区内的活动场地。其中,使用最多的是广场和步道,老年人对周边设施的满意度不高,非常满意或比较满意的仅占 52.96%(图 6-13)。

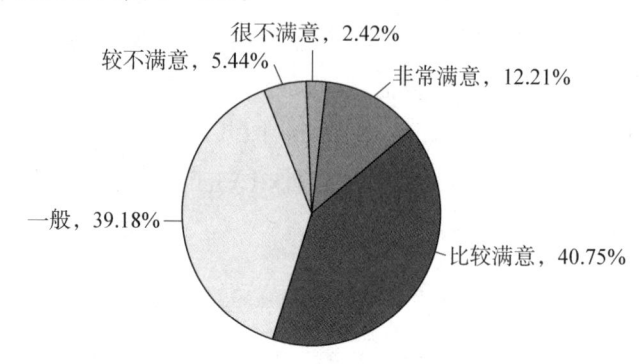

图 6-13 休闲康体设施满意度

从体育锻炼阻碍来看,身体状况不佳是阻碍老年人体育锻炼的最重要因素,有 41.96% 的老年人都存在受身体阻碍无法运动的情况。随着年龄增长该问题愈发突出,相应的老年人的心理状况也会出现变化,因此除关注老年人身体机能健康外,也应关注心理健康。缺乏空间、缺乏设施或设施质量差也是导致体育锻炼阻碍的重要原因,应关注公共服务设施和活动场地的高质量配置(图 6-14)。

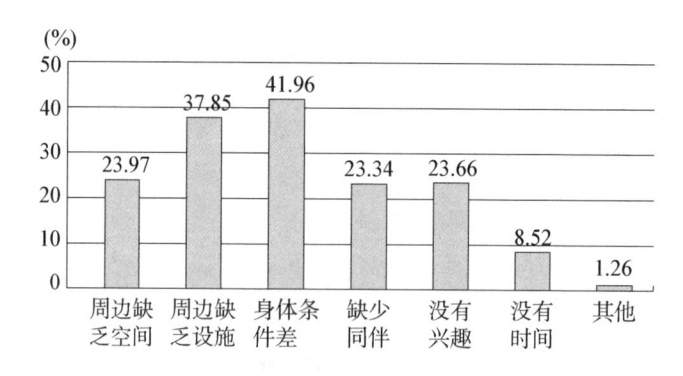

图 6-14 老年人体育锻炼的阻碍因素

从运动锻炼需求来看,老年人最常锻炼的地点是就近的公园广场,其次是小区内的运动场地,在上述两个地点运动的老年人占 95.16%(图 6-15)。在周边设施方面,步道和广场对老年人最为重要,对此有需求的老年人都超过半数,室外健身器械也较为重要,占 29.11%(图 6-16)。

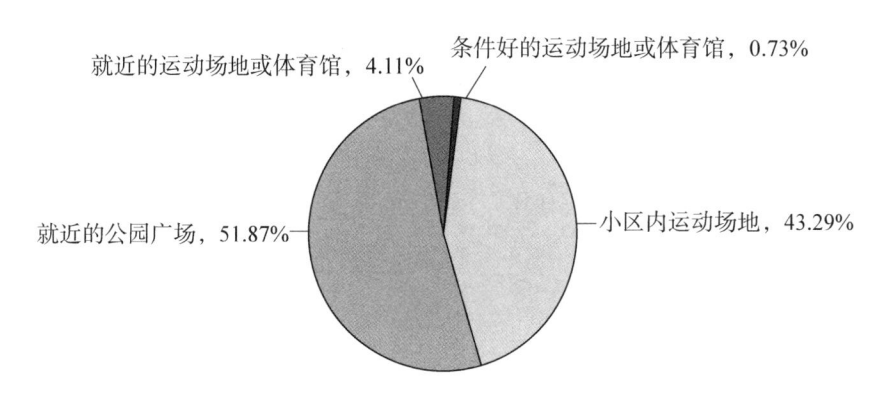

就近的运动场地或体育馆,4.11%
条件好的运动场地或体育馆,0.73%
就近的公园广场,51.87%
小区内运动场地,43.29%

图 6-15 老年人运动场地需求

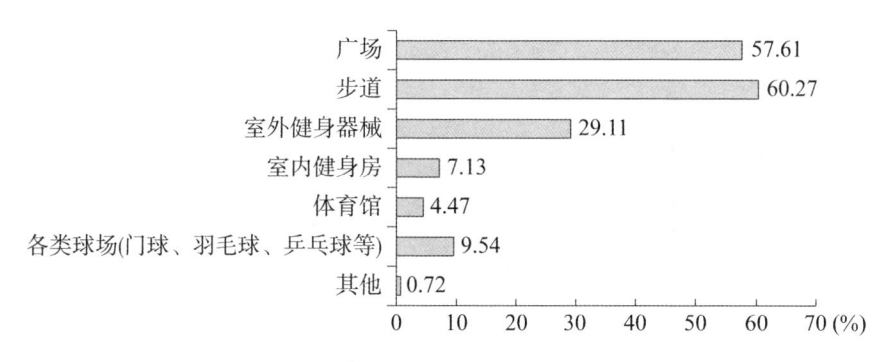

设施	比例(%)
广场	57.61
步道	60.27
室外健身器械	29.11
室内健身房	7.13
体育馆	4.47
各类球场(门球、羽毛球、乒乓球等)	9.54
其他	0.72

图 6-16 老年人运动设施需求

在购物娱乐活动方面,老年人日常生活中有较高的购物与娱乐需求,其中菜市场作为老年人最常使用的公共服务设施,使用频率为平均每人每周 3.91 次,远高于其他商业设施,对老年人生活满意度有较大的影响。除菜市场外,水果店、超市和便利店均是老年人日常生活经常使用的重要设施,平均每人每周使用次数超过 1 次(图 6-17)。

在文化休闲活动方面,老年人最常进行的是棋牌类活动,其次是上网、唱歌和读书。在满意度上,认为能够满足全部需求的老年人仅占 14.75%,文化休闲设施服务的整体水平亟待提升(图 6-18)。

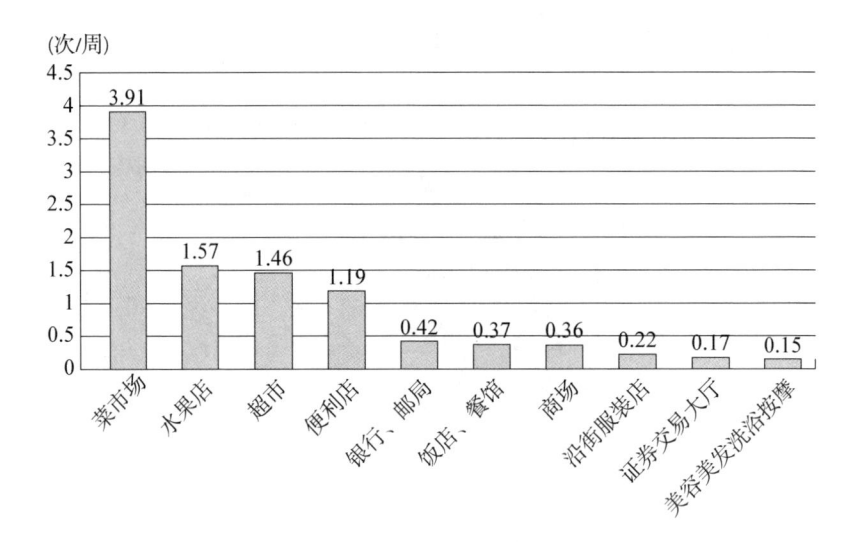

图 6-17 商业设施使用频率

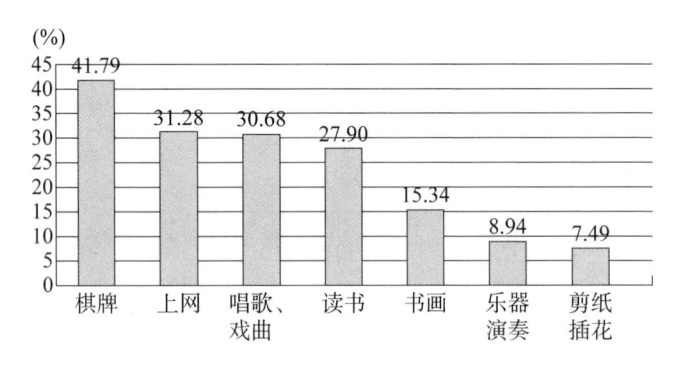

图 6-18 文化休闲活动

第二节 社区交往与服务需求及满意度

一、社会交往与社区活动

(一) 社会交往

老年人有较高的社会交往需求,65.78%的老年人每天或每周都要与亲人或朋友来往。社区邻里关系方面,43.29%的老年人与邻居比较熟悉,会一起活动、聊天;36.03%的老年人与邻居熟悉程度一般;还有20.68%的老年人与邻居基本无来往(图6-19)。

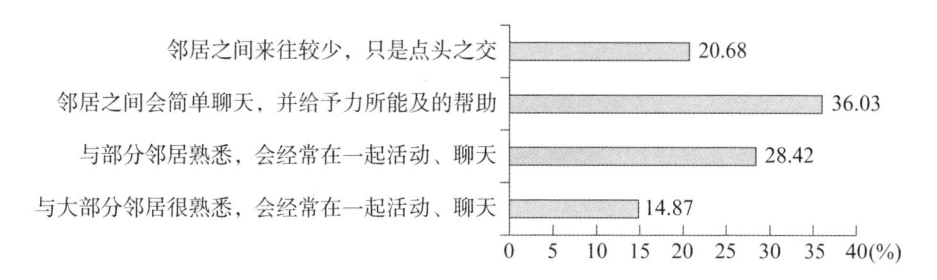

邻居关系	百分比
邻居之间来往较少,只是点头之交	20.68
邻居之间会简单聊天,并给予力所能及的帮助	36.03
与部分邻居熟悉,会经常在一起活动、聊天	28.42
与大部分邻居很熟悉,会经常在一起活动、聊天	14.87

图6-19 社区邻里关系

(二) 社区活动

69.29%的老年人对社区活动有一定程度的参与,但大部分只是偶尔参加,参加的积极性和主动性不高(图6-20)。社区在活动组织方面存在较多不足,在数量和质量方面都存在一定的提升空间,不组织或一年只组织几次活动的社区占73.76%(图6-21)。老年人也普遍感到社区活动的不足,认为数量和类型一方面不足或均不足的老年人占75.34%(图6-22)。社区活动组织应充分考虑老年人的需求,丰富的活动类型更能增加老年人参与的积极程度。

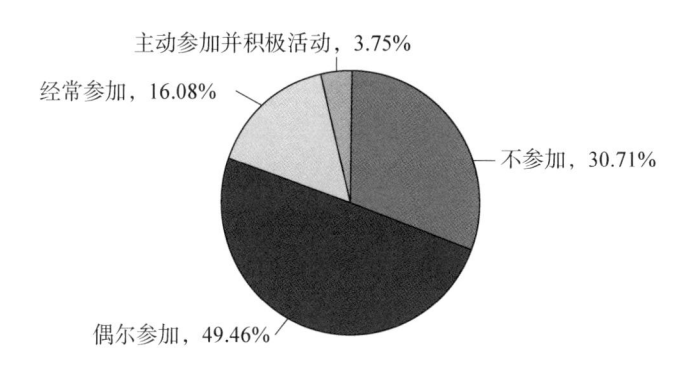

- 主动参加并积极活动,3.75%
- 经常参加,16.08%
- 不参加,30.71%
- 偶尔参加,49.46%

图6-20 老年人社区活动参与度

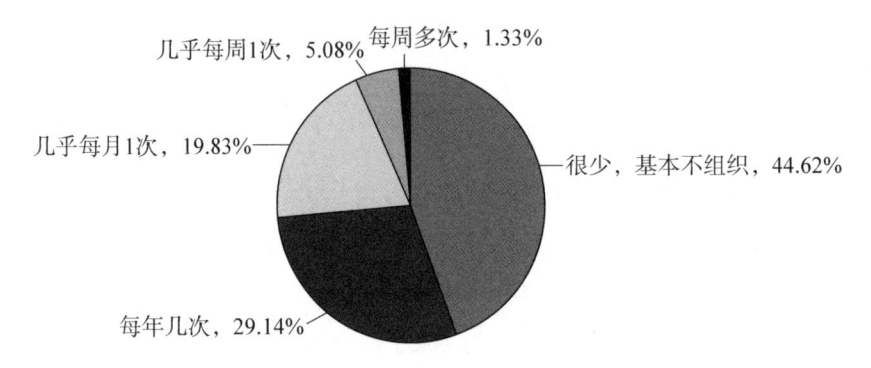

图 6-21 社区活动组织情况

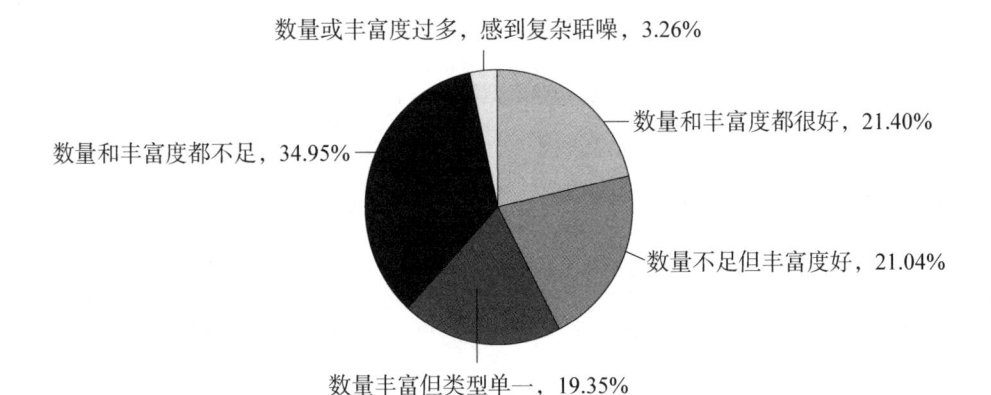

图 6-22 社区活动满意度

二、社区管理与公共参与

老年人对社区的归属感一般(图 6-23)。在社区管理上,老年人整体满意度尚可,多数社区管理人员较为尽责,但仍存在拖延淡漠甚至无法联系的情况。在信息公开方面,老年人对公共信息的了解渠道多样,社区信息公开的主动性还有提升空间。在公众参与方面,大多数老年人并未参与过社区公共事务的管理,满意度也较为一般。

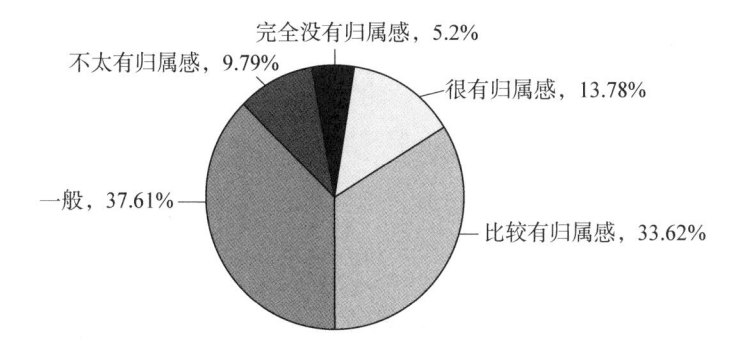

图 6-23 社区归属感

(一) 服务管理水平

老年人对于社区服务管理水平的满意程度尚可,感到非常满意或比较满意的老年人占 65.02%(图 6-24)。社区工作人员工作态度多数较为尽责,能够做到对居民问题积极解决的占 72.55%,但仍存在拖延淡漠的情况(12.58%),还有 14.87% 的社区存在没有或难以联系到工作人员的情况(图 6-25),这些社区的管理服务水平亟待提升。

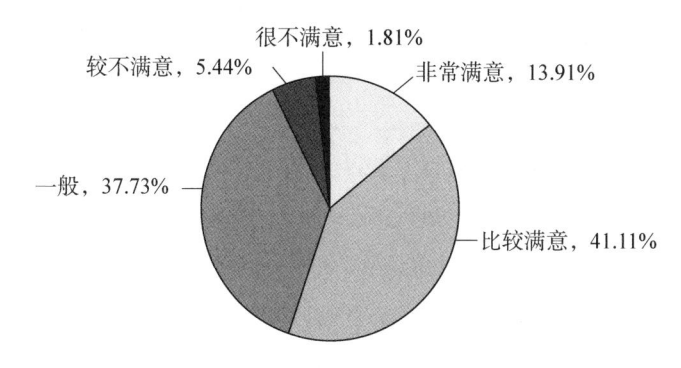

图 6-24 社区管理服务满意度

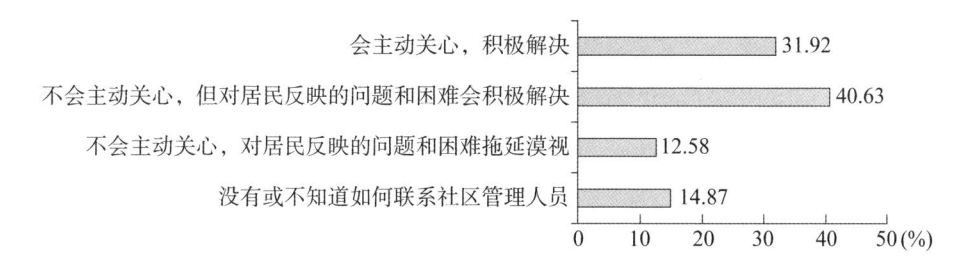

会主动关心,积极解决 31.92
不会主动关心,但对居民反映的问题和困难会积极解决 40.63
不会主动关心,对居民反映的问题和困难拖延漠视 12.58
没有或不知道如何联系社区管理人员 14.87

图 6-25 社区工作人员工作服务情况

(二) 信息公开情况

在信息公开方面,63.36%的社区能做到主动公开(图6-26)。公开渠道也较为多样,社区公告栏、社区微信群、社区工作人员通知或邻居告知的情况均有。

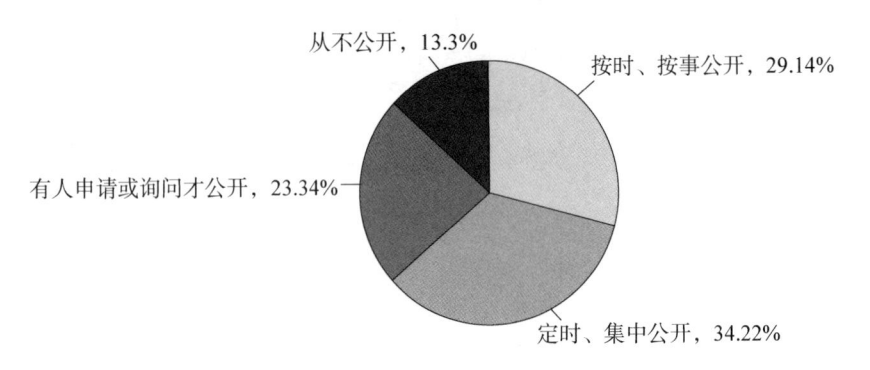

图6-26 社区信息公开情况

(三) 公众参与情况

老年人对社区事务的参与度和满意度普遍较低,67.84%的老年人都未参与过社区公共事务的管理(图6-27),对于公众参与情况仅有46.55%的老年人感到非常满意和比较满意,有45.59%的老年人认为一般,希望能进一步提升(图6-28)。老年人的参与动机以居委会邀请和要求参与为主,同时接近半数的老年人因社会责任自愿参加(图6-29)。阻碍老年人公众参与的原因以消息闭塞和兴趣不足为主,同时也存在时间不够、行动不便和认为没有作用等原因,老年人对公众参与的物质回报情况并不十分关注(图6-30)。

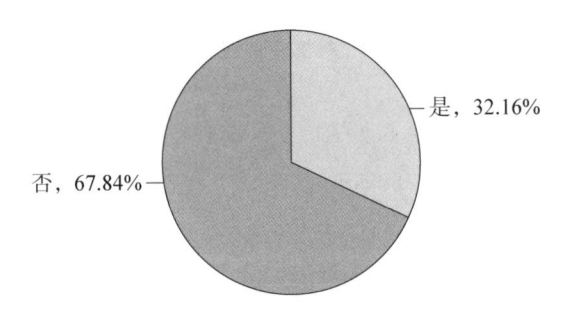

图6-27 老年人社区公众参与情况

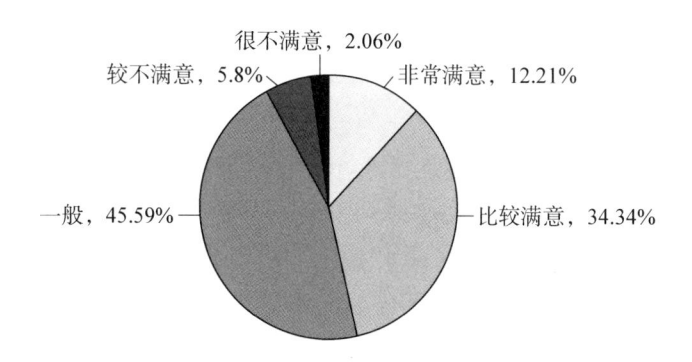

图 6-28 老年人对公众参与的满意度

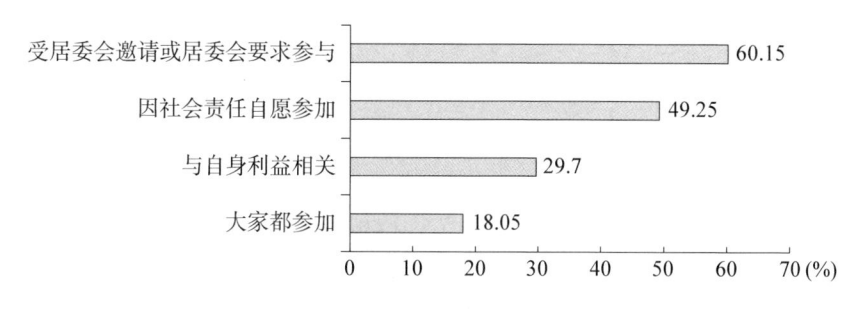

很不满意，2.06%
较不满意，5.8%
非常满意，12.21%
一般，45.59%
比较满意，34.34%

图 6-29 公众参与的原因

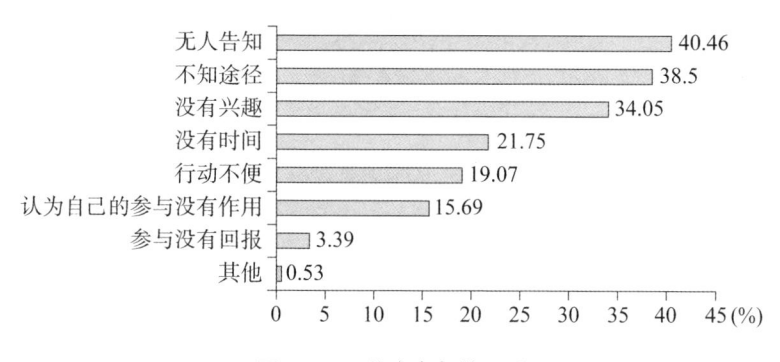

- 受居委会邀请或居委会要求参与 60.15
- 因社会责任自愿参加 49.25
- 与自身利益相关 29.7
- 大家都参加 18.05

图 6-30 公众参与的阻碍

- 无人告知 40.46
- 不知途径 38.5
- 没有兴趣 34.05
- 没有时间 21.75
- 行动不便 19.07
- 认为自己的参与没有作用 15.69
- 参与没有回报 3.39
- 其他 0.53

三、养老服务需求及满意度

在养老服务方面，老年人的满意度不高，仅有 43.16% 的老年人感到非常满意或比较满意（图 6-31）。65.58% 老年人表示未享受任何养老服务，26.69% 的老人享受了以上门为主的社区居家养老服务，还有部分老人享受了社区食堂、社区日托服务，也有 3.86% 的老人享受了养老院照料服务

(图6-32)。大多数老年人希望居家养老(占84.28%),也希望能享受社区提供的居家养老服务(图6-33)。

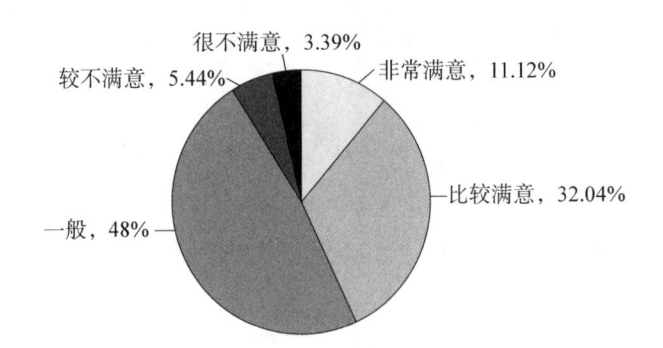

图6-31 老年人养老服务满意度

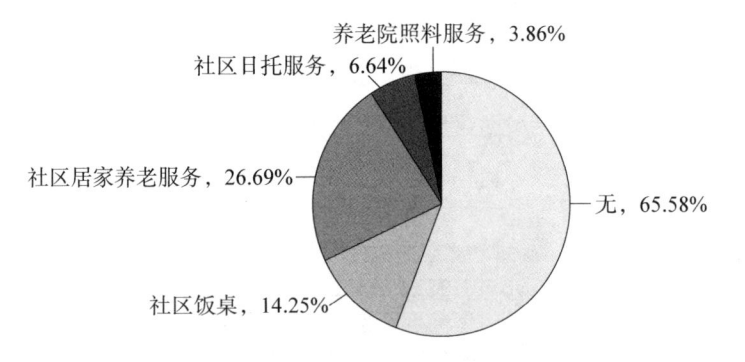

很不满意,3.39%
较不满意,5.44%
非常满意,11.12%
比较满意,32.04%
一般,48%

图6-32 养老服务使用情况

养老院照料服务,3.86%
社区日托服务,6.64%
社区居家养老服务,26.69%
社区饭桌,14.25%
无,65.58%

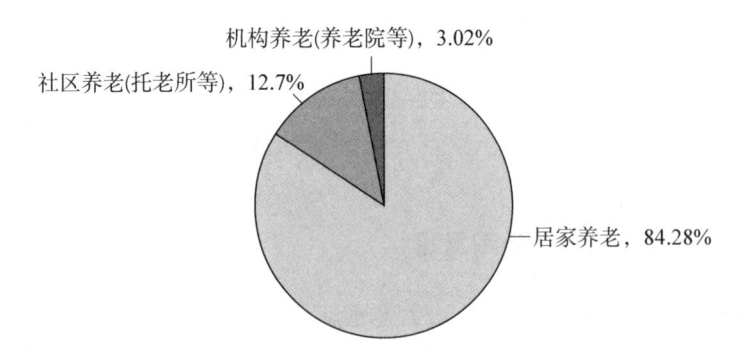

图6-33 老年人养老服务选择意愿

机构养老(养老院等),3.02%
社区养老(托老所等),12.7%
居家养老,84.28%

四、现存问题

传统社区规划更加关注设施和空间建设，各社区的治理能力普遍有待提升，同时不同的城市和社区存在一定的差异性。整体来看，主要存在以下三个问题。

（一）社区服务普及性问题

先进的社区服务均需要投入一定的人力和物力，故在成本有限的情况下，难以在城市甚至社区层面达到全面覆盖。如上海的长护险等，难以普及每一个城市和社区。另外，即使是同一社区，社区服务也未能覆盖社区内全部有需求的老年人。

（二）社区服务专业性和可负担性的矛盾问题，即志愿服务专业性有限和专业服务难以负担的问题

社区服务如果由志愿者来承担，确实会比较经济，但某些专业医疗陪护服务则无法覆盖，并且会有纠纷的隐患。如果使用专业服务则价格高昂，老年人未必承担得起。上海市的长护险是一种很好的实践，但还需要时间的检验，比如目前就有很多老年人反映难以获得资格的问题。

（三）社区服务的稳定性问题

像上海市的长护险、武汉市的家门口门诊，基本能保证医护人员的上门时间有稳定的周期和时长，且医护人员的来源较为稳定可靠，资质水平比较高。但更多社区购买的老年人日间护理服务并没有固定的时间，护理人员的来源也较不稳定。这种老年人日间护理服务往往是向第三方老年人养老机构购买的，而这些机构的护理人员流动性大，难以保证稳定性。由社区志愿者和热心邻里组成的爱心团队，在日常社区服务活动中可发挥的余地大，但在上门照护等特殊社区服务上，存在一定的纠纷风险，且志愿者团队的流动性更大，这对社区管理是一种挑战。

统计分析发现，各社区在社区服务满意度方面差异显著，但社区服务一定程度上可弥补设施条件的不足。两个设施配置差异明显的社区，通过更好的社区服务，可以让设施相对落后的社区与设施配置更好的社区在设施满意度上达到一致。因此可推测，在部分老社区中，尽管设施配置短时间内难以改善，但良好的社区服务一定程度上能弥补硬件设施的不足。

第三节 社区服务设施使用特征

相较于其他年龄层人群,老年人对于步行依赖程度更高,老年人的社区服务设施使用情况与步行能力密切相关。通过预调研,根据老年人经常步行到达的设施、使用频率以及认为日常生活中重要或不可或缺的设施类型,研究确定了19类社区日常服务设施作为重点研究对象。19类社区日常服务设施为:菜市场、公园/绿地、水果店、超市、老年人活动中心、公交和地铁站、便利店、诊所、幼托等儿童及青少年教育设施、银行、邮局、药房、饭店/餐馆、商场/百货商店、沿街服装店、证券交易大厅、美容美发/洗浴/按摩店、助餐中心、托老所、公证处/派出所。从社区服务设施使用频率、设施使用多样性以及设施使用的时间衰减规律三个方面,分析了老年人对社区服务设施的使用特征。根据老年人步行能力对老年人进行分类,分别研究不同步行能力老年人的设施使用特征和需求差异。

一、设施使用频率

对19种老年人常用的社区服务设施使用情况进行统计,得到设施每周使用次数,根据使用频率将使用设施分为3类:高频使用设施,一周使用次数大于1次,如菜市场、公园/绿地、水果店、超市、老年人活动中心、公交/地铁站、便利店;中频使用设施,一个月使用次数大于1次,如诊所、幼托等儿童及青少年教育设施、银行/邮局、药房、饭店/餐馆、商场/百货商店;低频使用设施,一个月使用次数不足1次,如沿街服装店、证券交易大厅、美容美发/洗浴/按摩店、助餐中心、托老所、公证处/派出所。值得注意的是,由于老年人自身情况的不同,部分设施被少数老年人使用频率极高,但大多数老年人几乎不使用,这里研究的结果仅代表整体平均水平(图6-34)。

菜市场、水果店、超市、便利店作为老年人日常生活所需的重要商业设施,公园/绿地、老年人活动中心作为重要的休闲娱乐设施,公交站点作为重要的交通设施,都是老年人日常步行出行最主要的目的地,与其日常生活关系密切。中频使用设施中,诊所、药房作为医疗设施,其使用频率与老年人自身的身体状况相关;幼托与中小学则与老年人家中是否有适龄儿童以及老年人是否接送儿

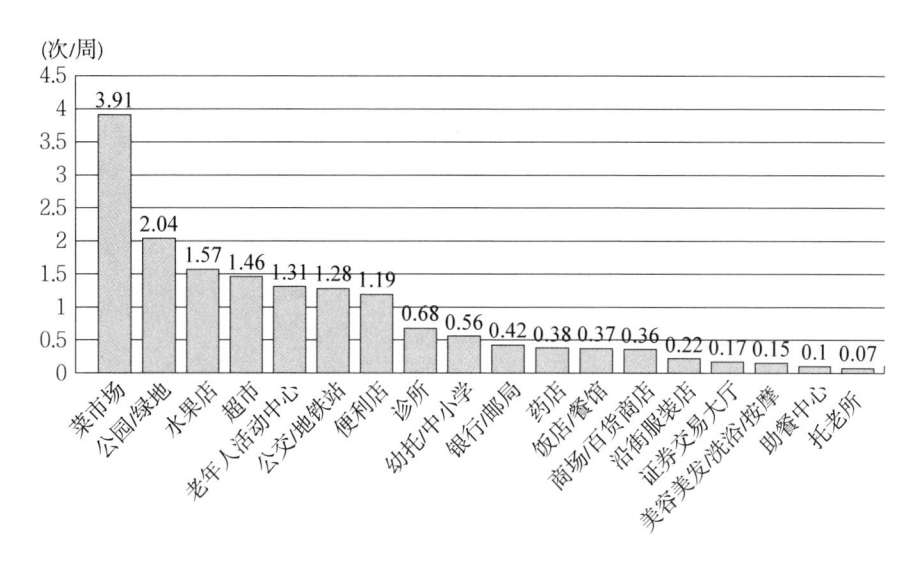

图 6-34 社区服务设施使用频率

童相关；银行/邮局与每月各类生活缴费有关，如水电费等；饭店/餐馆与老年人用餐习惯相关；商场/百货商店则是老年人购物休闲的一大场所。老年人对这些设施也有较大的需求，对其余低频使用设施的需求度相对较低。

高频使用设施对老年人的日常生活具有重要的影响，需求也更大，应优先考虑布局。低频使用设施需求度相对较低，布局优先度也较低。

二、设施使用多样性

设施使用多样性是指同种设施的不同设施个体之间提供的服务具有差异性，这会引起人们对某种设施选择的多样化。[①] 如不同饭店和餐馆提供的菜肴种类不同，价位不等，人们对饭店/餐馆的选择也会不同，因此需要的饭店/餐馆数量也就不止一个。设施使用的多样性反映了人们对设施的需求广度，即满足该种设施基本需求的设施数量，满足该类需求的设施数量越多，设施多样性就越高，人们的选择就越多样化。

老年人的自身属性及其主观偏好对于设施的选择存在一定影响，由于其随机性较大，对于分析研究容易产生偏差，因此本研究重点放在客观因素的影响上。研究建立在 3 个假设前提下：一是人们以满足需求为目标对设施做出选

---

① 卢银桃：《基于日常服务设施步行者使用特征的社区可步行性评价研究——以上海市江浦路街道为例》，《城市规划学刊》2013 年第 5 期。

择;二是在需求满足度相同的情况下偏向于选择较近的设施;三是经常使用的多个设施被选择的机会均等。

以菜市场为例,说明设施多样性的分析过程,为了方便说明,选取3个样本进行分析。

第一步:调查统计,将调查结果输入表格,样本1每周使用菜市场7次,经常去的菜市场有2个;样本2每周使用菜市场5次,经常去的菜市场有3个;样本5每周使用菜市场3次,经常去的菜市场有2个。

第二步:需求分配,观察分析样本中经常去的菜市场数量最多为3个,则选取由远及近的3个菜市场作为分析的对象设施,分别记为菜市场1,菜市场2,菜市场3。对第1个样本,将频次7分配到较近的2个菜市场中,分别为3.5次;对样本2,将频次5分配到较近的3个菜市场中,分别为1.67次;对样本3,将频次3分配到较近的2个菜市场中,分别为1.5次;需求分配完毕。

第三步:需求结构计算,将3个样本对于3个菜市场的需求分别累加,得到菜市场1、菜市场2、菜市场3的总需求分别为6.67、6.67、3.5。观察发现距离越近的菜市场总需求越高,距离越远的总需求越低;将3个菜市场的需求总和记为菜市场的总需求,则3个菜市场分别承担了39.6%、39.6%和20.8%的需求。

第四步:多样性确定,在菜市场的需求结构基础上,根据要求确定多样性;如果要求需求满足度为100%,则3个菜市场必须存在,此时多样性为3;若要求满足度为75%,则只需要距离较近的2个菜市场即可满足需求,此时多样性为2。

为避免个体样本选择对整体特征的影响,本研究采用需求满足度为90%的设施多样性为整体的多样性,对889个样本19种设施的使用多样性进行分析,得到各种设施的多样性取值(表6-1)。

表6-1 样本总体设施使用多样性表

设施分类	距离由近及远的若干设施编号										多样性取值(90%)
	1	2	3	4	5	6	7	8	9	10	
菜市场	67.50	25.96	5.00	0.96	0.41	0.14	0.11				2
便利店	72.43	22.87	3.88	0.33	0.33	0.12	0.03				2
水果店	70.83	25.14	2.94	0.84	0.17	0.08					2
超市	74.46	19.85	4.40	1.25	0.01	0.01	0.01				2

(续表)

设施分类	距离由近及远的若干设施编号										多样性取值(90%)
	1	2	3	4	5	6	7	8	9	10	
饭店/餐馆	69.51	20.00	7.96	2.06	0.30	0.17					3
幼托/小学/中学	95.41	3.28	0.69	0.35	0.14	0.06	0.06				1
老年人活动中心	88.30	10.59	0.57	0.36	0.09	0.09					2
托老所	96.15	3.85									1
助餐中心	100.00										1
商场/百货商店	78.89	15.48	4.05	1.16	0.21	0.21					2
沿街服装店	64.51	19.83	7.86	3.96	1.83	1.09	0.47	0.47			3
美容美发/洗浴/按摩店	92.21	6.97	0.82								1
诊所	84.87	11.71	2.85	0.39	0.18						2
药房	91.51	6.94	1.54								1
银行/邮局	80.62	17.19	2.05	0.14							2
公交/地铁站点	70.49	21.65	4.56	1.29	0.88	0.69	0.15	0.11	0.08	0.08	2
公园/绿地	77.46	18.93	2.53	0.55	0.36	0.15	0.03				2
证券交易大厅	87.85	8.68	1.04	1.04	0.69	0.69					2
公证处/派出所	100.00										1

从样本总体来看,大部分设施如果只配置1个,是难以满足老年人的使用需求的,如菜市场,满足多样性需求的个数为2,其中较近的菜市场承担了老年人67.5%的需求,较远的第二个菜市场承担了25.96%的需求。饭店及餐馆设施多样性需求个数为3,其中较近的饭店餐馆承担了69.51%的需求,第二近的餐馆承担了20%的需求,较远的第三个餐馆承担了7.96%的需求。再如幼托/小学,只需要1个即可满足老年人95.41%的步行出行需求。

从表6-1可知,老年人对不同设施的使用多样性存在明显的差异,菜市场、水果店、便利店、超市、老年人活动中心、诊所、公交/地铁站点、公园/绿地等至少需要2个设施才能满足需求;饭店/餐馆、沿街服装店等至少需要3个才能满足大多数老年人的需求;而幼托/小学、托老所、助餐中心、药房等仅需1个就能满足需求。对于多样性较高的设施在配置布局时不仅要考虑是否配置，还要考虑配置的个数。

不同设施第一个设施承担的需求比例不同。除了菜市场、饭店、沿街服装店，其他类型设施第一个设施承担的需求比例都超过了70%。其中，幼托/小学与中学、老年人活动中心、托老所、助餐中心、美容美发/洗浴/按摩店、诊所、药房、银行/邮局、证券交易大厅、公证处、派出所等设施的第一个设施承担的需求比例都超过了80%。第一个设施承担的需求比例较低的设施在配置时应该重视配置的数量。

三、设施使用时间衰减规律

总体来说，时间衰减规律反映了人们步行到达设施的可能性随着可达时间的增加而减小的规律。到达设施的时间越短，人们选择该设施的可能性越大，随着时间的增加，可能性逐渐降低，时间长到一定程度，可能性接近于零。

本研究以老年人能够接受的最远步行时间，即容忍时间为基础，分析设施使用的时间衰减规律，时间分为5分钟、10分钟、15分钟、20分钟、25分钟、30分钟、45分钟、60分钟8个水平。

时间衰减曲线图中，横坐标为容忍时间，纵坐标为衰减系数值。衰减系数值本质上反映的是老年人的时间容忍意愿。该值是以调研统计数据为基础计算得到的。以菜市场为例说明计算过程。有关菜市场容忍时间的调研，共有789位老年人填写，其中，153位老人选择5分钟，255位老人选择10分钟，187位选择15分钟，117位选择20分钟。37位选择25分钟，30位选择30分钟，4位选择45分钟，6位选择60分钟。这里默认5分钟是最短的容忍时间，即使有老年人容忍时间小于5分钟，也以5分钟计。那么，能够接受5分钟到达设施的老年人共789人，衰减系数值为1；能够接受10分钟到达设施的老年人共636人（选择10分钟以上的所有老年人相加，或者总人数减去选择5分钟的人数），衰减系数为636/789，即0.81；能够接受15分钟到达设施的老年人共381人，衰减系数为381/789，即0.48；以此类推，20分钟、25分钟、30分钟、45分钟、60分钟的衰减系数分别为0.25、0.10、0.05、0.01、0.01。所绘制的时间衰减曲线如下图所示（图6-35）。

总体来看，889个老年人样本对各种设施的平均容忍时间集中在10—20分钟的区间内，不同种类设施的容忍时间差异显著，商场百货店、证券交易大厅、超市、饭店/餐馆、公证处/派出所的容忍时间较长，平均时间超过了15分

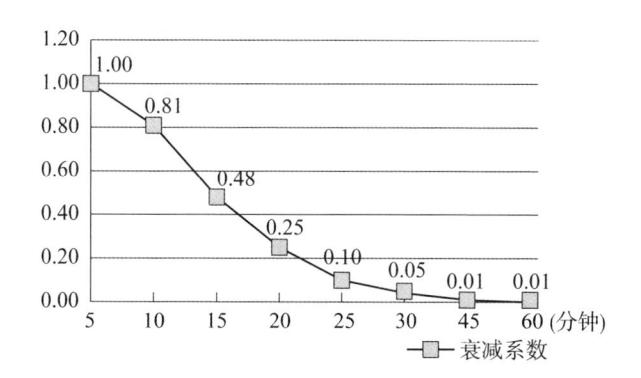

图6-35 总体样本中菜市场的时间衰减曲线

钟。助餐中心、水果店、便利店、老年人活动中心、公交/地铁站点、菜市场、药房的平均容忍时间较低(图6-36)。

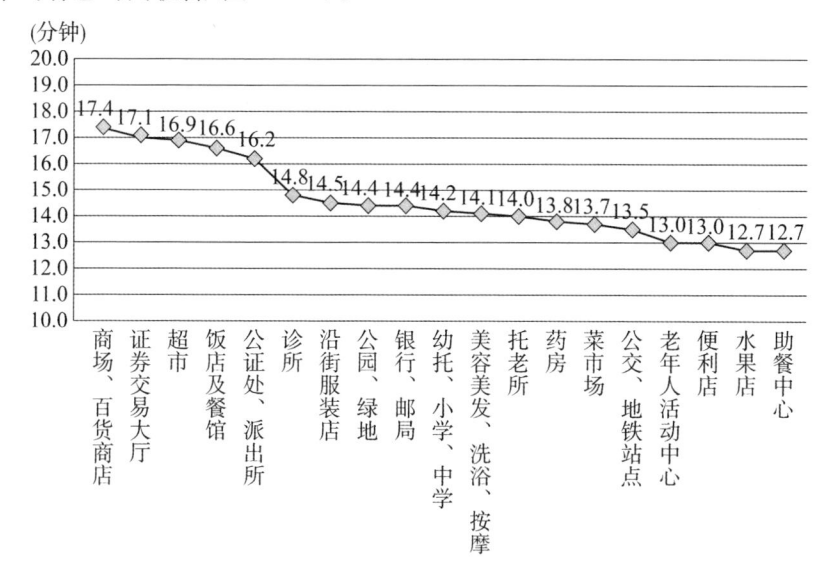

图6-36 总体样本各种设施平均容忍时间

不同设施的时间衰减呈现不同的规律,按照衰减曲线形态的不同,将设施分成三种类型:Ⅰ类衰减设施、Ⅱ类衰减设施、Ⅲ类衰减设施。

Ⅰ类衰减设施(图6-37):陡-缓型曲线衰减设施。当步行时间大于5分钟时,设施的可能使用率随着步行时间的增加迅速下降,出现衰减陡坡;当步行时间达到一定值(25分钟)时,使用的可能性变得很低,并且随着时间进一步增大,递减速度变缓;当步行时间大于一定值(60分钟)时,使用可能性逐渐趋近于零。这类设施对步行时间最敏感，设施使用受步行时间影响最大。

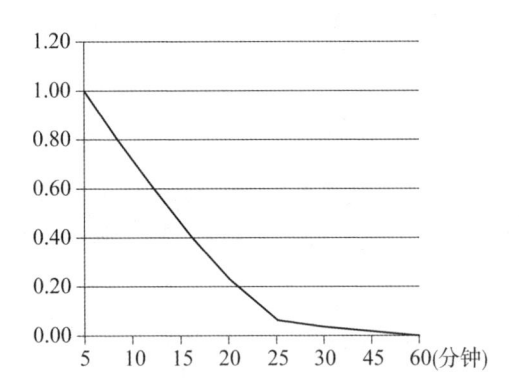

图 6-37　Ⅰ类衰减设施时间衰减曲线图

Ⅱ类衰减设施（图 6-38）：缓-陡-缓型曲线衰减设施。当步行时间大于 5 分钟时，设施的可能使用率随步行时间的增加缓慢减小；当步行时间达到一定值（10 分钟）时，衰减速度迅速增大，设施的可能使用率迅速降低，设施的步行时间对使用率影响很大；当步行时间到达某值（25 分钟）时，使用的可能性已经变得很小；衰减速度缓慢降低直至步行时间增大到某值（45 分钟或 60 分钟），使用的可能性逐渐趋近于零。该类设施在某一范围内对步行时间非常敏感，整体趋势相对平缓。

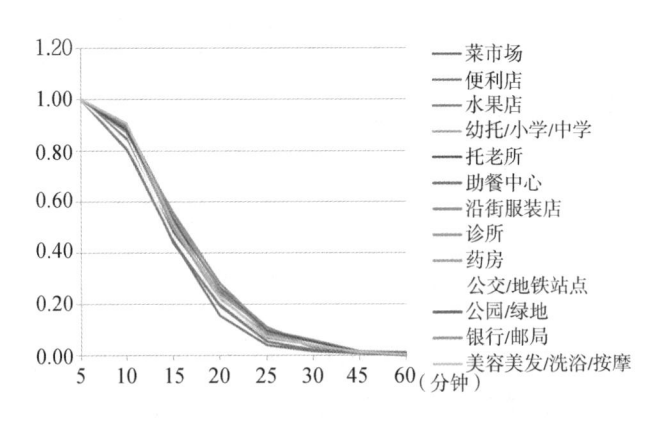

图 6-38　Ⅱ类衰减设施时间衰减曲线

Ⅲ类衰减设施（图 6-39）：缓-陡型曲线衰减设施。当步行时间大于 5 分钟时，设施的可能使用率随步行时间增加缓慢减小。当步行时间达到一定值（10 分钟）时，衰减速度迅速增大，呈现显著的陡坡。该类设施在较小的步行时间范围内,步行时间对其使用率影响较小,但是当步行时间增大到某一时间时,对步行时间的敏感度较高,衰减指数迅速接近于零。

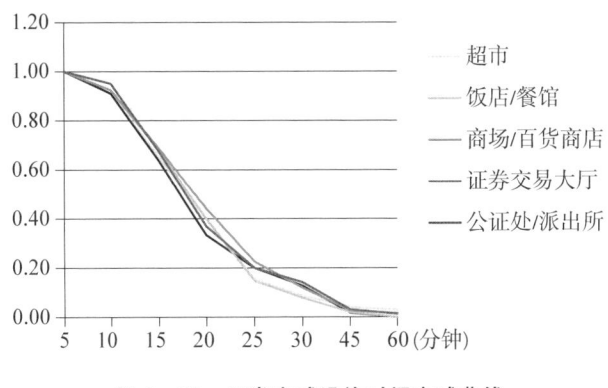

图 6-39　Ⅲ类衰减设施时间衰减曲线

四、基于步行能力分类的需求规律

(一) 步行能力分类

老年人的社区服务设施使用情况与步行能力密切相关,在总结需求规律和差异前应合理划分老年人的步行能力。综合考虑可操作性和合理性及预调研的经验,将"Holden(步行能力分级方法)分类"的一级和二级合并,并进行通俗化分类,将老年人的步行能力划分为Ⅰ类、Ⅱ类、Ⅲ类、Ⅳ类和Ⅴ类共5类(表6-2)。通过对比同一社区不同步行能力老年人对设施的重要性排序差异,对同类设施的使用频率、多样性需求、可步行性差异,对设施组合使用的需求,对欠缺设施的需求差异以及对设施服务项目需求差异,解析老年人对设施的需求特征及规律。

表 6-2　老年人步行能力分类标准

分类	表现
Ⅰ类	在任何地方都能独立行走的老年人
Ⅱ类	在平地上能够行走,但是爬坡、上楼梯仍有困难的老年人
Ⅲ类	能够独立行走,但是需要有人在一旁看护的老年人
Ⅳ类	需要依靠拐杖、手杖等保持平衡的老年人
Ⅴ类	需要依靠轮椅才能行走的老年人

(二) 设施需求规律

总的来说,随着步行能力的降低,老年人对设施需求在"广度"上有所降低,但在"深度"上需求更高,总体呈现集中性和迫切性的特征。

1. 设施需求等级

设施的重要性方面,不同步行能力老年人对设施的重要性选择存在较大的差异。总体规律上,随着步行能力的降低,重要设施及次要设施的占比逐渐降低,对设施的需求也逐渐降低,反映出随着老年人步行能力的降低,对设施的需求会相应减少。

设施使用频率方面,随着老年人步行能力的降低,对各类设施的使用频率总体上呈现高频和中频使用设施越来越少的趋势,但也有类型上的差异。

对于高频使用设施,各类老人相同的有菜市场、公园/绿地和诊所三类。

其中Ⅰ、Ⅱ类老人使用菜市场的频率明显高于Ⅲ、Ⅳ、Ⅴ类老人,对公园/绿地的使用频率相差不大,诊所的使用频率则呈现随步行能力降低而增高的趋势,可见诊所对于Ⅲ、Ⅳ、Ⅴ类老人而言,不仅在主观排序上属于最重要的位置,在客观使用上也排在前面。

对于中频使用设施,各类老人没有相同的设施。

对于低频使用设施,相同的有美容美发/洗浴/按摩店、托老所、助餐中心、公证处/派出所以及证券交易大厅。

在设施需求等级方面,随着步行能力的降低,老年人使用设施的频率和认为重要的设施数量逐渐减少,对于满足日常采购、休闲娱乐等设施的需求等级降低,而对于医疗卫生设施的需求等级更高。

2. 设施服务项目

随着出行能力的降低,老年人对上门服务的需求更加迫切,对于需要周期性出行的服务活动需求减少,总体来说对服务需求多样性较低。

其一,医疗服务需求。老年人对于医疗服务的需求非常强,可以看到每一个服务项目的需求都比较高。比较而言,Ⅰ、Ⅱ类老人对于健康咨询、定期体检的需求较高,原因是这两类老人自身健康状况较好,去医院/诊所的次数较Ⅲ、Ⅳ、Ⅴ类老人少,但是保健意识很强。而身体机能康复锻炼和上门就诊的需求则随着步行能力的降低而增强,原因是Ⅲ、Ⅳ、Ⅴ类老人由于身体条件的限制,出行较为不便,因此上门服务能够在一定情况下帮助这些老人处理一些简单的疾病,而身体机能康复训练也是由于Ⅳ、Ⅴ类老人的身体原因。可以看出,老年人在步行能力高的情况下,更注重健康与保养,在步行能力低的情况下则更注重康复锻炼和出行方便。

其二,餐饮服务需求。老年人对于吃饭问题是比较关心的,许多老年人表示希望有社区食堂。从问卷的结果来看,希望食堂就餐的老人以Ⅰ、Ⅱ、Ⅲ类为主,Ⅴ类老年人需求很低。原因可能是去食堂就餐需要频繁出门,对于Ⅴ类老人而言较为不便,因此上门送餐会是更好的选择。Ⅴ类老人也很看重膳食计划,从访谈中得知,现有的助餐中心是可以提供上门送餐服务的,但是老人们普遍反映菜品单一,没有选择的余地,因此对膳食计划比较关心。

其三,社区家政及生活服务。Ⅰ类老人对家庭卫生护理和家电维修需求较大,其原因可能是由于Ⅰ类老人一般仍会承担部分家庭事务,部分家庭会选择聘请钟点工或者居家保姆,但是访谈中许多老人表示希望社区能够提供相应服务或者作为一个平台来沟通居民和服务人员,并保障居民的权益。Ⅱ类老人和Ⅰ类老人区别不明显,但总体上需求略高于Ⅰ类老人。Ⅲ类老人对于卫生护理需求不大,但对家电维修和协助缴费邮寄需求较大,可能是因为Ⅲ类老人自理能力还可以,但是对于日常事务的处理比较力不从心。Ⅳ类老人和Ⅴ类老人则相反,对卫生护理的需求更多。

其四,社区休闲服务需求。休闲服务方面,总体来看老年人对读书看报的需求最高,说明这种静态的休闲方式适合大多数老年人。步行能力越高,休闲服务的需求多样性越高,而步行能力低的老年人由于出行的限制,对于休闲服务的需求不大,主要的需求为读书看报。

其五,社区精神文化服务需求。精神文化服务的需求变化规律比较明显。随着步行能力的降低,老年人对于上门看望、聊天的需求逐渐增多,可见步行能力较低的老年人平时与人接触比较有限,更加需要他人的陪伴。而对于技能培训及讲座、文艺演出的需求则随着步行能力的降低而减少。原因可能是步行能力高的老年人活动范围更广,也更乐于接受新鲜事物。

3. 设施多样性需求

在设施多样性[①]需求方面,随着步行能力的降低,老年人对设施多样性的

[①] 设施使用多样性是指同类设施的不同设施个体之间提供的服务具有差异性,从而引起人们对某类设施选择的多样化。(卢银桃、王德:"步行使用需求视角下日常生活设施布局方法探讨——一种低碳的自下而上的设施布局思路","城市时代,协同规划——2013中国城市规划年会"论文,2013年11月。)

需求取值常为1，甚至降为0，即通常同一种设施类型仅需要一个设施即可满足需求。不同设施的使用多样性存在明显差异，不同步行能力老年人之间的设施多样性需求也存在明显差异。

Ⅰ类老人对沿街服装店、公交/地铁站的多样性需求最高，需要至少3个设施才能满足大多数需求；菜市场、便利店、水果店、超市、商场/百货商店、美容美发/洗浴/按摩店、公园/绿地、老年人活动中心、诊所、药房、银行/邮局、证券交易大厅的多样性需求取值为2，需要至少2个设施才能满足相应需求；而托老所、助餐中心、公证处、派出所只需要1个设施即可满足需求。此外，不同设施的需求承担比例不同，对于Ⅰ类老人而言，第一个设施承担的需求比例大于80%的有美容美发/洗浴/按摩店、老年人活动中心、托老所、助餐中心、诊所、药房、证券交易大厅以及公证处/派出所。第一个设施承担的需求比例小于60%的是幼托/小学/中学，但是由于学校设置面向的适用人群是学生，老年人多是因为接送小孩而产生出行需求，因此，该类设施配置与老年人的需求关系不大。

Ⅱ类老人对沿街服装店、饭店/餐馆的多样性需求最高，需3—4个设施才能满足大多数需求；菜市场、便利店、水果店、超市、商场/百货商店、公园/绿地、诊所、药房、公交/地铁站、证券交易大厅、银行/邮局的多样性需求取值为2；美容美发/洗浴/按摩店、老年人活动中心、助餐中心、托老所、幼托/小学/中学、公证处/派出所的多样性需求取值为1。第一个设施承担需求比例方面，大于80%的有美容美发/洗浴/按摩店、老年人活动中心、托老所、助餐中心、幼托/小学/中学、银行/邮局、证券交易大厅以及公证处/派出所；低于60%的为沿街服装店。

Ⅲ类老人对饭店及餐馆的多样性需求最高，需要至少3个设施；菜市场、便利店、水果店、超市、商场/百货商店、公园/绿地的多样性需求取值为2；美容美发/洗浴/按摩店、老年人活动中心、托老所、助餐中心、诊所医院、药房、公交/地铁站、银行/邮局、沿街服装店、证券交易大厅、公证处/派出所的多样性取值为1。对于幼托/小学/中学的多样性取值为0，Ⅲ类老人几乎不承担接送小孩的责任，其需求几乎没有。第一个设施承担需求比例方面，大于80%的有美容美发/洗浴/按摩店、老年人活动中心、托老所、助餐中心、诊所、药房、公交/地铁站、银行/邮局；低于60%的为公园/绿地。

Ⅳ类老人对菜市场、超市、水果店、便利店、商场/百货商店、沿街服装店、公园/绿地、诊所、公交/地铁站的多样性需求最高,需要至少2个设施才能满足大多数需求,对美容美发/洗浴/按摩店、老年人活动中心、托老所、助餐中心、药房、证券交易大厅、公证处/派出所的多样性取值为1,而对幼托/小学/中学的取值为0。第一个设施承担需求比例大于80%的有美容美发/洗浴/按摩店、饭店/餐馆、老年人活动中心、托老所、助餐中心、诊所、药房、银行/邮局、证券交易大厅、公证处/派出所;低于60%的没有。

Ⅴ类老人对超市、公园/绿地、诊所的多样性需求最高,需要至少2个设施,对菜市场、便利店、水果店、商场/百货商店、沿街服装店、美容美发/洗浴/按摩店、饭店/餐馆、老年人活动中心、药房、公交/地铁站、银行/邮局、公证处/派出所、托老所、助餐中心、股票交易大厅的多样性取值为1,对幼托/小学/中学的多样性取值为0。而上述所有设施的低于1个设施承担需求的比例均大于80%,可见Ⅴ类老人的多样性需求最低。

4. 设施组合使用

在设施组合使用[①]需求方面,老年人对设施组合使用的需求较低,活动链主要的目的为购物和休闲,以及在接送孩子过程中产生的活动链。随着步行能力的降低,老年人的活动链逐渐变短,其活动常为基于家的出行,一次出行中串联多个设施点的出行较少,比较常见的为公园绿地与老年人活动中心的活动链组合。

5. 欠缺设施的需求

在欠缺设施的需求方面,对于所有老年人来说,社区的设施在种类上应该更加完善,宁可"少而全",不可"大而缺"。步行能力高的老年人,因为仍承担一些家庭照顾的责任,对于能够分担这些责任的设施机构有较高的需求,并且希望能够充实晚年生活,学习新的知识,对于能够提供学习交流的场所需求较高,如老年学校等。随着步行能力的降低,老年人对于以读书看报、聊天喝茶为主的室内活动场所,或者室外带遮蔽设施的场所需求增多,对于需要体能或者定期出行学习培训的场所需求降低。

6. 设施步行可达性需求

在设施步行可达性的需求方面,随着步行能力的降低,老年人对设施的最大容忍时间逐渐降低,据问卷统计,Ⅰ类老人和Ⅱ类老人为45分钟,Ⅲ类老人

---

① 老年人在使用社区服务设施的过程中,是否会产生活动链,能够为设施的组合布局提供依据。

为 30 分钟，Ⅳ类老人为 25 分钟，Ⅴ类老人为 20 分钟。对于有特殊目的的不常使用的设施，步行能力较强的老年人的平均容忍时间较高。

(三) 设施需求差异

对于步行能力较强的老年人，更容易受到设施服务水平的影响，主要包括购物及商业设施、体育和娱乐设施以及医疗卫生设施。对于步行能力较低的老年人，更容易受到设施的步行可达性以及形态密度的影响。研究发现，各类设施对Ⅰ类老人和Ⅱ类老人的影响因素差别不大，主要是设施的服务水平，在传统理念的影响下，老年人往往对成本(时间成本和经济成本)考虑更多，在步行能力较好的时候，时间成本更多，"货比三家"基本上是每个老人都愿意做的事情。但是从Ⅲ类老人开始，由于步行能力的限制，时间成本更加有限，因此设施的步行可达性、设施位置的影响更大，如公园/绿地、诊所/医院、助餐中心等。Ⅳ类老人较Ⅲ类老人更易受到设施的步行可达性和位置的影响。Ⅴ类老人除了更容易受到设施步行可达性的影响外，服务水平及主观意愿的影响也更大。

第七章

老年人交通出行特征

本章介绍了老年人交通出行的总体特征和出行影响因素,以及农村地区老年人出行特征。在总体特征介绍时,选取上海黄浦区的三德小区和上海滩新昌城,上海杨浦区的鞍山三村和同济绿园作为案例小区进行深入分析。

第一节 出 行 特 征

老年人交通出行的规律性与特征性体现在出行目的特征、出行强度特征、出行方式与结构特征及出行时空分布特征等四个方面。

一、出行目的特征

老年人出行目的与其他人群(6—59岁)以上学、上班为最主要出行目的的特征有很大差异。根据上海市第四次综合交通调查,60—69岁、70—79岁年龄组的购物出行是其他年龄组的1.5—7倍,娱乐出行是3—6倍,生活出行是1.5—3倍,而上班出行仅是其他年龄组的四分之一。因此可以说,老年人群体的出行由生存型[①]转

---

① 生存型出行:指上班、上学等与谋生有关的出行。

向了生活型①(图7-1)。

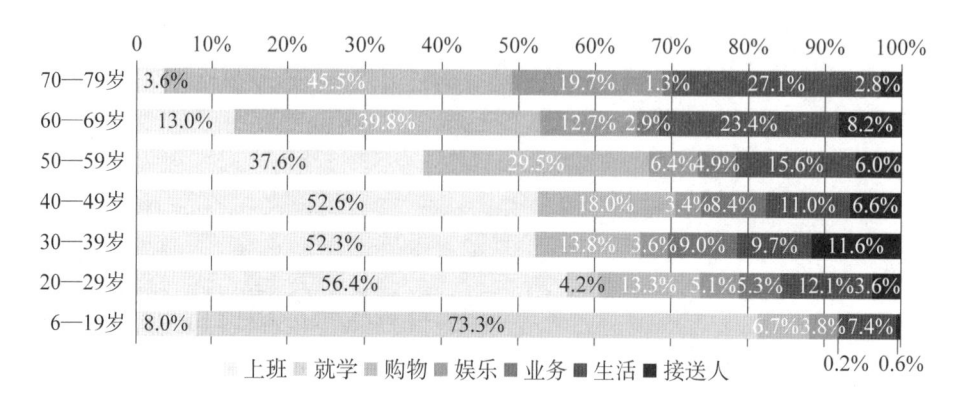

图 7-1 2009年上海市不同年龄组常住人口出行目的构成

总体上,国内外老年人的出行目的均呈现由生存型转向生活型的特征。但因城市的经济发展状况、老年人生活习性等各方面因素的差异,不同城市的老年人出行目的具体分布情况也存在着差异。就上海市与北京市这两个国内特大城市来说,上海市老年人群的工作出行②比例明显高于北京市,尤其是60—69岁年龄群的工作出行比例高达15.9%,这与上海市的老龄化程度高于北京及上海市老年人柔性退休政策有密切关系。相对的,上海市老年人群的生活型出行比例也要低于北京市(图7-2)。

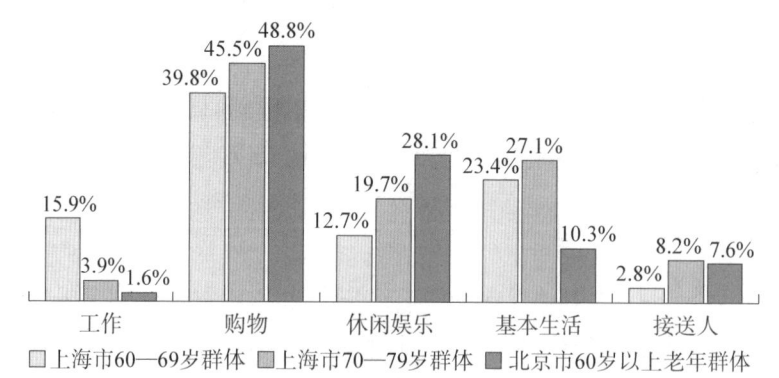

图 7-2 上海市与北京市老年人群出行目的对比

---

① 生活型出行:指满足个人或家庭基本生活需要的如购物、休闲娱乐等出行。
② 工作出行:主要包括上班、业务两类出行。

老年人的生活型出行主要分为购物、休闲娱乐、就医、访亲会友、办理个人或家庭事务、接送人等。本次调研将生活型出行细分为逛街购物（主要指购买衣物、日用品等）、购买食品（主要指购买蔬菜、主食类）、访亲会友、休闲娱乐、看病体检、去银行或邮局办事、去原单位办事、接送孩子上下学、参加社区组织的活动，以及参加老年教育或其他文化活动。

根据本次调查结果统计分析，购买食品是研究区域内老年人最主要的出行目的，占总出行目的的 26.1%；其次是休闲娱乐，占总出行目的的 12.9%；此外看病体检、逛街购物以及访亲会友等目的也占有一定的比例（图 7-3）。

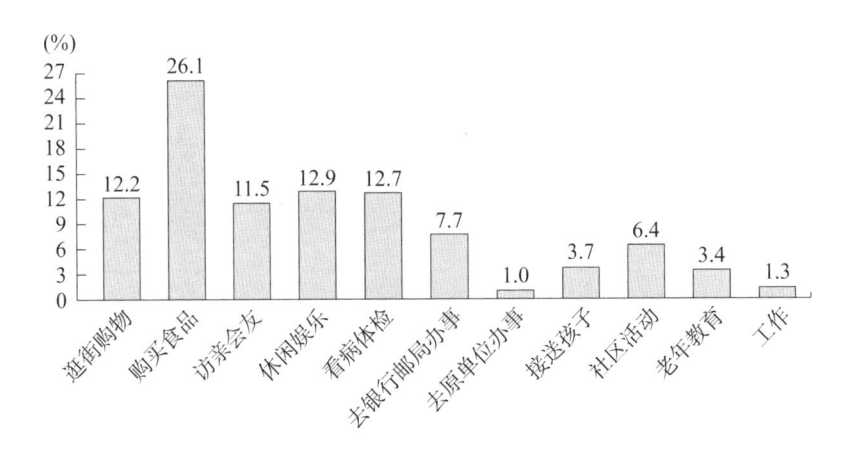

图 7-3 研究区域内老年人总体出行目的分布

抽取四个小区制作出行目的分布图，由图可见出行目的略有差异，但总体趋势一致（图 7-4）。

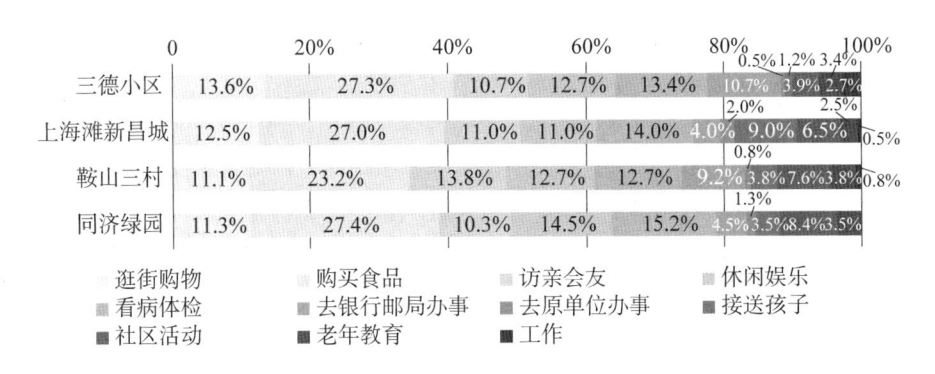

图 7-4 各调研小区老年人出行目的分布

二、出行强度特征

(一) 出行次数

出行次数随着年龄的增长发生改变,在青少年期向成年期过渡的时期内,出行次数随着年龄的增长而增加,在 30—39 岁年龄段达到峰值;达到峰值后,在成年期向老年期过渡的时期内,出行次数随着年龄的增长而缓慢下降;进入老年期后,出行次数随着年龄的增长呈现急速下降的趋势,60—69 岁年龄组每人日均出行 2.36 次,与成年期的出行次数相差不大,但 70—79 岁年龄组则明显降低到 1.85 次/日·人,80 岁以上仅为 1.2 次/日·人。这表明,出行次数在成年人群中随着年龄的增加而减少,在老年人群中这一下降趋势更为显著(图 7-5)。

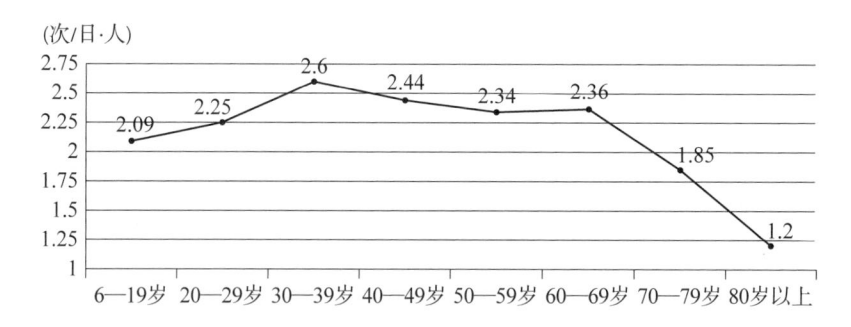

图 7-5　不同年龄组常住人口日均出行次数(单位:次/日·人)

根据上海市第四次综合交通调查总报告推算可知,上海市 60 岁以上老年人的日均出行次数约为 1.97 次/日·人,与北京市老年人 2.03 次/日·人(张政,2009)的出行率相比,上海市老年人的出行次数略低,同时远远低于美国 3.4 次/日·人的出行率。

根据调研数据统计结果,研究区域的老年人总体平均出行次数达 1.76 次/日·人,略低于上海市 60 岁以上老年人 1.97 次/日·人的出行率,且与上海市中心城区 2.37 次/日·人的出行率相差较大。① 研究区域的男性老年人出行次数为 1.64 次/日·人,女性老年人出行次数为 1.86 次/日·人,从总体上看男性老年人的出行率要低于女性老年人,而且女性老年人个体间的出行率差异也要大于男性老年人(表 7-1)。

---

① 陆锡明、顾啸涛:《上海市第五次居民出行调查与交通特征研究》,《城市交通》2011 年第 5 期。

表7-1 研究区域总体及部分案例小区出行次数

研究区域	全体老年人出行次数（次/日·人）	男性老年人出行次数（次/日·人）	女性老年人出行次数（次/日·人）
总体	1.76	1.64	1.86
三德小区	1.92	1.74	2.05
上海滩新昌城	1.53	1.45	1.57
鞍山三村	1.97	1.87	2.05
同济绿园	1.50	1.42	1.60

(二) 出行时耗

在居民出行调查中很难直接调查出行距离，一方面是因为出行距离数据难以获得，另一方面老年人通常难以准确感知距离尺度。出行时耗与出行距离同样作为出行强度的量化指标，出行时耗更容易在调查中获得数据，同时出行时耗对出行的影响比出行距离更大。

研究区域内老年人每天的平均出行时耗为14.6分钟，低于29.8分钟的上海市全体居民的平均出行时耗，[1]而且远远小于中心城区通勤人员40.8分钟的平均出行时耗(即19—59岁工作人群的平均出行时耗)。[2] 这表明，老年人在各种因素的影响作用下，出行时耗明显下降，在一定程度上也反映出出行距离与范围的缩小。

不同目的的出行时耗不同。不同出行目的平均所耗费的时间不同，其中访亲会友出行的时耗最长，为37.4分钟；休闲娱乐出行的时耗最短，为6.4分钟(图7-6)。

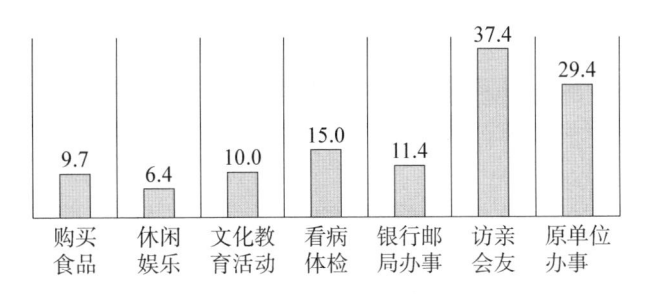

图7-6 各出行目的出行时耗分布图(单位：分钟)

购买食品 9.7
休闲娱乐 6.4
文化教育活动 10.0
看病体检 15.0
银行邮局办事 11.4
访亲会友 37.4
原单位办事 29.4

---

[1] 数据来源：上海市第四次综合交通调查总报告。
[2] 数据来源：上海市第四次综合交通调查总报告。

不同方式的平均出行时耗也存在差异。出行时耗长短与所采用的交通出行方式密切相关。将调研区域内老年人各出行方式的平均时耗与上海市中心城全民分方式平均时耗进行比较，发现老年人各出行方式的平均时耗全面下降。其中，老年人普通公交与地铁出行时耗下降幅度最大，这表明随着通勤出行的减少老年人中长时耗出行明显降低；自行车与电(助)动车等需要体力、反应灵活的交通方式，其时耗也随着年龄的增加而明显下降；步行和出租车的时耗下降幅度相对较小(图7-7)。

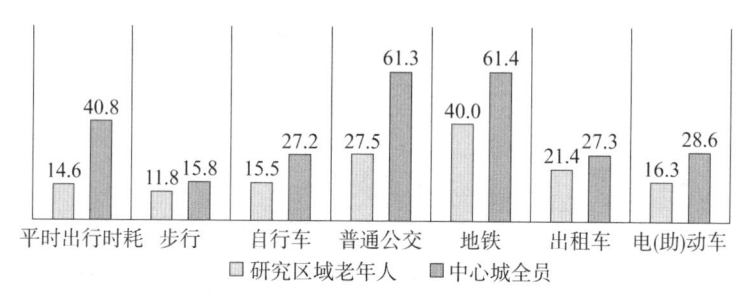

图7-7 各出行方式出行时耗分布图(单位:分钟)

三、出行方式与结构特征

(一) 总体交通方式结构

根据调查数据统计分析结果，研究区域老年人首选的交通出行方式为步行，占全部出行方式的51.6%；其次为普通公交，占全部出行方式的21.3%(表7-2)。

表7-2 研究区域与案例小区交通方式结构

研究区域	交通方式(%)								
	步行	自行车	普通公交	地铁	出租车	自驾小汽车	搭乘小汽车	电(助)动车	班车
研究区域总体情况	51.6	4.4	21.3	14.8	2.4	1.1	2.9	1.3	0.1
三德小区	51.1	5.9	26.2	12.7	2.3	—	0.9	0.9	—
上海滩新昌城	50.9	2.6	22.8	15.8	4.4	0	3.5	—	—
鞍山三村	48.0	5.5	24.0	15.0	1.5	—	3.5	2.0	0.5
同济绿园	57.2	2.4	10.2	16.9	2.4	4.8	4.1	1.8	—

对以上各种交通方式进行整合,可划分为 5 大类出行方式:步行;自行车;公共交通,包括普通公交、地铁、班车;私人机动交通,包括出租车、自驾小汽车、搭乘小汽车;电(助)动车。在此基础上,将研究区域的交通结构比例与上海市中心城人员的通勤与非通勤交通方式构成进行对比。可以看出,老年人的步行比例大幅度提高,占出行结构的 50% 以上;自行车与私人机动交通比例均大幅下降,分别为 4.4% 与 6.43%;公共交通比例略有提高,变化不大(图 7-8)。

	步行	自行车	公共交通	私人机动交通	电(助)动车
研究区域老年人出行	51.6%	4.4%	36.2%	6.4%	1.3%
中心城非通勤出行	38.6%	7.9%	34.0%	20.4%	12.7%
中心城通勤出行	12.4%	12.4%	28.0%	18.7%	6.7%

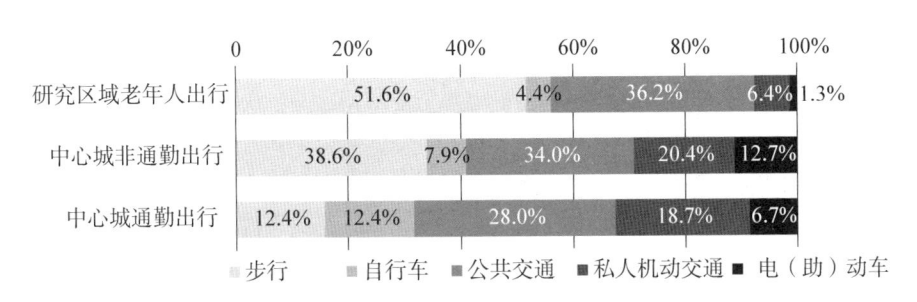

图 7-8 研究区域与中心城交通方式结构对比

(二) 分目的交通方式结构

不同出行目的所采用的交通出行方式有所不同。买菜购物出行主要依靠步行,占交通方式结构的 95.6%,并有 2.3% 的自行车与 0.9% 的电(助)动车方式,这部分买菜购物范围基本是在居住区周边,出行时耗大致在 15 分钟以内;另有极少数的老年人选择去折扣较多、价格更便宜的大型综合超市,而这类出行目的地通常与居住区有一定距离,故老年人大多会选择普通公交、地铁或是班车等出行方式。休闲娱乐出行的目的地绝大部分在居住小区内部或周边,出行距离较短,故基本依靠步行的方式,高达总比例的 99.2%;另有 0.8% 的休闲娱乐出行采用自行车。文化教育活动出行主要依靠步行交通方式,占总比例的 90.5%,同时自行车、普通公交以及电(助)动车也占一小部分比例,分别为 4.8%、3.6%、1.2%。看病体检出行方式的选择与医疗设施的布局密切相关,大部分居民选择社区医院(即地段医院)或离家较近的综合医院,这部分看病体检出行主要依靠步行方式,占总比例的 89.5%,小部分采用自行车、电(助)动车等方式,所占比例分别为 3.2%、0.4%;同时,一方面因为部分老年人追求更高品质的医疗服务,会选择更高档的医疗设施,这类设施与居住小区有一定的距离;另一方面,老年人因身体机能的下降而出行受限,机动交通方式在看病体检出行中也占有一定的比例,其中普通公交为 3.6%、地铁为 0.4%、出租车为 0.7%、搭乘小汽车为 2.2%。家庭事务出行(到银行、邮局办事)主要依靠步行方式,占总比例的 97.6%,一部分老年人采用自行车、电(助)动车,分别占总比例的 1.7%、0.7%。访亲会友的平均出行时耗为 37.4 分钟,故在交通方式选择上具有多样性且更倾向于机动交通方式,主要依靠普通公交与地铁,分别占总比例的 46.1%、26.6%;其他交通方式中步行占 8.7%、自行车占 5.4%、出租车占 3.3%、自驾小汽车占 3.7%、搭乘小汽车占 3.7%、电(助)动车占 2.5%(图 7-9)。

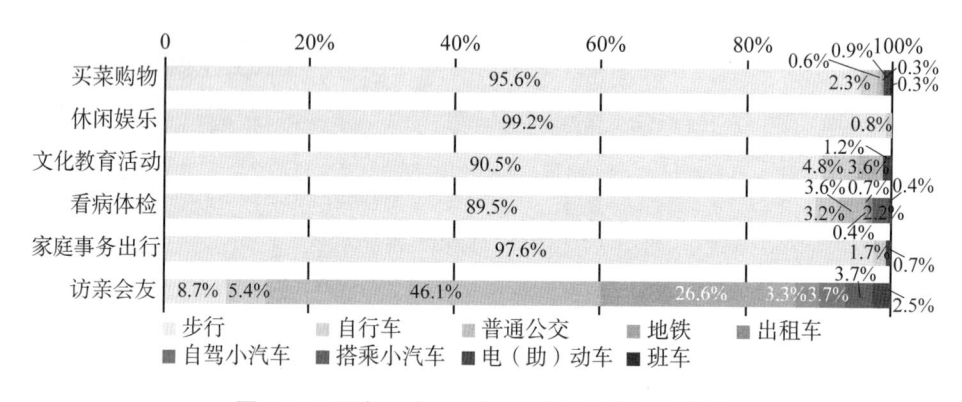

图 7-9 研究区域不同出行目的的交通方式结构

四、出行时空分布特征

(一) 时间分布特征

根据第四次综合交通调查成果,上海市居民出行早高峰主要集中在 7—8 点的一小时内,约占全天出行总量的 14.1%;晚高峰出行需求集中在 16—18 点的两小时内,约占全天的 17.6%。[①] 而对研究区域内的调查表明,老年人的出行高峰主要集中在 7—9 点、13—16 点两个时段内,分别占全天出行总量的 34.3% 和 23.3%。可以看出,老年人出行早高峰与全体居民尤其是工作人群的出行早高峰有所重叠;而老年人出行晚高峰则与全体居民的出行晚高峰错开。老年人一方面出行时间比较灵活,会有意识地避开晚高峰出行,避免拥挤;

---

① 数据来源:http://sh.eastday.com/chztl/4thjtsurvey/。

但另一方面由于生活与事务办理的需要,如接送孩子上下学、赶在银行或邮局等公共服务设施营业前达到以减少排队等候时间等,早高峰时段会与工作人群发生一定程度的重合(图7-10)。

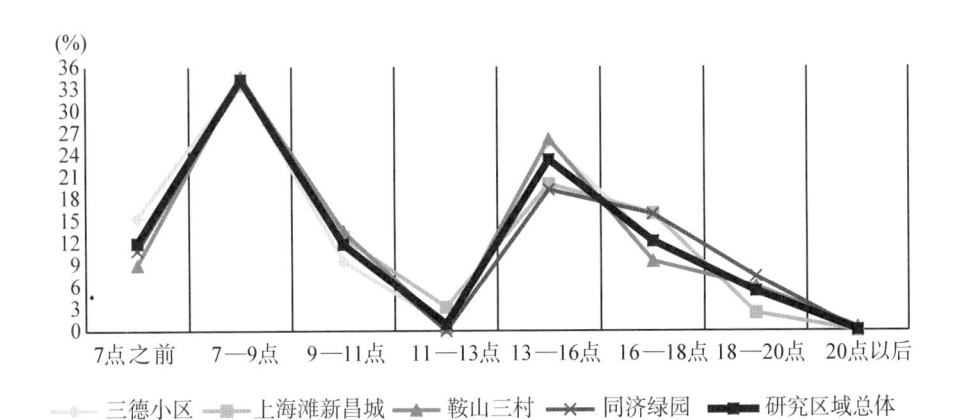

图7-10 研究区域与案例小区老年人出行时间分布

(二) 空间分布特征

根据调研区域出行方式构成统计分析结果来看,步行是最主要、最常使用的交通出行方式,老年人的购物、休闲娱乐以及看病体检等出行均以步行为最主要的出行方式,故可以认为老年人步行出行的一般范围决定了老年人出行的核心区。根据调查研究区域内的老年人单次步行出行的一般平均时耗约为11.8分钟,即出行距离大致为0.5千米,[①]在0—0.5千米这一范围内集中了81.4%的购物出行、92.2%的休闲娱乐出行、70.9%的文化教育活动出行、38.6%的就医出行、64.2%的个人或家庭事务出行,是老年人最主要的出行活动范围。同时调查结果表明研究区域内的老年人能够接受的单次步行出行的最长时耗约为28.7分钟,即出行距离大致为1.5千米,在0.5—1.5千米这一范围内集中了18.3%的购物出行、7.8%的休闲娱乐出行、29.1%的文化教育活动出行、59.2%的就医出行、35.8%的个人或家庭事务出行;且这一范围内的出行次数总体上有所下降,是老年人出行的分散区。此外,访亲会友也是研究区域内老年人主要的出行目的之一,这类出行以公交、地铁等机动化交通方式

---

① 老年人步行速度为0.7—0.9米/秒。

为主,平均出行时耗大致为 30 分钟,即出行距离可达 6 千米;访亲会友出行虽然是老年人主要的出行目的之一,但此类出行的出行率较低,大致为 1.42 次/月·人,且随着年龄的增加而不断减少,故 1.5—6 千米这一范围内可视为老年人出行的边缘区。总体上来看,老年人交通出行呈现圈层式衰减的空间分布特征(图 7 - 11)。

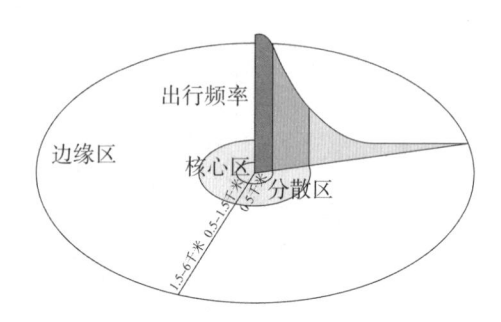

图 7‑11　老年人出行空间分布

第二节　出行影响因素

影响因素包括老年人的出行要求与意愿、自身属性、外部空间属性、交通设施配置与服务水平等四个方面,其中前两者为出行决策的主观影响因素,后两者为客观影响因素。

一、老年人出行要求与意愿

(一) 交通需求心理

交通需求心理作为交通行为决策的基础,对出行特征有重要影响。对于老年人来说,交通需求心理可以概括为不仅要保证出行是可达的,更要有良好的出行服务。调研结果表明,老年人对五项出行基本要求最为看重的是安全与方便。这也在一定程度上影响了老年人交通方式的选择,如老年人的高步行比例。同时,对安全高度重视的老年人心理需求特征也可能会导致老年人自驾小汽车比例的进一步下降(图 7 - 12)。

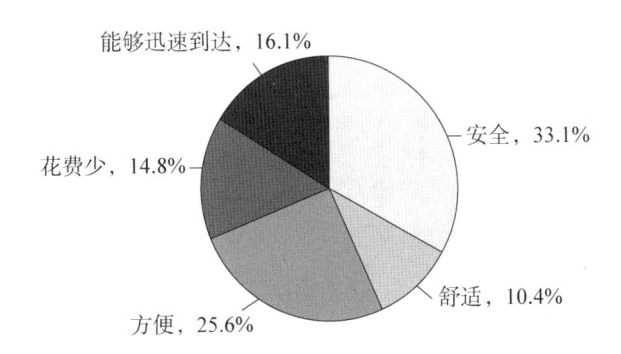

图 7‑12 研究区域老年人交通需求心理各因素比重

(二) 交通时间价值观

交通时间价值观对于出行方式、出行线路、出行时间以及出行目的地的选择均有很大的影响。对于老年人来说,每日的时间可以灵活分配,具有很强的自主性;但由于体力的限制,时耗是老年人交通时间价值观最为核心的考虑因素。就老年人的休闲娱乐出行来说,老年人对此类出行的时耗倾向为 5 分钟左右,故而其目的地通常为居住区内部,其交通方式主要为步行。

(三) 生理特征诱发的交通需求

在老年人生理特性方面,感知能力(视觉、听觉、反应能力等)与身体机能的下降最为明显。感知能力下降,具体表现为以下两点:一是看不清或弄不懂交通标志、标线、信号灯;二是面临突发事件与复杂交通情况时,老年人极易犹豫不决、心慌意乱,不能及时躲避危险。身体机能下降则表现为对交通环境的适应能力减弱,体力对出行的限制更为明显。老年人的这些生理特性均对交通规划设计提出了新的要求,包括易懂、醒目的各类交通标识;注重交通安全性、提倡人车分离;配置无障碍设施;行人信号需加长有效绿灯时间;路旁可考虑设置休息座椅、公共厕所等。

二、老年人自身属性

(一) 年龄

年龄是影响老年人身体状况最主要的因素,其影响程度直接反映在老年人的出行特征上。一般来说,老年人群体根据年龄与身体状况,可划分为年轻老年人(60—69 岁)、中度老年人(70—79 岁)与高龄老年人(80 岁以上)3 个年龄段。本小节根据具体情况与需要,对老年人年龄分段进一步具体细化,深入研究年龄对于出行特征各变量的影响情况。

1. 出行目的

将上文细化的出行目的进行整合,分为购物出行(包括逛街购物、购买食品两类出行)、休闲娱乐出行、看病体检出行、访亲会友出行、个人或家庭事务出行(包括去银行或邮局办事、去原单位办事两类出行)、文化活动出行(包括参加社区活动、参加老年教育或其他文化活动两类出行)接送出行、工作出行等八大类出行。

购物出行是老年人最基本的出行活动,占总出行的35%以上;在各年龄段中,购物出行所占的比例均在33%之上,年轻老年人群体这一类型出行的比例更高。休闲娱乐出行、文化活动出行在各年龄段中所占比例相差不大,均保持在10%左右。由于老年人对身体情况的重视程度明显高于年轻人,对医疗服务的需求更大,故看病体检也是老年人比较重要的出行类型之一,占总出行的10%以上;在各年龄段中,随着老年人身体机能与状况的不断下降,看病体检出行所占比例随之不断升高,由60—64岁年龄段的8%上升到80岁以上年龄段的35.7%,涨幅明显。访亲会友出行、个人或家庭事务出行、接送出行以及工作出行则随着年龄的增加而降低(图7-13)。

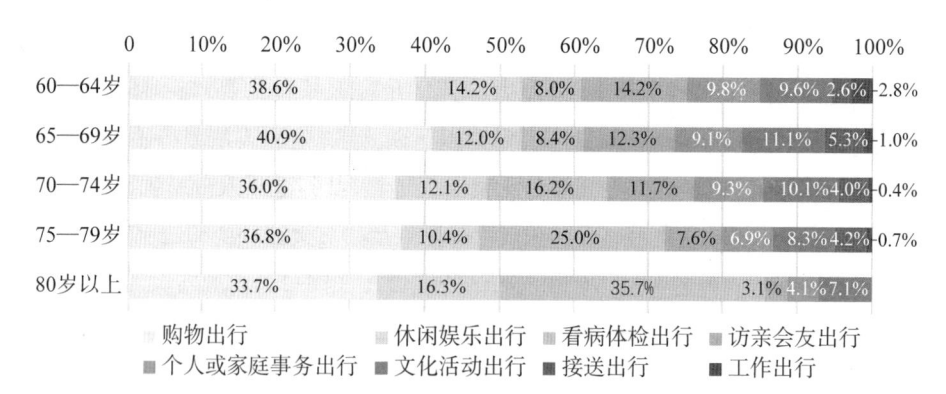

年龄段	购物出行	休闲娱乐出行	看病体检出行	访亲会友出行	个人或家庭事务出行	文化活动出行	接送出行	工作出行
60—64岁	38.6%	14.2%	8.0%	14.2%	9.8%	9.6%	2.6%	2.8%
65—69岁	40.9%	12.0%	8.4%	12.3%	9.1%	11.1%	5.3%	1.0%
70—74岁	36.0%	12.1%	16.2%	11.7%	9.3%	10.1%	4.0%	0.4%
75—79岁	36.8%	10.4%	25.0%	7.6%	6.9%	8.3%	4.2%	0.7%
80岁以上	33.7%	16.3%	35.7%		3.1%	4.1%		7.1%

图7-13 不同年龄段老年人出行目的分布

2. 出行频率

根据交叉分析结果,老年人年龄与出行频率关系极为密切。分析表明,随着年龄的增长,老年人的出行频率不断下降,且这一趋势十分明显;60—62岁老年人的出行频率为2.27次/日·人,而83岁以上老年人的出行频率仅为0.77次/日·人。仅从出行频率角度分析,60—65岁老年人的出行频率与2.37次/日·人的上海市中心城区人均出行次数相差不大,可以认为这一年龄段的老年人出行特征正处于工作人群向退休人群过渡的转变期。老年人 66 岁以后出行频率不断下降,逐渐与工作人群出行频率拉开差距;尤其进入 80 岁以后,老年人身体衰老情况加剧,出行频率明显下降,已低于 1.0 次/日·人(图 7-14)。

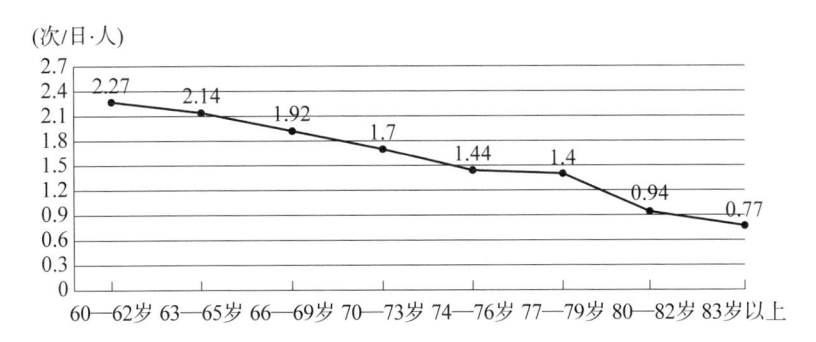

图 7-14 老年人出行频率随年龄变化趋势

3. 平均出行时耗

统计结果表明,随着年龄的增大,老年人单次出行的平均时耗总体呈下降趋势,但这一趋势相对缓慢;从 60—62 岁老年人 16.4 分钟的单次出行平均时耗下降到 83 岁以上老年人的 12.2 分钟。60—65 岁年龄群老年人的出行频率与上海市中心城居民的整体水平相差不大,但是平均出行时耗远远低于 29.8 分钟的整体水平。这表明,老年人退休后由于生存型出行转向生活型出行,进而带来出行范围的缩小,因此平均出行时耗开始下降;而大量的空闲时间,带来购物出行、休闲娱乐出行的增加,故而出行次数在 60—65 岁年龄群没有明显下降。同时随着年龄的增加,老年人的身体机能与体力不断下降,行动更为迟缓,这就导致老年人出行范围随年龄的收缩程度实际上要高于平均出行时耗的下降速度(图 7-15)。

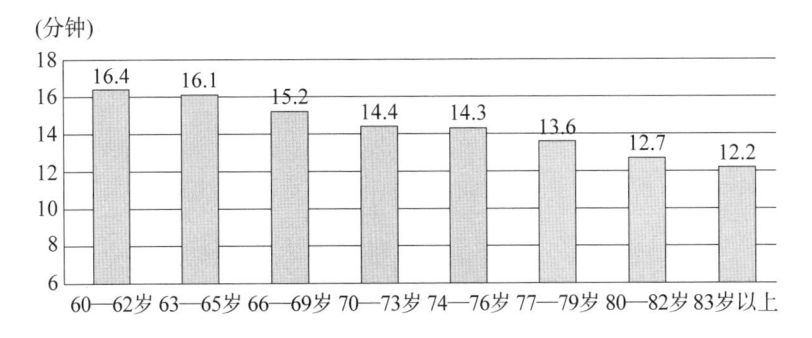

图 7-15 老年人平均出行时耗随年龄变化趋势

4. 出行方式

步行是老年人最常用的交通方式,随着年龄的增长,步行方式在交通出行中所占的比例越来越高,65岁以下老年人的步行比例为46.2%,而80岁以上高龄老年人的步行比例已高达74.5%。而另一种慢行交通方式自行车的使用则因年龄增长带来的体力下降而逐渐减少,75岁以上老年人群体中已基本无人使用自行车。同时,公共交通的分担率也随着年龄的增长不断下降,原因主要为以下三点:一是老年人进入高龄阶段后,出行需求不断降低且出行范围不断收缩,多数出行不需要采用公共交通方式;二是公共交通路线与车站布局固定,不够灵活,老年人搭乘不便;三是随着年龄增长老年人上下公交车愈发不便,且很难在行驶车辆中站稳,高龄老年人对于乘车环境安全性的要求更高。与此相对应的,出租车与搭乘小汽车的比例随着老年人年龄增长有所提高,这主要是因为高龄老年人存在行动不便、体力不支等问题,如看病就医等必需出行常会选择灵活、便捷的私人机动化方式。此外,就目前来看,上海市老年人自驾小汽车的比例很低,仅为1.8%,但考虑到上海市的发展阶段与机动化程度,未来老年人的自驾出行行为可能会上升(图7-16)。

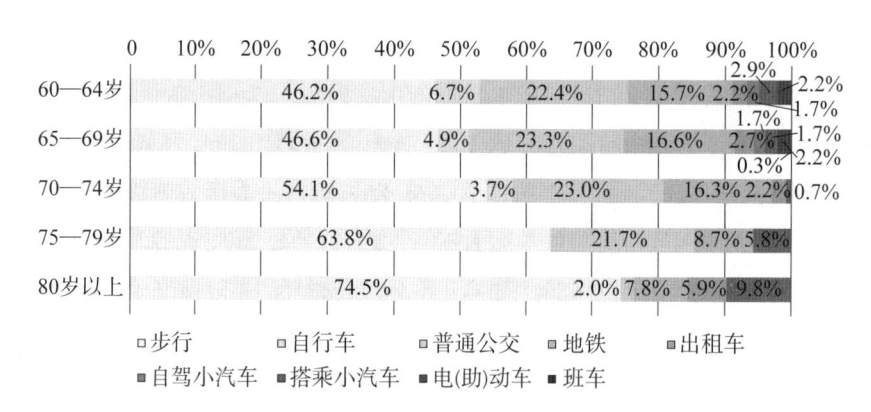

图7-16 老年人出行方式随年龄变化趋势

5. 出行时间

据交叉分析结果,老年人年龄与出行时间没有明显的相关关系。随着年龄的增长,各年龄段的出行时间分布情况相差不大,均呈现两个高峰(7—9点、13—14点),其中早高峰要高于晚高峰。这表明老年人有大量的空余时间,可以灵活安排出行时间,并不受年龄限制(图7-17)。

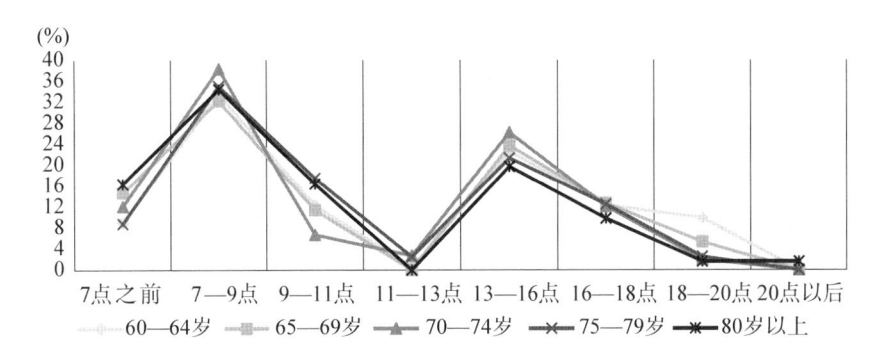

图 7-17 老年人出行时间随年龄变化趋势

(二) 性别

出行目的方面,男性老年人与女性老年人基本一致。一般认为女性买菜购物出行的比例要明显高于男性,但上海市男性与女性老年人没有明显差异,这与上海市居民的生活习性密不可分。此外,男性老年人工作出行比例要明显高于女性,这主要是因为男女退休年龄不一致(图 7-18)。[①]

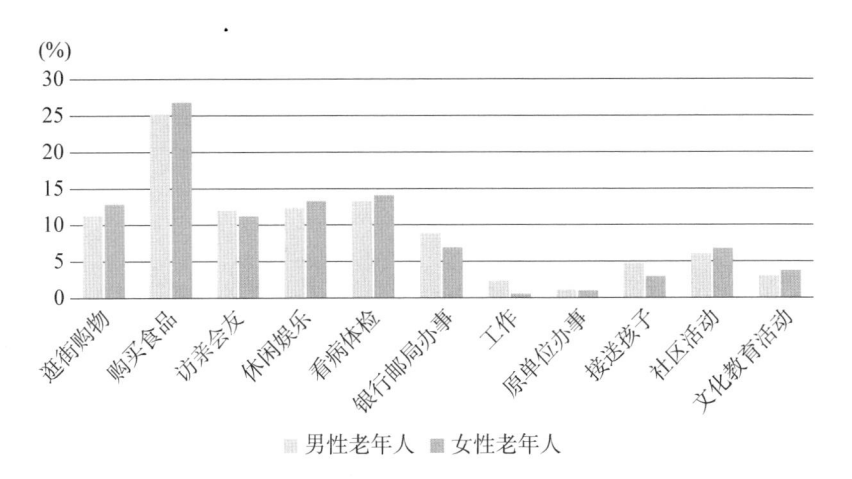

图 7-18 研究区域男性老年人与女性老年人出行目的对比

出行频率方面,研究区域的男性老年人出行次数为 1.64 次/日·人,女性老年人出行次数为 1.86 次/日·人,女性老年人比率高于男性老年人,但相差不大。平均出行时耗方面,研究区域的男性老年人为 16.0 分钟/次,略高于女

---

① 我国男性法定退休年龄为 60 岁,女性为 55 岁。

性老年人的13.6分钟/次。

出行方式方面,女性老年人比男性老年人更易于采用公共交通方式,且男性老年人自驾小汽车比例更高,但总体差异不明显。出行时间方面,分布情况基本一致,并没有受到性别影响(图7-19、图7-20)。

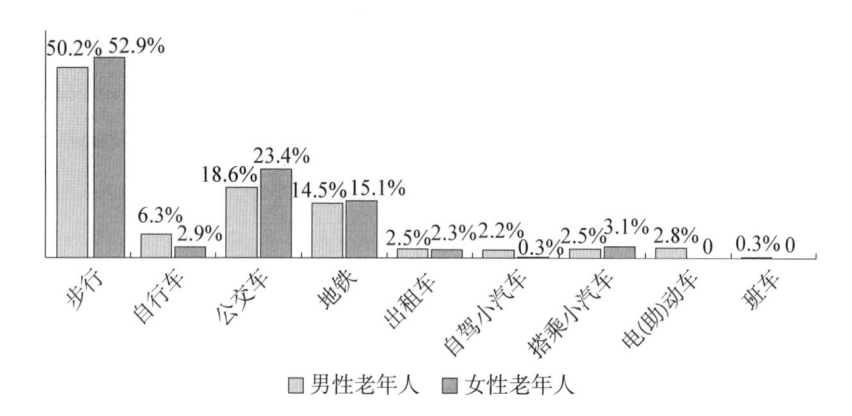

图7-19 研究区域男性老年人与女性老年人出行方式对比

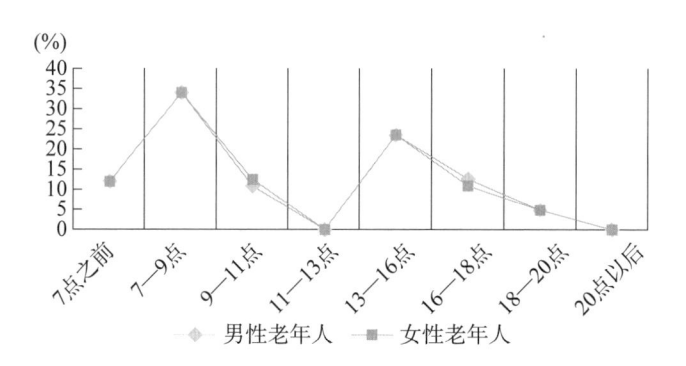

图7-20 研究区域男性老年人与女性老年人出行时间分布对比

(三) 家庭结构

根据家庭内部的代际情况,可划分为四类家庭:一代家庭,指老年人夫妇或独居老年人;二代家庭,指老年人与子女同住的家庭;三代家庭,指老年人与子女、孙辈共同生活的家庭;隔代家庭,指老年人与孙辈同住的家庭。隔代家庭的平均出行次数最高,且个体的出行次数波动最小,基本集中在2—3次;一代家庭的平均出行次数也高于二代、三代家庭。这一方面是因为与子女同住的二代、三代家庭中,某些生活必需出行可由子女代替,而一代、隔代家庭中的老年人必须亲力亲为;另一方面,隔代家庭中的孙辈大多为 12 岁以下的儿童,隔代家庭老年人的送学出行占全部出行的 10.6%,明显高于一代家庭老年人的出行频率(表 7-3、表 7-4)。

表 7-3 不同家庭结构的老年人平均出行次数

家庭结构	平均出行次数(次/日·人)	标准差
一代家庭	1.81	0.994
二代家庭	1.61	1.127
三代家庭	1.66	0.840
隔代家庭	2.5	0.761

表 7-4 不同家庭结构的老年人每日出行次数分布

家庭结构		出行次数						
		0次	1次	2次	3次	4次	5次	6次
一代家庭	人数	5	78	83	21	6	3	2
	百分比(%)	2.5	39.4	41.9	10.6	3.0	1.5	1
二代家庭	人数	10	27	20	11	1	2	0
	百分比(%)	14.1	38.0	28.2	15.5	1.4	2.8	0
三代家庭	人数	8	40	51	13	2	0	0
	百分比(%)	7	35.1	44.7	11.4	1.8	0	0
隔代家庭	人数	0	2	7	10	1	0	0
	百分比(%)	0	10	25	50	5	0	0

(四) 收入与教育程度

根据交叉分析结果,老年人的收入、教育程度均与出行特征各变量之间没有明显的相关关系。关于出行特征的研究通常表明收入与教育程度对交通方式选择有重要影响,但这一结论并不完全适用于老年人群体。老年人 51.6% 的出行由步行完成,而且随着年龄的增加这一比例不断升高。而教育程度与收入高低密切相关,教育程度对出行特征的影响也是通过收入情况间接作用的。因此,总的来说收入与教育程度对老年人群体尤其是高龄群体的交通方式选择影响较小。但当收入水平较高时,老年人自驾小汽车的比例明显上升(图 7-21)。

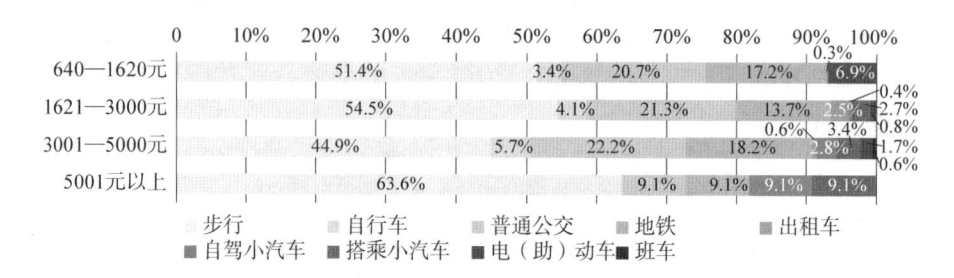

图 7-21 不同月收入老年人的交通方式结构

(五) 交通工具拥有情况

目前,老年人拥有小汽车并自驾出行的比例很低,调查人群中仅占 2.5%且全部为男性。同时,这部分老年人的出行方式主要为步行和自驾小汽车,其他交通方式所占甚少,与无车老年人以步行为主的多样化交通方式结构存在明显差异。随着特大城市的进一步发展以及机动化程度的不断提高,未来老年人的自驾比例也将不断攀升,进而对老年人的交通出行结构产生深远影响。因此,对于特大城市制定老年人相关的交通规划、战略以及政策时,不能仅从当前的状况出发,必须考虑到未来特大城市老年人的发展趋势与机动化程度(图 7-22)。

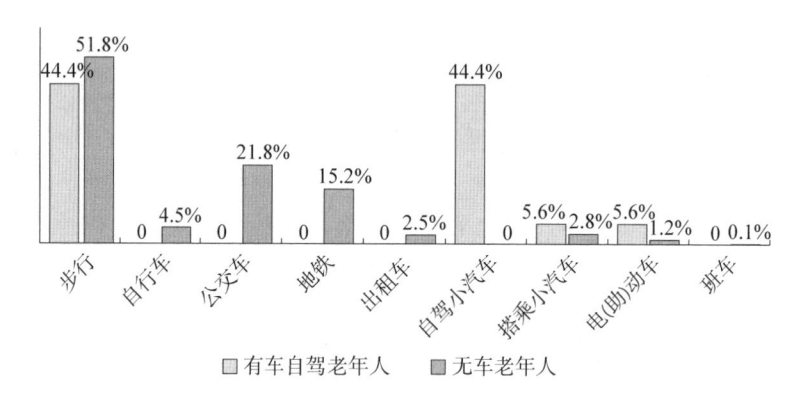

图 7-22 有车自驾老年人与无车老年人的交通出行方式结构对比

三、外部空间属性

(一) 宏观区位

1. 出行目的

从统计结果上看,位于中心城核心区的老年人购物出行与工作出行的比例略高于中心城边缘区的老年人,而文化活动出行率则低于中心城边缘区老年人,其他类型出行的比例基本一致。购物出行与文化活动出行实际上更多的是受微观区位即设施布局的影响,可以认为宏观区位对老年人的出行目的并没有明显的影响(图7-23)。

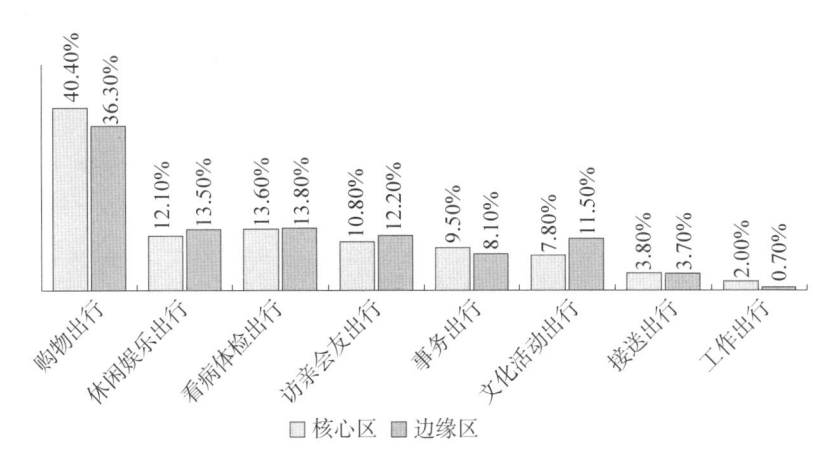

图7-23 不同区位老年人的出行目的对比

2. 出行频率

由于宏观区位的不同,不同地区的经济活动强度、地理环境以及交通条件也存在着差异。总体上看,上海市中心城核心区的经济活动强度更高、交通条件更优越、公共服务设施配建更完善,相关数据也表明上海市中心城内居民的出行频率总体上呈现由核心区向边缘区递减的趋势。调查区域中,中心城核心区老年人的出行频率为 1.79 次/日·人,高于中心城边缘区老年人 1.74 次/日·人的出行频率,也符合这一趋势(图7-24)。

3. 出行时耗

调查区域中,中心城核心区老年人的平均出行时耗为 13.3 分钟,边缘区为 15.8 分钟,核心区平均出行时耗要低于边缘区。相关研究表明,边缘区出行时耗与距离大于核心区主要是因为边缘区的通勤出行时耗明显高于核心区,即区位对于平均出行时耗的影响主要体现在通勤出行时耗上。对老年人来说,工作通勤出行比例很低,仅占总比例的 1.3%;中长距离出行的目的通常为访亲会友,但实际上难以证明老年人亲友居住地受到区位的影响,而导致核心区与边缘区老年人平均出行时耗有所差异;购物、休闲娱乐、文化活动等大部分出行则更多的是受公共设施布局的影响而非直接受到宏观区位影响。因此,宏观区位因素对老年人平均出行时耗的影响程度尚难衡量(图7-25)。

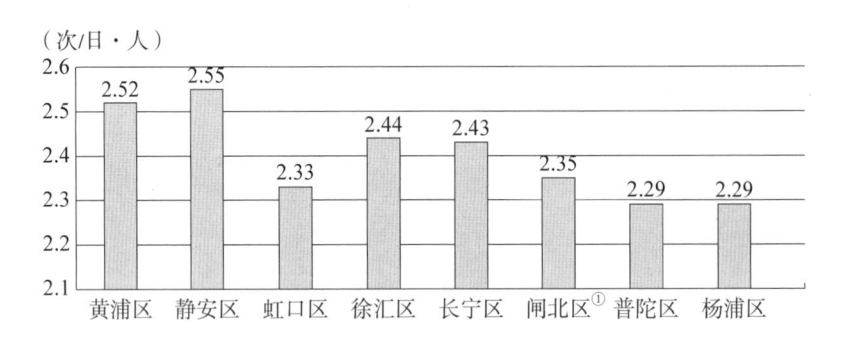

图7-24 上海中心城各区居民出行频率

资料来源:笔者根据上海市第四次综合交通调查整理。

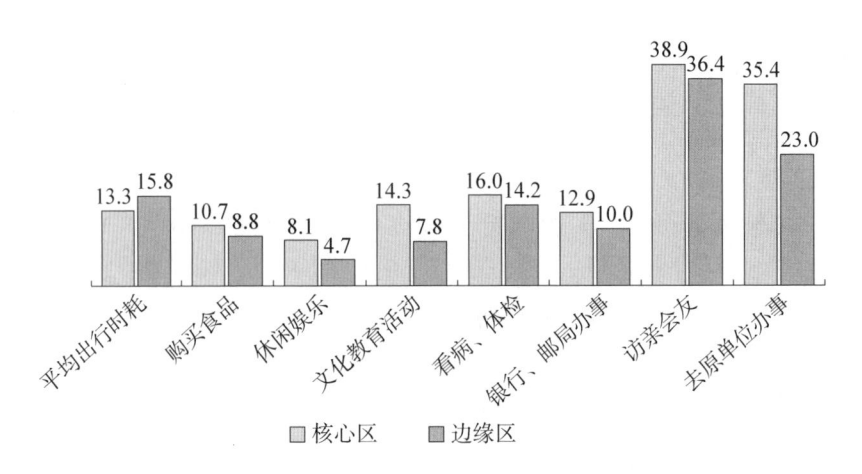

图7-25 核心区与边缘区分目的平均出行时耗对比(单位:分钟)

4. 出行方式与出行时间

根据统计结果,区位对出行方式选择与出行时间分布均没有明显影响。不同区位条件下以步行为主要交通方式的老年人达50%以上;普通公交、地铁以及自行车也是老年人常用的交通方式。不同区位的出行时间仍出现早晚两次高峰,分布趋势基本一致(图7-26,图7-27)。

---

① 2015年已撤销,现为静安区。

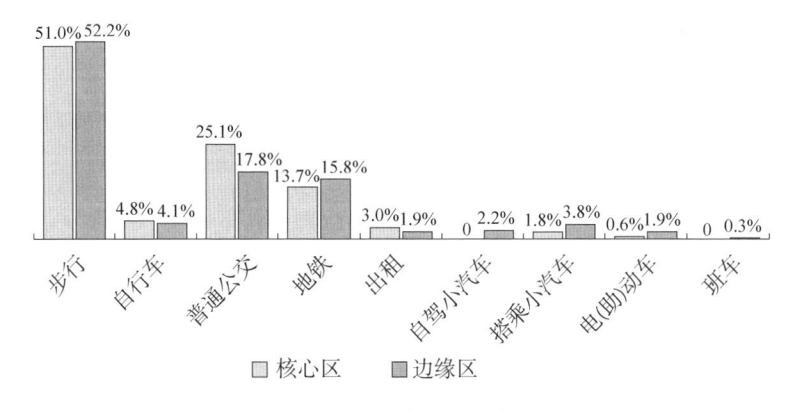

图 7‑26　核心区与边缘区出行方式结构对比

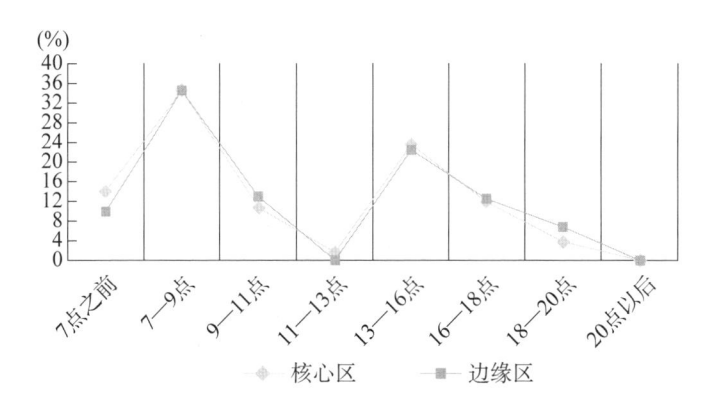

图 7‑27　核心区与边缘区出行时间分布对比

总的来说,宏观区位对上海中心城老年人交通出行的影响并不明显,除出行频率呈现由核心区向边缘区递减的趋势外,其他如出行方式、出行目的等特征并没有因为宏观区位的不同而产生差异。

(二) 出行地区特性

1. 人口密度

将案例小区人口密度与出行次数进行交叉分析,p 值为 0.047,表明人口密度与出行次数间存在一定的相关关系。按照通常的认知,随着人口密度的增加,相应的居民出行次数也应有所增加。但从统计结果来看,老年人的平均出行次数并没有呈现明显的随着居住区人口密度上升而增加的趋势。这表明在其他因素的约束下,老年人出行次数与人口密度之间并非线性变化关系(表 7‑5,图 7‑28)。

表7-5 案例小区人口密度与老年人出行次数一览

案例小区	人口密度（人/公顷）	平均出行次数（次/日·人）	最大出行次数（次/日·人）	最小出行次数（次/日·人）
三德小区	1 341	1.92	6	0
上海滩新昌城	487	1.53	3	0
鞍山三村	716	1.97	5	0
同济绿园	667	1.50	4	0

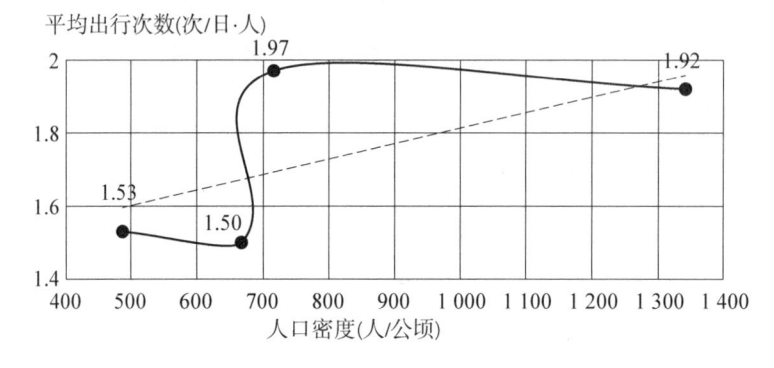

图7-28 各案例小区老年人出行次数随人口密度变化趋势

2. 居住类型

案例小区包括三种居住类型，分别为传统里弄住区（三德小区）、老公房住区（鞍山三村）以及商品房住区（同济绿园、上海滩新昌城）。将居住类型与老年人出行次数、平均出行时耗分别进行交叉分析，发现居住类型与出行次数之间存在较密切的相关关系（0.001＜p 值 0.007＜0.01），而居住类型与平均出行时耗之间则不存在明显的相关关系（p 值 0.272＞0.05）。传统里弄住区与老公房住区的老年人平均出行次数分别为 1.92 次/日·人、1.97 次/日·人，均明显高于商品房住区的 1.51 次/日·人（表7-6）。

表7-6 调研小区居住类型与出行次数

居住类型	平均出行次数（次/日·人）
传统里弄住区	1.92
老公房住区	1.97
商品房住区	1.51

实际上,居住类型不仅仅是布局形态上的差异,居住密度、公共服务设施配置以及居民构成等方面同样存在差异。仅从统计结果上看,居住类型与出行次数存在相关关系;但其实质是居住密度、公共服务设施以及居民构成情况等共同影响了出行次数。

(三) 公共服务设施布局

1. 设施空间布局

老年人日常生活中,最常见的出行目的是买菜购物、休闲娱乐、文化教育活动、看病体检以及家庭事务出行,与这几类出行有关的设施或场所主要为商业服务设施、文化活动设施、医疗卫生设施、金融邮电设施以及公园或集中绿地等。根据规模与服务范围,这些设施可分为市区级、社区级与小区级。

分别以黄浦区的两个调研小区为中心,绘制1 000米半径范围内的公共服务设施分布图。在这一半径范围内,商业服务设施以小区级的菜市场、超市为主,市区级大型商业设施人民广场商圈与南京东路商圈位于外围;范围内缺少社区级的文化活动设施,市区级的大型文化活动设施也位于外围;医疗卫生设施有2处,均为市区级综合医院;金融邮电设施分布较均匀,银行与邮局遍布调研小区周边;有多处大型集中公共绿地,分布较均匀(图7-29、表7-7)。

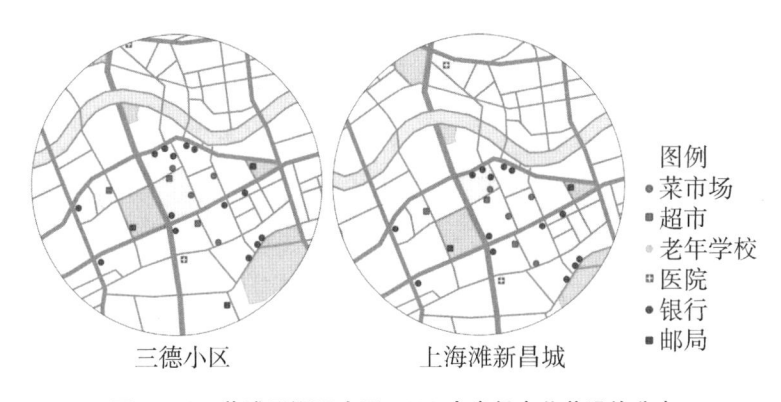

图7-29 黄浦区调研小区1 000米半径内公共设施分布

表7-7 黄浦区调研范围内公共服务设施基本信息

分类	类型	级别	分布特征
商业服务设施	菜市场、超市	小区级	调研小区周边
	大型商场	市区级	较远

(续表)

分类	类型	级别	分布特征
文化活动设施	上海博物馆等	市区级	较远
医疗卫生设施	长征医院	市区级	较近
	北站医院	市区级	较远
金融邮电设施	银行	—	调研小区周边
	邮局	—	有一定距离
大型公园绿地	静安雕塑公园	社区级	调研小区周边
	人民公园	市区级	有一定距离

分别以杨浦区的两个调研小区为中心，绘制1000米半径范围内的公共服务设施分布图。在这一半径范围内，商业服务设施以社区级的菜市场、超市为主，市级大型商业设施人民广场商圈与南京东路商圈位于外围；范围内缺少社区级的文化活动设施，市级的大型文化活动设施也位于外围；医疗卫生设施有2处，均为市级综合医院；金融邮电设施分布较均匀，银行与邮局遍布调研小区周边；有多处大型集中公共绿地，分布较均匀（图7-30、表7-8）。

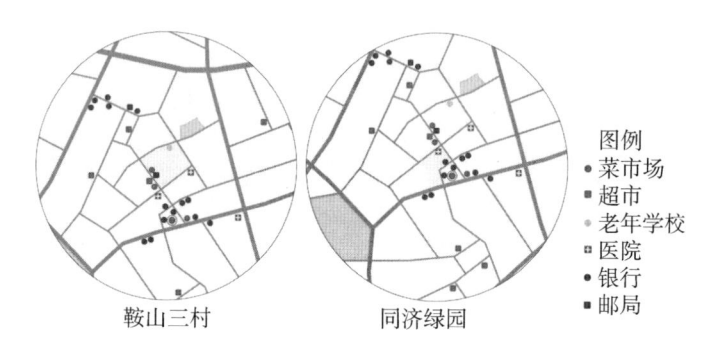

图7-30 杨浦区调研小区1000米半径内公共设施分布

表7-8 杨浦区调研范围内公共服务设施基本信息

分类	类型	级别	分布特征
商业服务设施	菜市场、超市	小区级	调研小区周边
	大型商场	市区级	调研小区周边
文化活动设施	四平老年大学	社区级	鞍山三村周边，与同济绿园较近

(续表)

分类	类型	级别	分布特征
医疗卫生设施	同济绿园卫生中心	小区级	同济绿园内
	四平社区卫生服务中心	社区级	较近
	新华医院	市区级	与同济绿园较近，距鞍山三村有一定距离
金融邮电设施	银行	——	同济绿园周边，与鞍山三村较近
	邮局	——	鞍山三村周边，与同济绿园较近
大型公园绿地	松鹤公园	社区级	较近
	和平公园	社区级	较远

2. 设施可达性分析

可达性包括个体可达性与设施可达性两个方面。对于老年人来说，个体可达性主要是指在自身身体状况允许的条件下依靠某种交通方式到达某一目的地的便捷程度。步行作为老年人最主要、最基本的交通方式，在老年人体力制约下的一般出行时耗以及所能够承受的最大出行时耗决定了老年人可达性的程度与范围。公共服务设施配置的服务半径通常是由全体居民尤其是工作人群的出行时耗决定的，这就可能导致公共服务设施布局超出老年人最佳可达性范围，即公共服务设施的可达性与老年人个体可达性不一致，不能为老年人提供良好服务。故本研究对各类公共服务设施的可达性进行分析，判断各类设施布局是否适合老年人的出行范围。

总体上，研究区域的老年人对于商业服务设施布局是比较满意的，其中83.5%的被调查者表示很便捷，15.9%表示一般便捷，仅有0.6%表示不便捷；而经常进行文化出行的老年人（主要为鞍山三村居民）总体上对文化活动设施布局是比较满意的，其中88.8%的被调查者表示很便捷、11.2%表示一般便捷。这也从侧面表明虽然老年人会因出行距离较远而放弃文化出行，但是对于文化活动出行时耗的容忍程度要高于购物出行。被调查者对医疗卫生设施布局满意程度一般，其中66.4%的被调查者表示很便捷、28.7%表示一般便捷、4.9%表示不便捷；对邮电金融设施布局比较满意，其中79.6%的被调查者表示很便捷、18.3%表示一般便捷、2.1%表示不便捷。

以各大型公园绿地为中心，分别以 5 分钟、①10 分钟、②15 分钟③为半径绘制步行等时圈。发现黄浦调研区周边大型公园绿地分布较均匀，三德小区大部分被 5 分钟等时圈覆盖、上海滩新昌城基本被 10 分钟等时圈覆盖。杨浦调研区周边大型公园绿地较少，鞍山三村基本被 10 分钟等时圈覆盖，而同济绿园则处于大型公园绿地最低可达性覆盖区域之间的真空地带。由于大型公园绿地布局的不同，四个案例小区大型公园绿地可达性存在明显差异，由高到低依次为三德小区、上海滩新昌城、鞍山三村、同济绿园。

四、交通设施配置与服务水平

（一）外部公共交通设施与服务水平

研究区域老年人公共交通使用比例达 36.1%，其中 21.3% 为普通公交、14.8% 为地铁。公共交通设施的配置及其服务水平能否满足老年人的交通出行需求尤为重要。根据调查数据，研究区域内的老年人对公共交通服务总体上是比较满意的，其中 22.2% 表示很满意、51.3% 表示比较满意（图 7-31）。

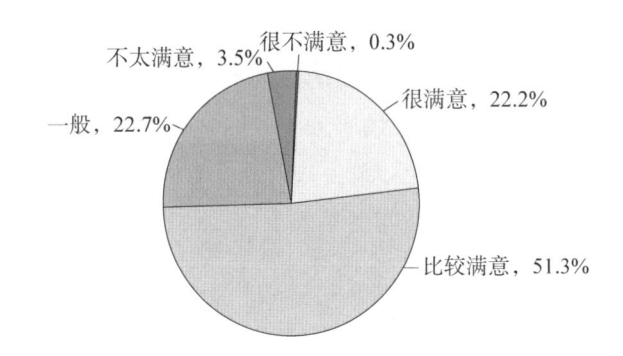

图 7-31　老年人对公共交通系统的满意度情况

对表示一般、不太满意以及很不满意的老年人进行调查，发现老年人对公共交通服务不满意的地方主要为以下 4 点：一是缺少直达线路，需要多次换乘；

---

① 根据前文，老年人娱乐休闲出行平均时耗为 6.4 分钟，此处以 5 分钟作为大型公园绿地可达性最佳范围。
② 根据前文，老年人步行平均时耗为 11.8 分钟，此处以 10 分钟作为大型公园绿地可达性一般范围。
③ 根据前文，老年人能够接受的单次步行出行的最长时耗约为 28.7 分钟，但考虑到娱乐休闲出行的非必需性对最长时耗进行折减，以 15 分钟作为老年人能接受的大型公园绿地可达性最低范围。

二是等车时间过长;三是公交车站较远,乘车不便;四是乘车时,站点之间距离较大。这几方面内容均与公共交通系统布局有密切关系;其他不满意因素如乘车费用、候车设施、车内环境等则与乘车环境及服务关系密切。因此,进一步从公共交通系统布局、乘车环境与服务两方面进行分析(图7-32)。

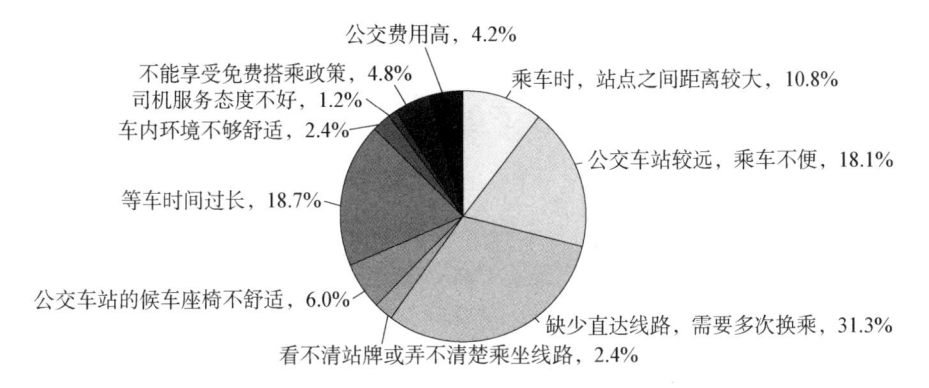

公交费用高,4.2%
不能享受免费搭乘政策,4.8%
司机服务态度不好,1.2%
车内环境不够舒适,2.4%
乘车时,站点之间距离较大,10.8%
等车时间过长,18.7%
公交车站较远,乘车不便,18.1%
公交车站的候车座椅不舒适,6.0%
看不清站牌或弄不清楚乘坐线路,2.4%
缺少直达线路,需要多次换乘,31.3%

图7-32 老年人对公共交通系统的不满意因素

(二) 外部步行环境

步行环境的好坏对老年人出行有重要影响。目前,大多数城市的步行设施是按照工作人群(19—59岁)的出行模式与行为特征规划设计的,因此外部步行环境等许多方面并不适合老年人使用,个别方面甚至阻碍了老年人出行。对于上海来说,由于经济较为发达且早已进入老龄化社会,城市规划与建设方面已经开始有意识地针对老年人改善步行环境。根据调查数据,研究区域内的老年人对外部步行环境总体上是比较满意的,其中17.6%表示很满意、43.4%表示比较满意(图7-33)。

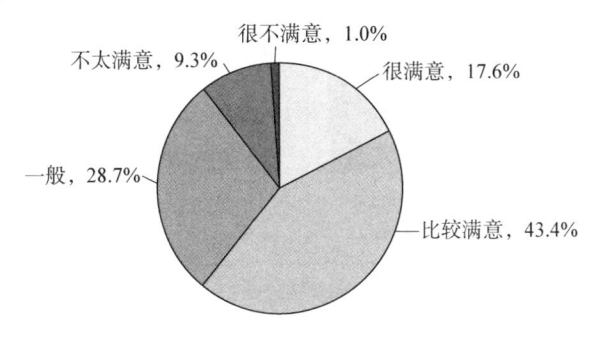

很不满意,1.0%
不太满意,9.3%
很满意,17.6%
一般,28.7%
比较满意,43.4%

图7-33 老年人对外部步行环境的满意度情况

对表示一般、不太满意以及很不满意的老年人进行调查,发现老年人对外部步行环境不满意的地方主要为以下 5 点:缺少休息设施;过街时,绿灯时间过短;缺少公共厕所;人行道不平整;安全性低,其中老年人对人车混行与人行道被占用最为不满(图 7-34)。

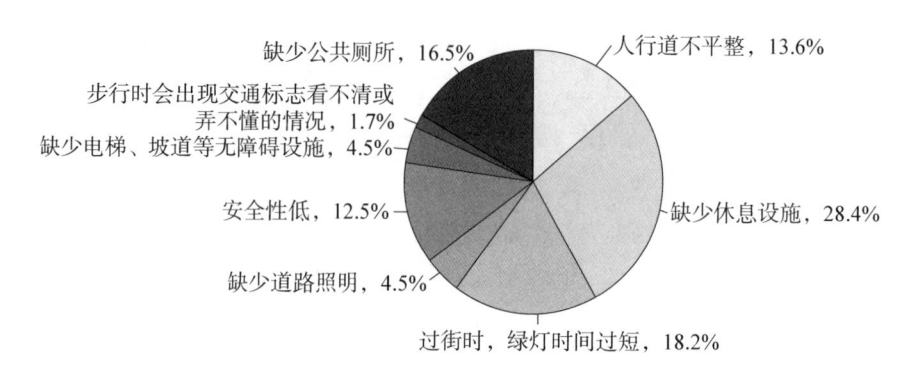

图 7-34 老年人对外部步行的不满意因素

(三) 居住区内部交通环境

研究区域内的老年人总体上对各自居住区内部的交通环境是比较满意的。其中,同济绿园作为中高端居住区满意度最高。对表示一般与不太满意的老年人进行进一步调查,发现不满意原因主要为以下两点:①小区出入口设置不合理,经常需要绕行才能出入小区;②小区内部步行时不安全,常有小汽车经过。此外,路面不够平整、缺少道路照明等也是造成老年人对居住区内部交通环境不满意的原因(图 7-35)。

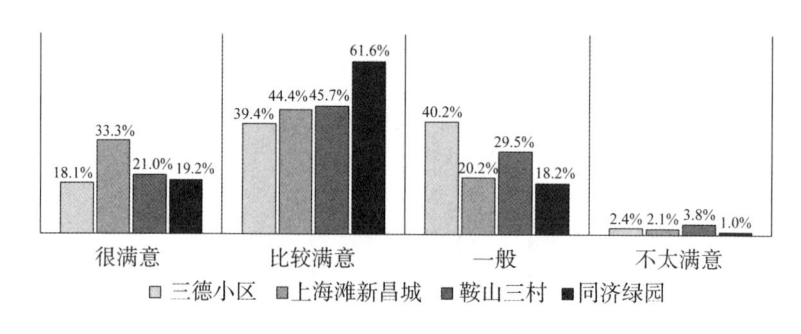

图 7-35 案例小区内部交通环境满意度情况

第三节　农村地区老年人出行特征研究

一、总体特征

出行目的上,购物、休闲娱乐、外出务农是农村老年人最主要的三类出行。整体来看,农村地区老年人生存型出行比例较高,生活型出行比例较低。与以购物、休闲娱乐以及看病体检为主要出行目的的中心城区老年人相比,农村地区老年人外出务农和休闲娱乐的出行比例较高,其余活动出行比例较低(图7-36)。

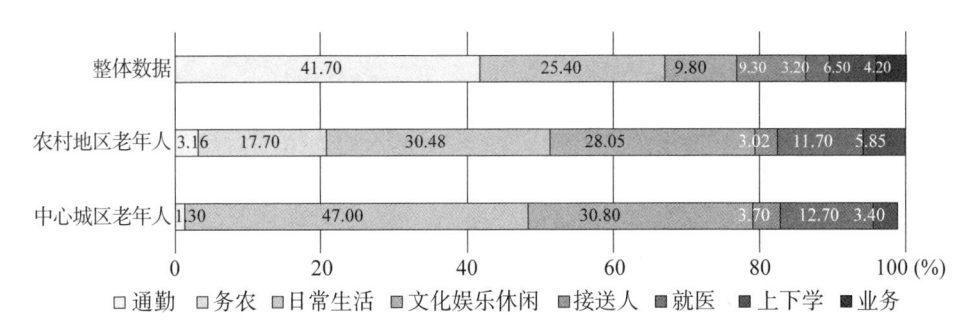

	通勤	务农	日常生活	文化娱乐休闲	接送人	就医	上下学	业务
整体数据			41.70	25.40	9.80	9.30	3.20	6.50 4.20
农村地区老年人	3.16	17.70	30.48	28.05		3.02	11.70	5.85
中心城区老年人	1.30		47.00	30.80		3.70	12.70	3.40

图7-36　上海全市人员、中心城区老年人、农村地区老年人出行目的分布

出行强度上,农村地区老年人出行次数低于中心城区老年人,出行时耗普遍高于中心城区老年人,但乘坐公交与地铁出行时耗低于中心城区老年人。具体来看,出行频率方面,看病体检出行频率最高,必要性活动出行率高于非必要性活动;性别方面,男性老年人的出行频率低于女性老年人。出行时耗方面,农村地区老年人访亲会友出行时耗最长,务农出行时耗最短(图7-37)。其中进行文化、娱乐、锻炼活动的出行时耗基本控制在15分钟内,主要由于老年人进行文娱锻炼活动的场所基本在村内;但去银行、邮局、医院、购物的出行时耗则需20分钟以上,对应的服务设施大部分位于村外的集镇上甚至更远,反映出商业、医疗、金融等服务设施在非集镇地区的村庄内相对匮乏的问题。与中心城区老年人相比,研究区域老年人进行文娱、锻炼、就医、购物、家庭事务等活动的出行时耗是中心城区老年人同目的出行时耗的1.5—2.5倍,同样说明农村老年人到达公共服务设施相对不便捷的问题。

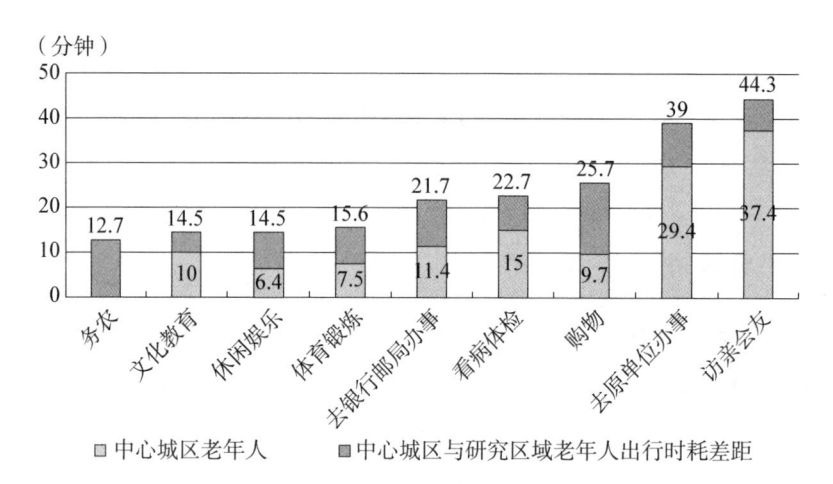

老年人社区生活圈：体系构建与协同营造

图 7-37 农村地区与中心城区老年人分目的出行时耗

出行方式与结构特征上，农村地区老年人40%的出行由步行承担，其次为电(助)动车和自行车；与上海市全体居民对比，农村老年人步行比例更高，但低于中心城区老年人；自行车与电(助)动车出行比例上，农村老年人远高于上海市全体居民，公共交通出行比例较低，这些变化与中心城区老年人的变化情况完全相反(图7-38)。在必要性活动出行时，农村地区老年人追求快捷省时，电(助)动车和自行车出行，步行主导地位被压缩。非必要性活动出行时出行方式多元灵活。与中心城区老年人对步行和公共交通的高度依赖的情况不同。

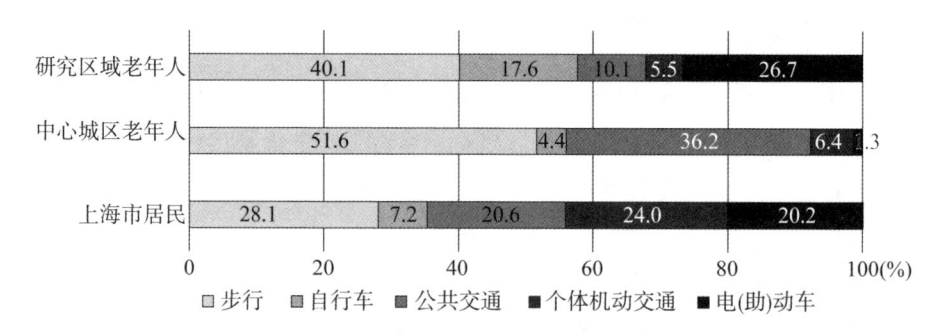

图 7-38 农村老年人与中心城区老年人、上海市居民交通出行方式结构对比

出行时空间分布上，农村地区老年人的早晚高峰和中心城区老年人基本重合，主要集中在7—9点、13—16点两个时段内，但高峰比例比中心城区低，出行时间分布集中程度也较低，晚高峰尤其平缓(图7-39)；在空间上和中心城区老年人类似，均呈现圈层式衰减的空间分布特征，可分为核心区(0—0.7千

米)、分散区(0.7—1.5千米)、边缘区(1.5—7.5千米),比中心城区老年人圈层跨度更大。

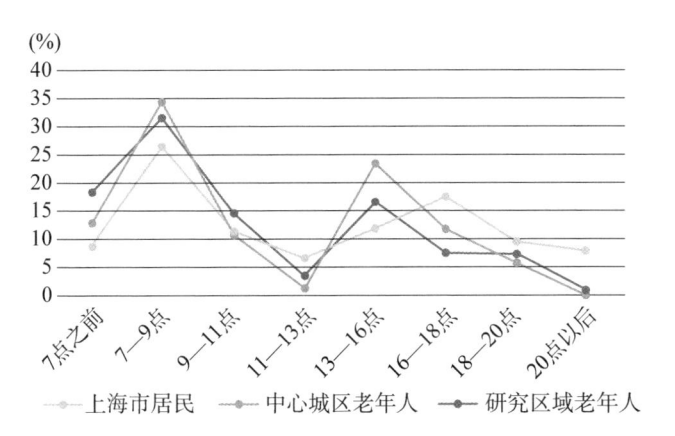

图 7-39 农村老年人、中心城区老年人与上海市居民出行时间分布

出行链上,相比通勤人群,老年人出行灵活性强,衔接性和效率较低,出行链产生率高;相比北京远郊区县老年人,上海农村地区老年人出行链总距离小,总持续时间短,并且90%以上均为单目的链。

二、出行意愿与阻碍

出行意愿上,老年人在出行过程中最重视出行的安全性和便捷性。不同出行距离范围内老年人出行需求存在差异,显著影响出行意愿。调查显示,在不同出行距离范围内,老年人出行需求的侧重程度不同,在出行距离较短时,老年人对出行的舒适性较为敏感,而随着出行距离的增大,老年人对出行的时间成本以及便捷性要求逐渐上升,对出行的经济成本和舒适性要求则相对下降。由于老年人出行需求随距离变化,其出行意愿也会受到显著影响。在较短的出行距离下(0.5千米以内),老年人对时间成本敏感度较低,对舒适性与安全性要求高,因此步行成为主导出行方式;在中长距离(0.5—3千米)出行时,老年人对时间成本与出行便捷性敏感度逐渐升高,同时由于身体机能相对低下,步行无法满足较长距离的出行需求,因此步行比例开始下降,电(助)动车与公共交通、个体机动交通出行占比显著上升;在长距离(3千米以上)出行时,老年人对于时间成本的要求显著升高,因此不适合长距离出行的电(助)动车出行比例开始下降,公共交通、个体机动交通出行占比大幅上升(图7-40)。

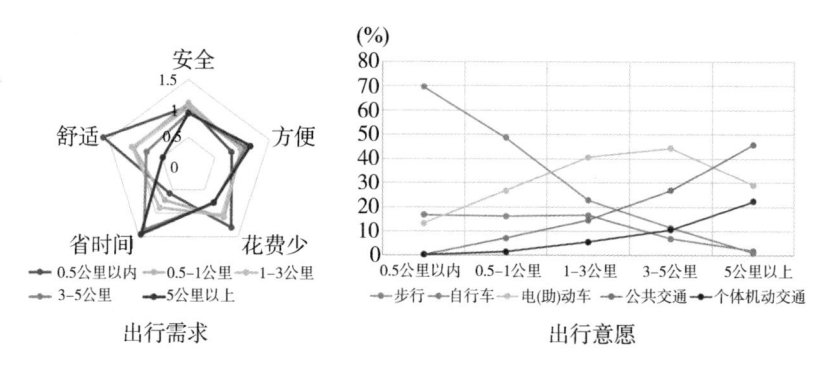

图 7-40　不同出行距离范围内研究区域老年人出行需求与出行意愿

出行阻碍上，出行受到的主要阻碍因素为天气与身体状况，但相比中心城区老年人对外部环境阻碍的容忍度较高，在不同年龄段之间主要阻碍因素也有差异。年轻老年人（60—69 岁）乘车不便和天气因素为最显著的阻碍因素，受身体状况阻碍程度较低，这是因为年轻老年人刚步入老年阶段，身体状况仍然较好，使用公共交通出行比例相对较高，受到外部交通条件和环境的影响也较大。但由于农村地区年轻老年人更倾向使用电（助）动车出行，对出行费用不如依赖公共交通出行的中心城区老年人敏感。中度老年人（70—79 岁）受到最大的阻碍因素是交通费用和天气，是因为随着年龄的增长老年人身体状况开始衰弱，导致步行能力下降，机动化交通出行需求增大，出行成本也会随之上升，对交通费用敏感度升高。对于高龄老年人（80 岁以上），身体状况、交通安全和出行陪伴是出行的最大阻碍因素，与中心城区同年龄段老年人出行主要阻碍因素一致。这表明由于行动不便，高龄老年人交通出行减少，受交通费用、乘车便利性和天气因素影响也相应减少，更倾向关注出行安全与陪伴的问题。

三、出行影响因素

对农村地区老年人出行特征产生影响的因素主要分为老年人个体与家庭基本属性、建成环境、区位与交通政策法规等四大类。老年人基本属性主要指老年人的个体与家庭的自然属性和社会经济属性，是出行决策的主观影响因素；区位、环境和交通政策法规是老年人出行的外部客观影响因素，其中建成环境因素又包括土地利用特征、交通设施配置、公共服务设施配置和空间环境品质等四项子因素。

（一）老年人个体与家庭基本属性

农村地区老年人的年龄、出行能力、收入水平等三项因素对老年人出行特征影响范围最广，对出行目的、出行频率、出行时耗以及出行方式的选择均有不同程度的影响。

年龄方面，出行目的上，老年人的务农、上班和看病体检出行可能性与年龄相关性最为密切，休闲娱乐出行和购物出行的可能性与年龄也有一定的相关关系。随着老年人身体机能与状况的不断下降，看病体检在老年人出行中所占比例随年龄不断升高，也正因此务农、文化活动、个人或家庭事务、接送孩子和上班出行则随着年龄的增加而降低；同时，休闲娱乐活动、访亲会友出行比例则因为相对轻松不需要较多体力，在老年人其他活动出行均随着年龄增长而下降的情况下，呈现升高的趋势。出行频率上，老年人的出行频率与年龄关系存在一定负相关关系，即随着年龄的增长，老年人的出行频率不断下降，但相比中心城区老年人出行频率下降更为平缓。

出行能力方面，其对出行目的、强度和方式的影响均非常显著，并且其相关关系比年龄更为显著。在出行目的方面，老年人的出行能力对必要性活动出行有显著影响。由于老年人出行能力和身体素质密切相关，因此出行能力的降低在一定程度上代表了身体机能的衰退，看病体检在老年人日常出行中占比显著提升，而购物、务农和上班等几项需要体力的活动出行则相应减少。在出行强度方面，老年人的出行频率和出行时耗呈现随着出行能力的降低而降低的趋势。在出行方式上，研究区域老年人的出行能力仅与老年人是否采用步行和电（助）动车出行密切相关。随着出行能力的降低，老年人的视力、听觉、反应速度和控制能力显著降低，因此电（助）动车出行概率下降，步行比例显著上升（除需要轮椅出行的老年人以外）。

个体与家庭社会经济属性方面，户籍状况、家庭结构、教育程度、从业类型和务农情况导致了老年人生活方式的差异，进而影响出行频率、出行方式和时间；交通工具拥有情况影响老年人的出行方式及出行时耗。

其他方面，性别因素对老年人各项出行特征影响均不显著。个体与家庭基本属性对农村地区老年人出行影响程度比中心城区老年人更深，尤其体现在教育程度、从业类型、收入水平和交通工具拥有情况上。

（二）外部客观影响因素

外部客观影响因素包括区位、建成环境和交通政策与法规因素。其中建成环境因素又包括土地利用特征、交通设施配置、公共服务设施配置和空间环境品质等4项子因素。

土地利用特征影响农村地区老年人出行方式及出行目的的选择，但在微观层面上对出行强度特征的影响非常微弱。

交通设施配置通过路网密度及连通性、公交线网及站点布局直接制约老年人的出行强度，并对出行方式的选择有显著影响。

各类公共服务设施的配置与布局导致了可达性的差异，是影响老年人交通出行强度与出行方式的关键，并且必要性活动设施（商业、医疗及金融邮电设施）配置对老年人相应活动出行特征影响更为显著。

空间环境品质从老年人出行的舒适性、安全性上间接影响老年人的出行强度、出行时间和出行方式。

区位因素对农村地区老年人出行的影响体现在出行频率由近郊向远郊的递减，并通过居民构成、交通和公共服务设施布局等因素影响老年人的出行需求和选择及偏好，从而影响老年人的出行目的和方式。不同区位下对老年人出行有主导作用的建成环境影响因素也不同，限制独立型村庄老年人出行的主要因素为尚不完善的建成环境中各因素的数量水平，而限制城镇型村庄老年人出行的主要因素为现有建成环境因素的质量水平。

"免费乘车"政策向津贴补助政策的转变在保障老年人日常出行的同时减少了老年人非理性使用公共资源，有利于引导农村地区老年人理性出行，完善老年公交的补贴模式和机制。而上海公共交通卡优惠和《上海市非机动车管理办法》对农村地区老年人出行影响不显著。

四、出行影响机制

通过筛选可能会与老年人的出行强度特征具有线性相关关系的重要影响因素，构建多重线性回归模型，研究各影响因素与老年人日出行次数和日出行时耗之间的线性关系，得到各项影响因素对农村地区老年人出行次数及出行时耗的影响权重，进而对老年人日出行行为影响机制进行研究，并与中心城区老年人日出行行为的影响机制进行对比，得到以下结论：

第一，在个体与家庭基本属性方面，农村地区老年人的出行能力对老年人的出行强度有直接的制约作用，收入水平则通过影响老年人的生活习惯和出行方式，间接作用于老年人的日出行频率和日出行时耗。因此老年人出行强度随着出行能力和收入水平的下降而降低。

第二，在道路交通设施配置方面，村庄内外道路网络密度和连通性尚未对农村地区老年人的出行频率产生阻碍，但低密度和低连通性的道路网络会延长老年人的出行时耗，对老年人出行产生消极影响。

第三，在公共交通设施配置方面，农村地区周边的公交发展水平会严重制约老年人的出行强度，其中，公交线路数量少、公交站点密度低且可达性较差会降低老年人出行频率，延长出行时耗，对老年人出行产生显著的阻碍。

第四，公共服务设施的配置与布局对农村地区老年人必要性活动的出行强度有显著的制约作用，但对非必要性活动的出行频率影响不大，仅能通过可达性影响老年人非必要性活动出行时耗。

第五，在户外空间场所方面，场所的环境品质对农村地区老年人的出行频率影响较为微弱，但目前上海市农村地区低水平的空间环境建设会延长老年人的出行时耗，对老年人出行产生消极影响。

第六，和中心城区老年人相比，农村地区老年人日出行强度受到个体与家庭基本属性的影响相对较小，但受外部空间环境影响程度与中心城区老年人相比更大，说明农村地区外部空间环境亟待改善。

第八章

老年人时空间行为特征

第一节 基于GPS数据的老年人时空间行为可视化分析

一、出行活动的空间形态及出行距离

本节探讨老年人以居住地为中心的出行活动的空间形态及距离。为更加精细地刻画个体老年人行为，同时方便统计分析群体老年人以家庭居住地为基础的日常活动空间特征，研究将所有老年人的家庭坐标点识别出来后叠加至同一个点。

（一）从单体到群体的老年人出行活动空间

将每个老年人一周的出行活动定位点导入ArcGIS[①]，根据问卷调查的居住地记录，识别其家庭坐标点（HOME）；再运用最小凸多边形的计算方法寻找其活动轨迹的最小外边界，初步描绘其一周活动的空间形态（图8-1）。

以居住在内江新村编号389及编号433的老人为例。从空间布局来看，两

[①] ArcGIS是一款功能强大的地理信息系统软件。

位老年人一周的出行活动可以分为高频区和低频区,其中高频活动空间集中在居住地周边,而低频活动空间则沿着城市街道展开。从空间距离来看,389号老人一周最远出行距离为 3 500 米,高频出行距离为 1 000 米;433 号老人最远出行距离为 1 000 米,其活动空间没有明显的集中性,分布较为均匀。可见,不同的老年个体在出行活动空间的选择上存在一定的差异。

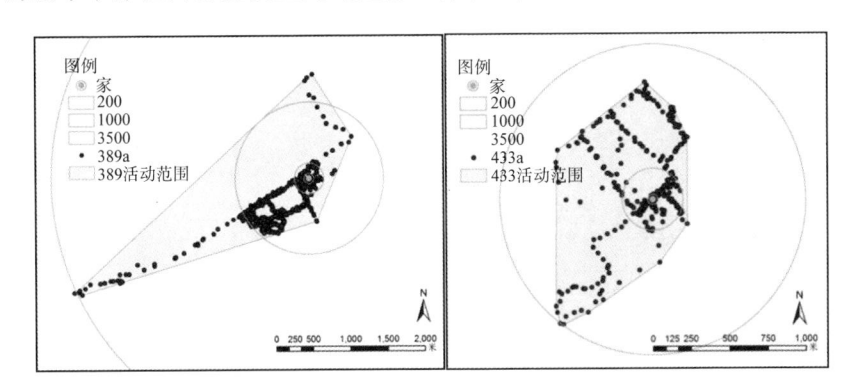

图 8 - 1 389 号(左)及 433 号(右)老人一周出行活动定位点及空间布局

将延吉新村街道四个居委(内江新村、延吉四村、延吉五六村和控江西三村)的老年人一周出行活动定位点及出行空间的最小凸多边形叠加(图 8 - 2),可以从总体层面了解老年人日常行为的特征,消除由于个体社会经济属性、生活习惯等因素带来的行为差异。为探索以居住地为中心的日常出行活动的空间形态及距离,本节将所有个体老年人的家庭居住地重叠至一点。在空间形态方面,老年人日常活动的高频区通常围绕家庭居住地呈面状铺开;而低频区则沿着城市街道向外延伸,空间形态以点要素和线要素为主,且存在一定的方向偏好。在空间距离方面,老年人在调研一周内最远的出行距离居住地约 27 185 米,属于低频低概率出行;超过 50% 的出行集中在居住地周边 200 米范围内,可见老年人对以家为中心的社区空间的依赖性;居住地 3 000 米范围内囊

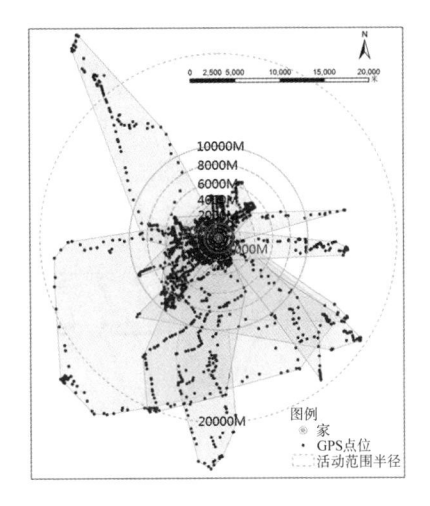

图 8 - 2 老年人一周出行活动空间叠加

括了90%的老年人出行-活动点；而老年人出行活动最为集中的空间范围为居住地周围1 000米，其占比为80.9%（图8-3）。

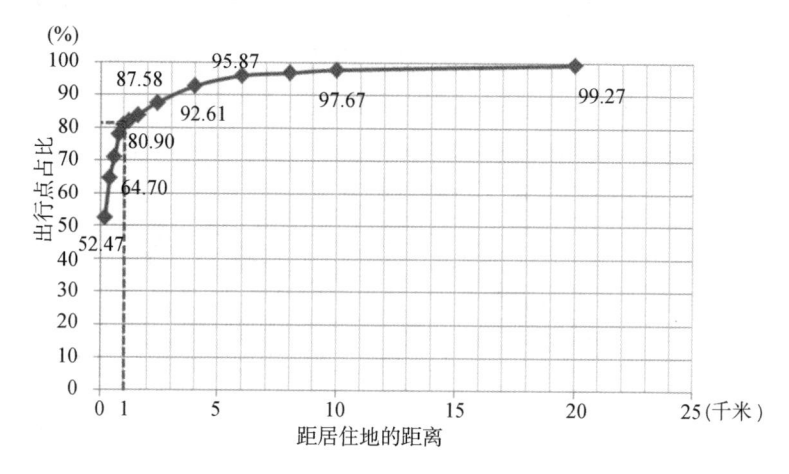

图8-3 老年人出行活动的空间距离与相应占比

（二）按性别分类的老年人出行活动空间

将老年人日常出行活动按性别分类研究，比较其空间特征（图8-4）。由出行空间圈层的分析可知：男性和女性一周最远的出行距离都超过了20公里；16名男性中，将近80%的出行集中在800米范围内，而24名女性中近80%的出行集中在1 000米范围内。从空间距离的角度来看，男女差距不明显；从空间分布的角度来看，男性出行活动空间更加集中，而女性出行活动空间分布更广、更分散。

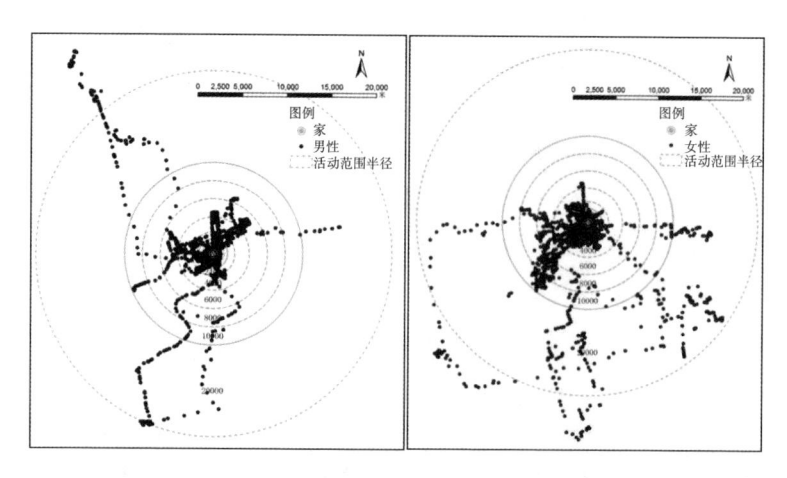

图8-4 延吉新村街道不同性别（图左：男性；图右：女性）的老年人出行活动空间

(三) 按年龄分类的老年人出行—活动空间

将老年人日常出行活动按年龄分类，比较其空间特征(图 8-5)。在参与调研的老年人中，60—69 岁的共 26 人，70—79 岁的共 11 人，80—89 岁的共 3 人。第一和第二年龄区间的老年人一周最远出行距离均达 20 千米左右，第三年龄区间的老年人仅为 2.4 千米左右。在 1.2 千米范围内，三个年龄区间的老年人出行分别占比 77.84%、90.6%和 90.22%；如果以 90%为临界，则 60—69 岁的老年人日常出行活动主要集中在居住地周边 4 千米范围内，70—89 岁的老年人则集中在居住地周边 1.2 公里的范围内。可见，年龄因素很大程度上影响着老年人的出行活动空间；年轻老年群体的出行距离明显大于高龄老年群体，其长距离出行较为频繁，活动空间范围广，分布分散而均匀；随着年龄增加，老年人的活动空间逐渐缩小集中。在某种程度上，年轻老龄群体的移动性不降反升(图 8-5 上左)。

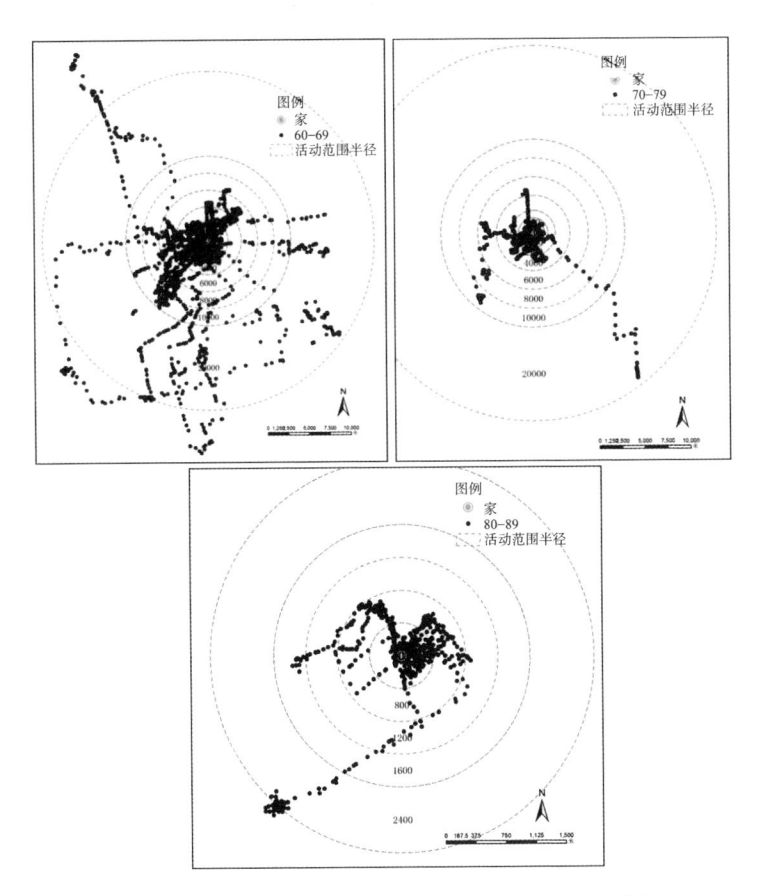

图 8-5　延吉新村街道不同年龄段的老年人出行活动空间

(四)按居住状态分类老年人出行活动空间

将老年人的居住状态分为独居和非独居,比较分析两者的出行活动空间特征(图8-6)。在延吉新村街道参与调研的老年人中,独居与非独居老人的比例为82.5%:17.5%。统计结果显示,独居老人80%的出行集中在距家800米范围内,最远出行距离为10公里;而非独居老人集中在距家1200米范围内,最远出行距离为27公里。可见,非独居老年人的出行活动明显更加活跃,空间分布更加分散。

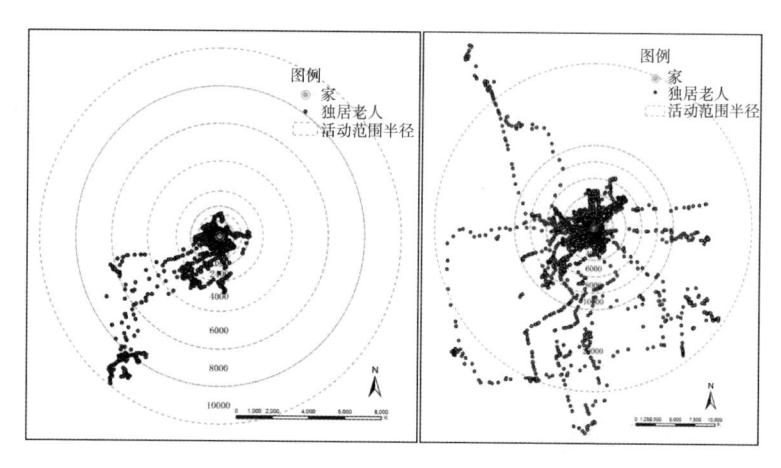

图8-6 延吉新村街道不同居住状态的老年人出行活动空间(图左:独居,图右:非独居)

二、出行活动的时空分布

本节将老年人一周的GPS空间定位点与时间属性、城市空间要素相联系,分析老年人日常出行活动的时空间分布特征。

由于GPS数据的采集频率为60秒一次,因此GPS定位点不仅记录了空间坐标,还具有相应的时间属性。GPS定位点密集的地方,其空间使用密度和时间使用密度也相对较高。本节将通过点要素的密度分析,反映老年人一周出行活动的时空间密集特征。

(一)时间-距离-时空密度

将延吉街道40位老年人的出行活动数据按照时刻和出行距离进行统计,得到如下的时间-距离-时空密度图(图8-7)。

在时间属性上,可以观测出老年人日出行的两个明显高峰期,分别是8—11点和下午13—17点,同时在18—20点也会出现一个傍晚出行小高峰。此结果与问卷调查结果基本一致。在早高峰8—11点期间,老年人的出行频率相较于下午和晚上最高,占一周总出行的33.5%;小于0.8千米的短距离出行以及超过3千米的长距离出行频次也最高。13—17点之间的出行占一周总出行的29.6%;在此期间,1.5—3千米之间的中长距离出行发生频次最多。傍晚18—20点的出行多为短距离出行,其中82.2%的出行集中在距离居住地800米范围内,76%的出行集中在距离居住地400米范围内。

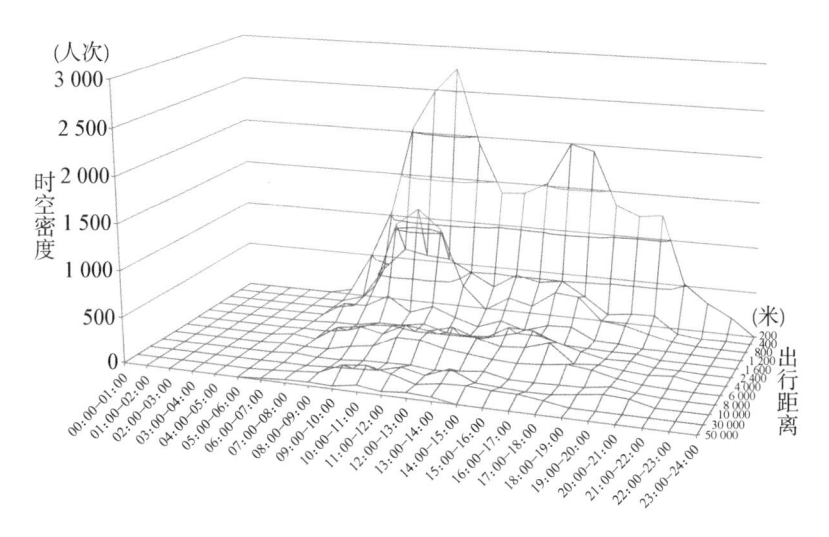

图8-7 老年人出行活动的时间-距离-时空密度分布图

按照三个出行高峰时间段分类,将老年人的出行活动进行可视化处理,可得到下图(图8-8)。在时空密度的分布上,早高峰期的出行活动密度最大,活动空间范围覆盖最广,短距离及长距离出行发生的频次最高;下午高峰期间,中长距离出行发生的频次最高;傍晚高峰期间,老年人的出行活动大多数集中在居住地周边,属于近距离出行活动。综合来看,从早到晚,老年人的出行活动呈现由分散向集中转变、由长距离向短距离转变、由高密度向低密度转变的空间特点。

(二) 时空密度-空间类型

GPS定位点的密集程度揭示了老年人出行活动的时空密度。将时空密度分布与城市空间数据叠加,就可以了解不同时空密度对应的空间类型,进而分

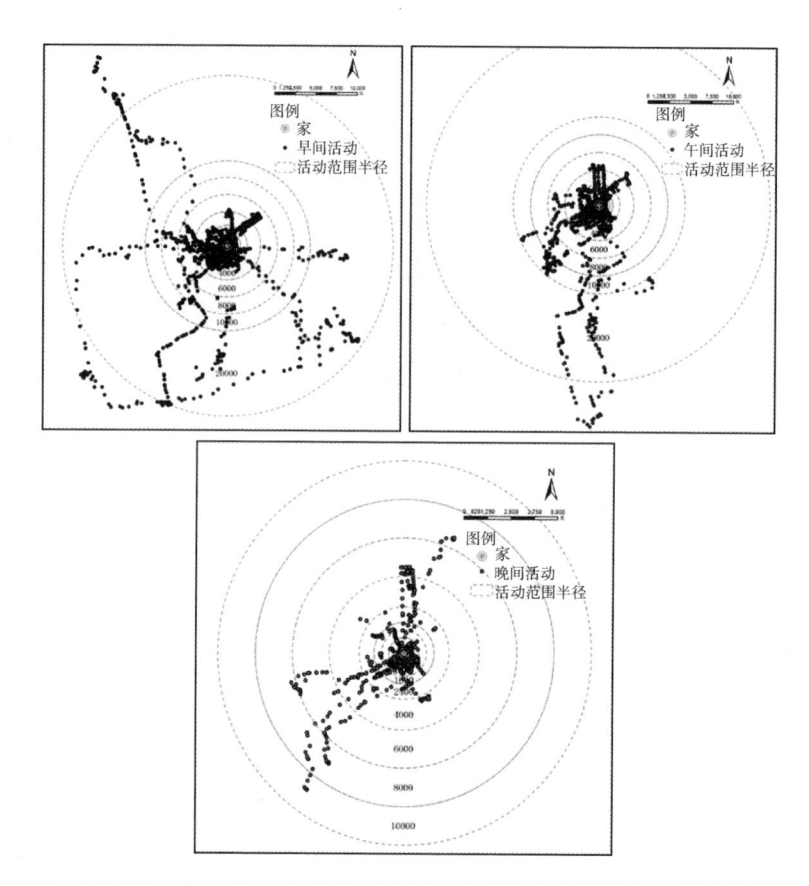

图 8-8 延吉新村街道三个出行高峰时段下的老年人出行活动空间
（上图左：8—11 时，上图右：13—17 时，下图：18—20 时）

析老年人对不同空间类型的使用特征。ArcGIS 的核密度分析功能可以根据点密度的分布而产生连续平滑的颜色深浅变化，运用于本研究中能够直观地反映老年人日常出行活动的时空聚集情况。

将两个街道 70 位老年人一周的 GPS 数据合并后导入 GIS，对其进行核密度分析，结果如图 8-9 所示。图中密度大小与四个因素有关：出行人数、出行频率、出行方式（出行速度）和停留时间。由于 GPS 拾取点的时间间隔大致相等（时间间隔为 60 秒左右），因此在同样的空间范围内，出行速度越慢或者停留的时间越久，其点的密度就越大。随着点密度的由大到小，图中的颜色呈现由深至浅的变化。观察可知，图中的深色区域主要集中在居住地周围，体现出老年人出行活动的高集聚性；部分深色区域分布于居住地外围较远处，形成密度次峰值;同时图中存在大量浅色区域,在这些区域中,老年人的出行活动次数较少、频率较低、随机性高,受微观个人因素的影响较大。排除这些浅色的低密度区域,聚焦于老年人的日常活动范围(图8-10)。

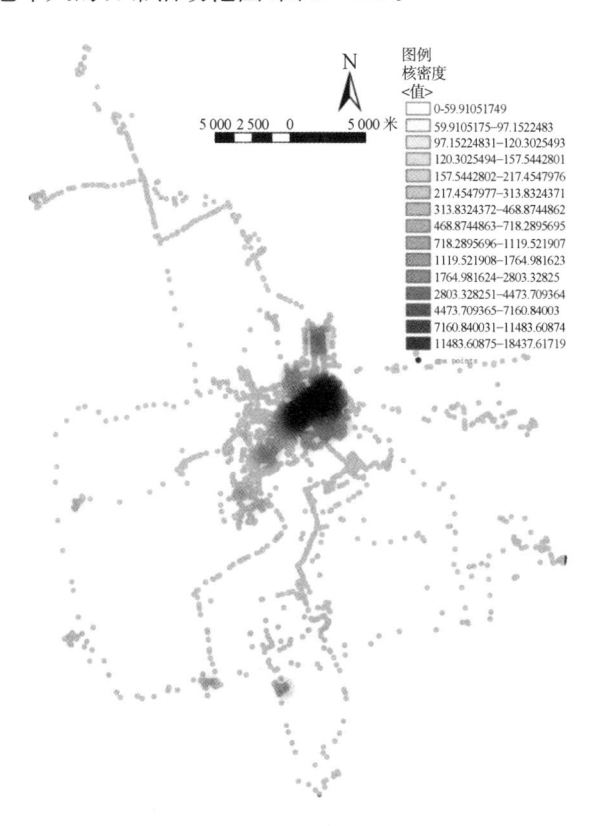

图8-9 老年人出行活动的核密度图像

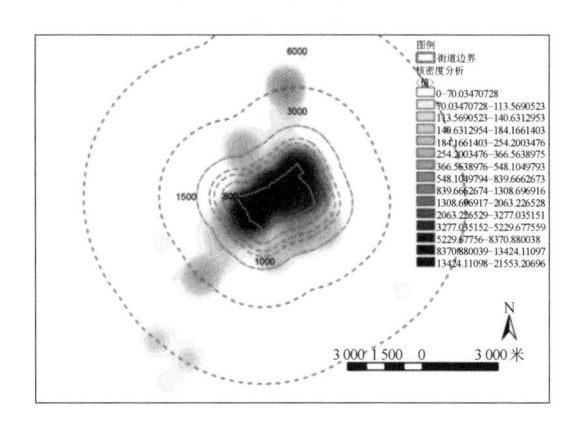

图8-10 老年人出行活动的中高时空密度分布区

图 8-10 中的边框为两个街道的行政物理边界,虚线边框为街道物理边界外不同距离的缓冲圈层。整体来看,老年人日常活动的时空密度可以分为三个梯度:街道物理边界外 500 米以内的范围;街道边界外 500—6 000 米;6 000 米外的其他区域。

在街道边界外 500 米的范围内,老年人的出行活动时空密度最高,涵盖了其日常生活所需的大部分内容,表现出临近居住地、活动人数多、频率高、以慢行为主等特征。在街道边界外 500—6 000 米的范围内,老年人的出行活动人数和频率上相较于第一梯度减少,同时出行距离和方式增多,活动类型为日常生活的延展。而在街道 6 000 米之外,老年人的出行活动表现出极大的随机性,依赖机动交通出行,出行目的以休闲度假、办理事务等非日常事务为主。第一、二梯度的活动空间具有明显的集聚性和连续性,第三梯度则呈现"飞地"的空间特征,这是由于老年人在出行过程中较多依赖快速机动交通,其出行速度较快而形成了低密度凹地。

将老年人出行活动的时空密度图与城市空间数据相叠加,以便进一步探讨不同时空密度下的空间类型及老年人的使用特征(图 8-11)。

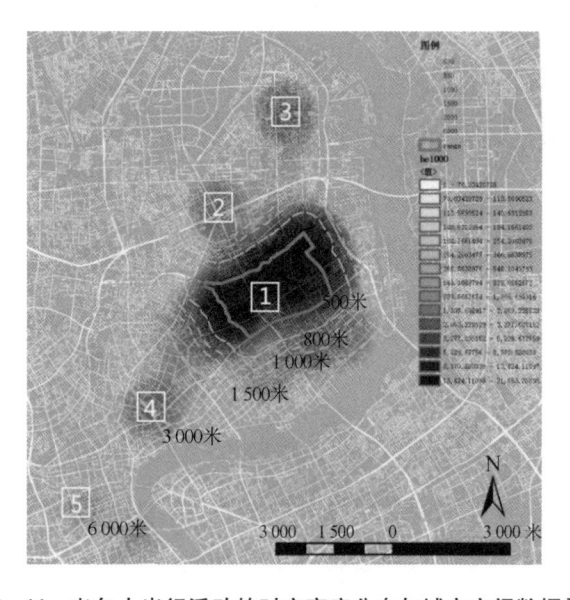

图 8-11 老年人出行活动的时空密度分布与城市空间数据叠加

时空密度峰值对应着五个不同区域(图 8-12)。1 号区域中 GPS 点的分布密集且均匀,其范围包括延吉新村街道和控江路街道以及外围 500 米的空间,用地性质混合多样,主要为居住用地,同时包含相关的生活服务设施,如社区商业配套、教育配套、公园绿地、医院诊所等。2号区域为五角场副中心,其用地性质主要为商业用地。3号区域为殷行街道市光路周边,主要为居住用地;结合GPS点的分布,老年人的出行活动范围主要集中在工农三村、市光四村等居住小区。4号区域为虹口区嘉兴路街道,主要为居住用地,结合GPS点的分布,老年人的出行活动主要集中在几个商品房小区。5号区域为人民广场商圈,主要为商业用地和绿地广场。

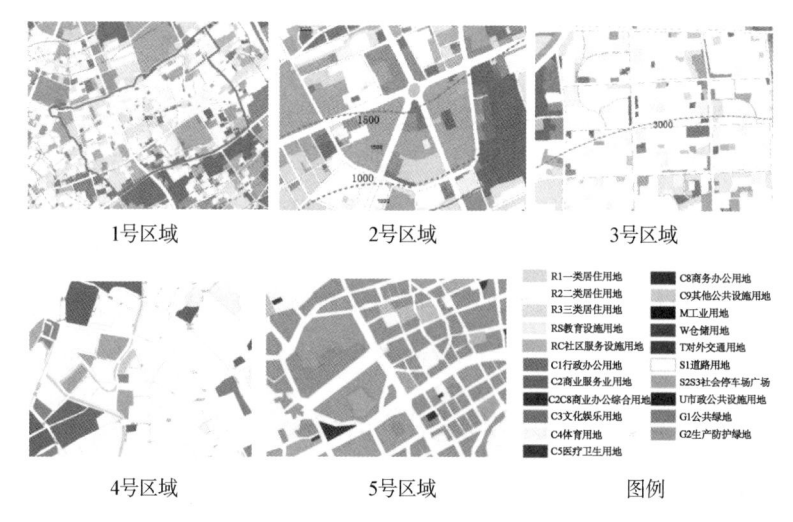

图8-12 老年人出行活动时空密度峰值对应的用地现状

资料来源:笔者根据上海市2012年各区土地使用现状图整理绘制。

由此可见,老年人日常出行活动的空间大致可以分为两类:居住生活空间、购物休闲空间,其中居住生活空间用地性质混合多样,老年人的活动类型最为综合,包括社区级的购物、锻炼、休闲、接送孙辈及日常就医等。值得注意的是,老年人活动涉及的居住生活空间包括两个层次,第一层是自己居住地所在的居住区,第二层是因探亲访友而衍生出的远离居住地的居住区。GPS数据显示,后者在老年人的日常生活中也相当重要(具体原因会在下一章节探讨)。将两个层次的居住生活空间相比较,可以发现老年人在后者的活动类型相对简单(如简单的购物、娱乐等),活动范围非常集中。购物休闲空间单指等级较高、规模较大的商业片区,如图8-12中GPS时空密度峰值对应的五角场商圈和人民广场商圈。通常情况下,购物休闲空间距离老年人居住地有一定的距离,老年人在购物休闲空间的活动目的明确,活动类型单一,但是停留时间更长、购物休闲体验更丰富。

第二节 基于访谈的老年人中长距离出行活动分析

在上述研究的基础上,对应不同的时空间特征,将老年人一周的出行活动分为两大类:惯常行为和随机行为。惯常行为是指老年人在相对熟悉的生活环境中进行反复性的、规律性的活动,是其日常生活已形成的惯例;随机行为是指老年人由于特殊目的而进行的针对性较强、出行成本较高、带有一定随机性的活动,通常随机行为的出行距离较远、活动频率较低、规律性较弱。

GPS 数据显示,老年人一周的出行活动中(包括惯常行为)有相当一部分跨越了社区、街道范围,距离居住地较远。为了了解老年人选择中长距离出行活动的原因,分析其出行活动的决策机制,本研究选取了 10 例具有代表性的老年人出行轨迹,以访谈的形式进行深入分析。

一、惯常行为中的中长距离出行活动

惯常行为中也包含一些中长距离的出行活动,它们既具有反复性和规律性,又需要消耗较高的出行成本,不符合传统观念中老年人日常生活的就近原则,需要依赖自行车及公交、地铁等出行方式。为此,研究选取了 6 个案例进行访谈。

(一) 购买食品

以编号 407b 的调研老人为例(表 8-1):性别女,年龄 67 岁,家住控江路街道凤城二村。在她一周的出行活动中,除了居住地 500 米范围内的凤城菜市场及小店,购买食品的主要场所还包括 1 700 米之外的大润发超市。在居住地 200 米范围内的长岭菜市场由于价格较贵,而被 407b 号老人排除在选择之外。经访谈可知,407b 号老人去大润发超市的频率是每 2—3 天 1 次,出行方式大多是乘公交车,有时也会步行;由于老年人的可支配时间充裕,其选择购物场所的主要原因是价格和种类,其次才考虑出行成本。在调研的老年人中,跨街道购买食品的行为非常普遍。

表 8-1 惯常行为——购买食品

样本号	407b
性别	女
年龄	67
街道	控江路
住址	凤城二村
日期	2018 年 1 月 9 日
目的地	大润发
出行距离	1.7 千米
出行时刻	15:30
出行方式	公交车/步行
单程时耗	25 分钟
出行目的	购买食品
出行频率	2—3 天/1 次
选择原因	(1)规模较大,商品种类多;(2)价格便宜;(3)公交直达

(二) 文娱活动

以编号 404 的老人为例(表 8-2):性别女,年龄 66 岁,家住延吉新村街道控江西三村。GPS 轨迹显示,404 号老人一周有两次到控江路街道凤城二村进行长时间的停留活动,研究对这种有规律性的跨街道活动进行了针对性访谈。

表 8-2 惯常行为——文娱活动

样本号	404
性别	女
年龄	66
街道	延吉新村
住址	控江西三村
日期	2017 年 12 月 21 日
目的地	凤城二村
出行距离	1.4 千米

(续表)

出行时刻	8:40
出行方式	自行车/步行
单程时耗	10分钟
出行目的	合唱
出行频率	7天/2次
选择原因	陪同好友,便于交流。

经访谈可知,404号老人每周在控江路街道的合唱团进行两次合唱训练。延吉新村街道同样有此类文娱活动团体,但由于老人的亲朋好友都选择控江路街道合唱团,出于陪伴、交往的心理,居住于延吉新村的404号老人加入了其他街道的活动团体。可见,老年人对于文体娱乐活动的选择并不以就近原则为主,而是注重朋友间的陪伴、交流与互动。在文娱活动方面,老年人在不同街道、社区间的交流体验是其主动选择的结果。

(三) 看病就医

编号427的老人在调研一周内三次到长海医院(表8-3)。长海医院位于五角场镇,距离427号老人的居住地控江西三村3公里远。经访谈可知,老人的医保定点医院为长海医院,同时在长海医院也有较熟悉的医生。故,虽然长海医院距离较远,需步行转公交,但427号老人仍然将其作为日常就医医院。在通常情况下,427号老人到长海医院的频率为一周1—2次。可见,在实际生活中,老年人对医疗设施的选择会考虑多方面因素;在公共交通便捷的情况下,老年人的移动性提升,对于医疗设施的使用具有更多选择权。

表8-3 惯常行为——看病就医

样本号	427
性别	男
年龄	66
街道	延吉新村
住址	控江西三村

(续表)

日期	2017年12月28日
目的地	长海医院
出行距离	3千米
出行时刻	8:30
出行方式	步行+公交车
单程时耗	30分钟
出行目的	看病就医
出行频率	7天/1—2次
选择原因	(1)医保地点在长海医院;(2)有熟悉的医生;(3)公交30分钟可以接受

(四) 家庭照料

前文的研究表明,老年人日常活动涉及的居住生活空间包含两个层次:自身居住地所在的居住区;因探亲访友而衍生出的其他居住区。两个层次的居住生活空间均对应着老年人出行活动的时空密度峰值,因此,本节对往返于不同居住区的行为轨迹进行了深入探讨,结果发现:老年人,尤其是年轻的老年群体,在退休之后承担了更多家庭照料的责任和义务。家庭照料成为老年人典型的惯常行为之一。相比于传统的隔代家庭,以家庭照料为惯常行为的老年人并不与照顾对象住在一起,而是有规律地往返于两个家庭之间。

432号老人独自居住在延吉新村街道的内江新村,在一周的日常生活中,老人每隔一天就会前往4.2公里外的女儿家,为其做饭、打扫卫生(表8-4)。通过访谈得知,照料女儿家庭已成为她日常生活的一部分,从女儿怀孕到外孙女出生,她每周去女儿家3—4次。因为需要承担买菜、接送孙女的任务,432号老人在平凉路街道锦杨苑小区周边也进行购物、散步和接送孙辈等活动,这就形成了第二层次的居住生活空间。老人表示40分钟的公交出行基本可以直达,较为便利。

表 8-4　惯常行为——照料家庭(1)

样本号	432
性别	女
年龄	69
街道	延吉新村
住址	内江新村
日期	2017年12月22日
目的地	女儿家
出行距离	4.2千米
出行时刻	8:00
出行方式	步行+公交车
单程时耗	40分钟
出行目的	家庭照料
出行频率	7天/3—4次
选择原因	(1)照顾女儿家庭(有外孙女);(2)时间充裕;(3)公交比较方便

433b号老人在一周的调研中5次到达6.5千米外的殷行路街道工农三村,并在那里长时间(8小时左右)停留(表8-5)。经访谈可知,老人的儿子和儿媳刚生子,作为奶奶,433b号老人每个工作日都会去儿子家帮助照顾儿媳和孙子。她通常早上出发,下午或晚饭后回到凤城二村,出行方式为地铁8号线,出行时间在30分钟左右。同样,老人在工农三村附近也会进行购物、带孙子就医等活动。

表 8-5　惯常行为——照料家庭(2)

样本号	433b
性别	女
年龄	61
街道	控江路
住址	凤城二村
日期	2018年1月11日
目的地	儿子家

(续表)

出行距离	6.5 千米
出行时刻	6:50
出行方式	步行＋地铁
单程时耗	30 分钟
出行目的	家庭照料
出行频率	7 天/5 次
选择原因	(1)照顾刚出生的孙子;(2)时间充裕;(3)地铁便利

439 号老人在一周的调研中 2 次到达 5.5 千米外的殷行路街道闸二小区附近(表 8-6)。经访谈得知,老人的父亲原来居住在闸二小区,从 2016 年起进入了附近的杨浦区中原新汇湾敬老院,他每周去探望老父亲的频率是 1—2 次,出行方式是公交车。在调研的 70 位老人中,将照顾长辈作为惯常行为的有三例,频率从一周 7 次到一周 1—2 次不等。

表 8-6 惯常行为——照料家庭(3)

样本号	439
性别	女
年龄	72
街道	延吉新村
住址	延吉五六村
日期	2017 年 12 月 23 日
目的地	父亲家(殷行路街道)
出行距离	5.5 千米
出行时刻	8:30
出行方式	公交车
单程时耗	45 分钟
出行目的	家庭照料
出行频率	7 天/1—2 次
选择原因	(1)照顾父亲;(2)公交便利

总的来说,老年人因需要照料后代家庭及长辈家庭而产生的规律性出行相当普遍。老年人在退休后承担了更多的家庭照料责任,部分老人甚至因照料家庭而形成了有规律的"通勤行为"。

二、随机行为中的中长距离出行活动

与惯常行为相比,老年人的随机行为带有不确定性,往往是出于某一特殊目的而进行的长距离、探索性行为。研究选取了4例长距离随机行为进行访谈。

(一) 休闲娱乐

休闲娱乐包括购物、聚餐、郊游等活动。其中,休闲娱乐型的购物与惯常行为的购物很不一样,经常是带有探索性、娱乐性的结伴逛街,活动空间也超出了日常生活的熟悉范围。通过观察老年人的出行活动轨迹可知,其休闲娱乐的频率虽然不高,但却是一种普遍现象。据不完全统计,参与调研的70位老人所涉及的休闲娱乐空间包括中心城区的各大商圈,如五角场、虹口足球场、人民广场、浦东新区等商圈,也包括外围的一些小镇,如七宝古镇、月浦镇等。

以407b号老人为例(表8-7):在调研期间的周末,老人与朋友在浦东进行聚会,其出行方式为公交车,出行时耗为1小时左右。经访谈可知,老人每个月会与朋友进行1—2次聚会聊天,对于聚会时间和地点的选择随机性很大。

表8-7 随机行为——休闲娱乐

样本号	407b
性别	女
年龄	67
街道	控江路
住址	凤城二村
日期	2018年1月13日
目的地	聚会地
出行距离	10.5千米
出行时刻	9:00
出行方式	公交车

(续表)

单程时耗	55分钟
出行目的	聚餐、聊天、饮茶
出行频率	随机
选择原因	随机选择

(二) 看病就医

GPS轨迹显示，老年人对医院设施的使用分为两种，一种是日常使用的医院，距离居住地较近；另一种距离居住地很远。经访谈可知，老年人选择远距离就医出行的原因往往是突发疾病，需要针对性的治疗手段；此时，距离远近和就医习惯不再成为影响其行为的主要因素，医院的功能等级和治疗效果是其考虑的重点。

399b号老人居住于凤城三村，其周边配置的医院包括新华医院、杨浦区控江医院。在一周调研的时间里，老人的出行轨迹覆盖了位于静安区的上海市中医医院(表8-8)。经访谈可知，老人来到上海市中医医院的目的是带孙子看病，而选择长距离就医出行是因为中医医院在治疗小儿流感发热上具有较好的口碑。此次就医出行的距离是7.8千米，出行方式为公交车，出行时耗50分钟。老人表示，平时也会去新华医院看病，但这次孙子流感严重，故而选择了中医医院。

表8-8 随机行为——看病就医

样本号	399b
性别	男
年龄	68
街道	控江路
住址	凤城三村
日期	2018年1月5日
目的地	市中医医院
出行距离	7.8千米

(续表)

出行时刻	12:20
出行方式	步行＋公交车
单程时耗	50分钟
出行目的	带孙子看病
出行频率	随机
选择原因	(1)得病严重程度;(2)医院的治疗效果及口碑

(三) 探亲访友

探亲访友和家庭照料是两种行为,前者带有随机性,后者具有反复性和规律性,是老年人家庭角色的一种普遍体现。

以424号老人探亲轨迹路线为例(表8-9)。老人探亲的出行方式为公交车,中间需要多次换乘。单程出行时间为3小时30分钟。经访谈可知,424号老年人回崇明探亲是出于对老家的思念,总的来说其探亲行为在时间和频率上都有较大的不确定性。

(四) 特殊日期的相关事务

受调研日期的影响,研究发现老年人的出行活动在特定日期、时间上具有群体共性。2017年12月22日是冬至,在此前后,参与调研的部分老年人进行了寺庙祭拜、扫墓、祭祖等活动。经访谈可知,冬至祭祖、扫墓是上海市老年人的传统习俗,而老年人的出行轨迹恰好也印证了这一点。

以388号老人为例(表8-10):老人在家人的陪同下于12月23日周六进行祭祖、扫墓,其扫墓地点在上海市浦东新区川沙镇永安公墓,出行方式为私家车出行(老年人的子女开车),单程出行时间为30分钟左右。祭祖之后,老人又和家人来到七宝古镇游玩。老人表示,在特殊日期或节日时,他们常常以三代家庭为单位组织活动,而冬至扫墓也是他们一直遵循的传统习俗。

表8-9 随机行为——探亲访友

样本号	424
性别	男

(续表)

年龄	62
街道	延吉新村
住址	延吉五六村
日期	2018年1月5日
目的地	崇明长乐二村
出行距离	110千米
出行时刻	07:30
出行方式	公交车(多次换乘)
单程时耗	3.5小时
出行目的	探亲
出行频率	随机
选择原因	随机

表8-10 随机行为——特殊日期的相关事务

样本号	388
性别	女
年龄	62
街道	延吉新村
住址	内江新村
日期	2017年12月23日
目的地	永安公墓
出行距离	22千米
出行时刻	12:20
出行方式	私家车
单程时耗	30分钟
出行目的	扫墓
出行频率	—
选择原因	(1)冬至前后;(2)周末

总体来看,在老年人的惯常行为中:以购买食品为目的的中长距离出行非常普遍。老人在时间充裕的情况下,购物时主要考虑的因素是价格和种类,其次才是出行成本;对于以文体娱乐为目的的团体活动,老年人注重与亲朋好友的交流互动,在行为决策时更容易因为个人原因而忽略出行距离的影响;老人对医疗设施的选择会综合考虑多方面因素,在交通便利的情况下,老年人对医疗设施的出行成本容忍度较高。

家庭照料成为老年群体的一个典型惯常行为。可支配时间的充裕使得老年人既能够承担照顾后代家庭或长辈家庭的责任,又能保有独立的生活空间,因此形成了有规律性的、往返于两个(或多个)家庭之间的日常出行。家庭照料行为使老年人在两个及以上数量的居住小区周边形成了高时空密度的活动空间,以便进行买菜、散步、接送孙辈等活动。但是,相较于自身居住的小区,老年人在其他小区周边的活动空间更集中,活动类型更简单。

老年人的随机行为可以分为休闲娱乐、看病就医、探亲访友和其他重要事务等。通过访谈可以发现有如下特点:随机行为的出行距离较远、活动空间分散、涉及范围广;出行成本更高、出行方式更多样;行为决策的影响因素、出行时间和频率都具有较大的不确定性。

结果表明,虽然老年人进行中长距离出行活动的频率相较于短距离出行活动较低,但仍是一种普遍现象。这充分反映出老年人的日常出行活动空间是有层次的,老年人期待对生活空间和服务设施有更多的选择权,对高移动性有着客观的需求。除了对生活服务设施的使用需求外,老年人对社会交往与联系也有着更高的需求。

> # 第三编
>
> # 老年人社区生活圈的体系构建

基于本书第一编和第二编的研究内容，将定性归纳和定量测度相结合，构建老年人社区生活圈的内容体系。目标准则部分，明确了老年人社区生活圈的基本内涵、指导思想、发展目标和规划导向。内容指标部分，确立了老年人系统、社区空间系统、社区服务系统、营造主体系统和社区管理系统等五大基本系统，以及社区空间和服务系统的功能指标。空间层级部分，结合 GPS 定位和空间行为测度，划定了老年人社区生活圈的空间层级（包括基础自足圈层和交流共享圈层等），并确定了各圈层的主要功能空间与内容。

第九章
老年人社区生活圈构建的目标准则

第一节 基本内涵

生活圈不是行政区划的结果,也不受规划偏好的影响,而是城市居民活动在地域空间上的真实映射——这是国内外学者对生活圈内涵的基本共识。然而,目前国内学者们对生活圈概念的界定并不统一:部分学者从功能角度定义生活圈,部分学者以时间和空间距离来定义,还有部分学者通过将居民的出行特征与城市公共设施的服务半径相结合来定义生活圈概念。

本章试图聚焦老年人这一特定群体,以老年群体的时空间行为特征为基础首先界定其日常生活圈。由于老年人的日常出行活动具有不同的时空间特征——其出行距离有远有近,频率有高有低,出行和活动时间有长有短,因此在空间上呈现出不同层次的时空间密度分布。相应地,老年人日常生活圈也具有多尺度、多等级的空间圈层结构。其中,距离老年人居住地最近,空间类型以居住生活类空间为主,在空间分布上具有聚集性和连续性特征,涵盖了老年人日常生活所需的大部分内容的圈层,本研究称之为老年人"社区生活圈"。

可以说,社区生活圈是承载老年人包括购物、休闲、养老、社会交往等最基本社区生活的空间载体,既包括居住空间、公共空间、交通出行、日常设施等硬环境支持系统,也包括社区活动、社区服务等软环境支持系统。它是老年人开展个人生存和活动的基本单元,客观反映了空间配置与居民行为的互动关系。此外,对老年人精神和心理上的归属探讨也是探索社区生活圈的内涵之一。

第二节 指 导 思 想

老年人社区生活圈的构建以"以人为本""社会公平公正""差异精细化"为基本指导思想。

一、"以人为本"原则

在老年人社区生活圈的构建中,坚持"以人为本"的基本原则,是对中国城市发展长期以来所提倡的"以人为本"的城市生活理念的延续、传承与提升。社区生活圈的核心是"人",无论是其发展理念或是构建原则,都是以人的需要为目的,这是社区生活圈理论的最基本前提之一。

二、"社会公平正义"包容性原则

社会公平和社会正义是两个层面的内容。一方面,社会公平理念是建立在各个社会群体的能力和需要相同的基础上的,因而强调人人都应该享有平等的基本社会公共服务的权利;另一方面,社会正义理念关注到各个社会群体的能力和需要是不同的,因而提倡基本社会公共服务应当向特定的社会弱势群体倾斜,体现了更为进步的社会发展理念。[1] 其中,空间正义又是"社会正义"这一概念在空间环境上的映射。因此,老年人社区生活圈的构建,对老年人这一弱势群体的关注,体现了社会主流意识向弱势群体报以人文关怀的社会进步历程。老年人社区生活圈中一定程度上关注了公共服务设施的分布是否向老年人这一特定群体利益倾斜。另外,老年人社区生活圈的社会公平、公正还体现在,以一个特定群体的需求视角,演绎城市社区内不同群体特异性特征与生活需求,是如何呈现在一个社区生活圈内的;当不同群体的需求在空间或服务上

---

[1] 唐子来、顾姝:《上海市中心城区公共绿地分布的社会绩效评价:从地域公平到社会公平》,《城市规划学刊》2015年第2期。

的实现产生矛盾或不兼容时,如何采取最基本保障基准,适当维护弱势群体的利益。

三、"差异精细化"实施原则

"差异精细化"实施原则体现在两个方面。一方面,关注"老年人"与其他群体的区别,老年人群体有其区别于其他居住者或使用者的特殊性。同时,老年群体内部,不同个体也具有差异性,会在日常生活中表现出差异化需求。在当今城市社区转型、注重居民生活"质"的提升的背景下,更应该对这些"差异"精细化甄别,在社区公共服务设施、社区空间布局以及社区服务组织等方面进行精细化规划与实施。另一方面,"地"的差异性,即实施载体的差异性,指社区所在的区位相同带来的构建差异。中国不同城市、同一城市的不同片区、同一片区的不同社区,都有其地域特性与文化价值内涵。针对每个社区,都应该仔细甄别其地域特色、城市文化特性和社区底蕴,以及该社区的人口差异、设施条件、社会组织及政策财政来源等等天时地利、人力物力的差异。"差异精细化"原则要求在坚持统一的发展理念、构建原则与主要建设标准指引纲要的前提下,在具体规划编制和实施任务的深度、主体、方式方法以及相关政策上体现出差异性。

第三节 发 展 目 标

在既有研究的基础上,结合老年人日常生活需求和行为特征的调研,研究提出构建"健康、宜居、关怀、协同、开放、共享"的老年人社区生活圈发展目标。

一是健康。"不仅指没有疾病或虚弱、生理功能完善和生理机能的正常,更是一种完全的身体、精神和在社会中自如顺遂的状态",[1]这是对老年人而言公认的首要目标。

二是宜居。其本质应当是以实现"健康老龄化"为目标的各种环境状态的综合。美国家庭照顾政策研究中心(CHCPR)提出宜居社区的四个主要构成要

---

[1] International Organization, Constitution of the World Health Organization, Signed on July 22, 1946, in New York City, *International Organization*, 1(1), 1947, pp. 225–239.

素:满足老年人的基本居住安全需求(Security)、促进老年人身心健康及增强其幸福感(Health)、尽可能让身体衰弱或残障老年人独立生活(Independence)、促进老年人参加社会活动及公众参与(Participation)。

三是关怀。实现老年人的健康生活与建造宜居环境,离不开社会、政府与公民对老年群体的"人本"关怀。关怀有三层含义。第一,必须有主观能动的人伦理念,才能有后续的行动实施;第二,关注老年人具体需求与落实具体做法时富有温度的人文态度;第三,除了关心老年人的生理需求,更需要深入老年人的内心世界,使老年人发自内心感到健康从容。

四是协同。要实现以上三点,光靠社区的力量是不够的。无论是日常生活服务设施的建设,还是社区服务的提供与管理,都需要各方力量的协同合作。要加强政府、社会、社区与居民的联系,提升社区治理能力,离不开多元主体在社区生活圈层面的协同。

五是开放。以往的社区建设往往以行政界限为限,在自己的一亩三分地中进行"封闭式"社区建设,而开放是一种逐步打破既有条条框框束缚的、自内而外的过程。跨越行政边界和独立空间单元的束缚,以老年人实际的日常生活范围为治理单元,将整个社区生活圈内部系统对外开放。开放的社区生活圈,既指生活空间单元能反映居民实际生活、设施供给与居民需求能产生动态关系、空间地域资源配置上的开放,又指社区营造与治理对社会和民众开放,强调要构建多元主体共治(协商治理)的模式,把社区党组织、社区居委会、社区企事业单位等多方主体集合起来,通过合理的制度安排,组织展开协同营造,从而增强社区建设的开放程度,增加社区发展的动力。

六是共享。从社区生活圈建设的视角看,坚持发展共享理念具有深远意义。通过有效的制度安排,促进城市范围内社区公共服务的合理调配,使每个社区生活圈的居民尽可能享受到平等的公共服务权利。共享社会资源,关注社会弱势群体,体现了"包容性发展"的思想,居民的归属感、正义感也不断增强。具体而言,老年人居住环境的改造、再建离不开以政府财政为具体表现的社会财富的再分配;社区生活圈交通体系需要在社区内外为所有居民共享;社区生活圈的公共服务设施来自全市设施的共享配置;社区服务也离不开社会、政府和多方群体的共享机制。在社区生活圈内部,一切资源也应秉持公平、公正的原则共享给每位居民。

第四节 规 划 导 向

一、聚焦老年人诉求，加强对"居家养老""社区养老"的关注

面对老龄化的挑战，对老年人健康生活的关注是一个社会文明进步的标志。随着我国人口老龄化程度的加深，以及由于核心家庭结构紧缩导致家庭养老功能的弱化，安全、便捷、舒适的生活环境逐渐成为老年人的核心诉求。

"适宜的住房条件对于年长者更为重要，因为其住所实际上就是其所有活动的中心"。[①] 同样的，由于老年人的出行范围受到体力能力及步行距离的限制，以老年人日常居住出行的主要范围构成的老年人社区生活圈，是老年人活动的中心。而随着时代的发展，老年人在物质和精神需求上呈现出多样化和差异化的特征。以往自上而下注重经济发展和物质空间的社区规划与建设模式，忽视了其在社会保障、社会融合、多元利益协调等方面的职能，空间风险和社会矛盾加剧。因此，老年人社区生活圈不仅仅是实际的空间载体、公共设施与社会服务组织的基本单元，更是一种以服务居民社区生活为目标的公共服务配置方式，是一种新型空间政策工具。老龄化社会背景下，"社区养老"和"居家养老"对社区提出新的要求。构建社区生活圈也是提升政府基层治理能力与服务水平的内在需求。

二、强调社会空间公平正义，体现对老年人的人文关怀

中国社会正呈现出利益群体多元化的态势。而构建和谐包容的城市社区，离不开"空间公正"这一"社会公正"概念在空间环境上的映射。老年人无论从生理机能还是经济收入而言，都是社会中的弱势群体。老年人的日常生活与精神健康需要来自多元社会主体的关注。社区生活圈是老年人居住、生活和实施平等权利的主要载体，因此空间公正的实现离不开老年人社区生活圈的具体落实。

老年人的健康生活质量依靠老年人社区生活圈的合理资源配置保障。同

---

① 老龄问题世界大会咨询委员会：《1982年老龄问题维也纳国际行动计划》，https://www.un.org/chinese/esa/ageing/lstageing.htm。

时，老年人的权益需要合适的政策管理途径落实解决，其生存意义、价值与深层次的精神发展，更需要适宜的组织服务进行关注。因此，老年社区生活圈营造应切实关注老年人的生存与发展，关注社会空间公平正义，体现对老年人真正的人文关怀。

三、强化基层社区多元协同治理，提升社区治理能力与水平

长期以来，政府及其下辖的街道办事处或社区居委会是中国社区最主要的运营主体，也是社区养老最直接的管理者。但是，老年人社区生活服务作为一种公共物品，若完全由政府提供，会出现资源分布不均衡、效率低下的状况；且由于经费或政策原因，政府服务往往以最低标准统一划定，难以实现全区域社会资源最优化调配。

近年来，政府不断尝试通过多方参与的方式来提高社区治理与服务的水平。但当前中国的社区治理还呈现各自为政的局面，缺乏政府、社会的协同治理。因此，老年人社区生活圈需要更全面、更高效、更积极地实现治理与服务。老年人社区生活圈是社区治理的新载体，是中国城市社区转型背景下基层社区治理创新的一种新模式、新形态。老年人社区生活圈的建设，能促进区域内老年人公共服务设施、社会服务和多方力量的合理调配，能将政府、企业、社会资源和社区民生相融合，加强政府、社会、社区与居民的联系，提升社区治理能力。

四、重视公众参与，切实提高老年人社区生活满意度

老年人社区生活圈是公共生活与社会服务的基本单元，是老年人生活的主要区域，老年人社区生活圈的建设能够有效解决社区发展中的很多问题。最早社区生活圈的建设理念就是为了解决当今社区发展中的诸多问题，如行政边界和独立空间单元的束缚；由于僵化的行政边界划定导致的公共服务设施资源配置不合理；由于政府与社区、社区与居民间沟通不畅而产生基层矛盾等，这些问题与居民的生活息息相关，对居民生活产生了很大的影响。同样的，因为老年人身心原因，如行动不便、交流不畅、搜索信息与不知如何寻求帮助的问题，使得老年人的诉求更难在各级管理者之间传送。因此，老年人社区生活圈治理与服务体系的建设，以及通过有效且适宜老年人参与的方式，加强老年人的社区公众参与，可降低社区治理的沟通成本，有效解决上述这些问题，提高老年人社区生活的满意度，促进老年人健康宜居社区生活目标的实现。

第十章

老年人社区生活圈的内容体系

第一节 老年人社区生活圈的总体架构

结合上述老年人社区生活圈的目标准则,以及中国大城市老年人社区的现状,老年人日常生活需求、行为特征和主要诉求,研究提出老年人社区生活圈内容体系的总体架构。

老年人社区生活圈不仅是实际的空间载体、公共设施与社会服务承载的基本单元,更是一种以服务居民社区生活为目标的公共服务配置方式,一种新型空间政策工具。因此,在老年人社区生活圈体系的构建中,不仅要关注各系统要素的内容构成与指标、空间配置等规划方法,还应注意各部分组织体系与运营机制的探讨。

在系统构成上,老年人社区生活圈的基本系统有五个,分别为:老年人系统、社区空间系统、社区服务系统、营造主体系统和社区管理系统(图10-1)。其中,老年人

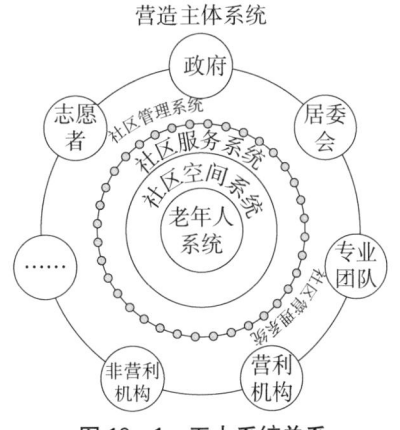

图10-1 五大系统关系

系统是整个生活圈构建的核心,也是直接面对的服务群体和适用对象;两个基础系统是社区空间系统和社区服务系统,社区空间系统是老年人日常社区生活的空间载体,主要是以空间环境为主的硬支持系统;社区服务系统是指社区空间设施之外的软支持系统,是老年人日常社区生活的社会载体。营造主体系统和社区管理系统则是维持老年人社区生活圈运营的重要条件。各系统下有相应的子系统,并根据各子系统细化具体内容指标,以及明确相应的规划策略(图10-2)。

第二节　五大系统主要内容及构建方法

本节将详细阐述每个系统的主要内容及具体构建方法。在构建过程中,应时刻注意各系统协调,尤其注重老年人的公众参与和社区营造。

一、老年人系统

老年人系统是构建社区生活圈的核心,老年人是直接面对的服务群体和适用对象。对老年人系统的研究在前文中已经完成,主要是对老年人日常生活需求和行为特征进行深入解析,为后续系统的构建奠定基础。

二、社区空间系统

(一) 社区空间系统的内容构成

社区空间系统是老年人日常社区生活的空间载体,主要包括老年人居住内环境、居住外环境和社区日常服务设施。居住内环境主要指老年人的住所,主要在居家建筑层面,包括建筑公共环境和建筑私密环境;居住外环境主要指住所外部、居住小区内部环境,比如小区道路、社区内绿地、广场、庭院、休憩座椅、照明等。社区日常服务设施则包括所有支持老年人日常生活的设施,与居住外环境的关注重点不同,主要包括商业设施、物业和民政设施、医疗卫生设施、机构照护设施、交通设施、教育设施、绿地/公园设施、文化/体育/娱乐设施等八类。在每种类别里,按老年人生活需求又可分为各个子类(表10-1、10-2)。

第十章 老年人社区生活圈的内容体系 153

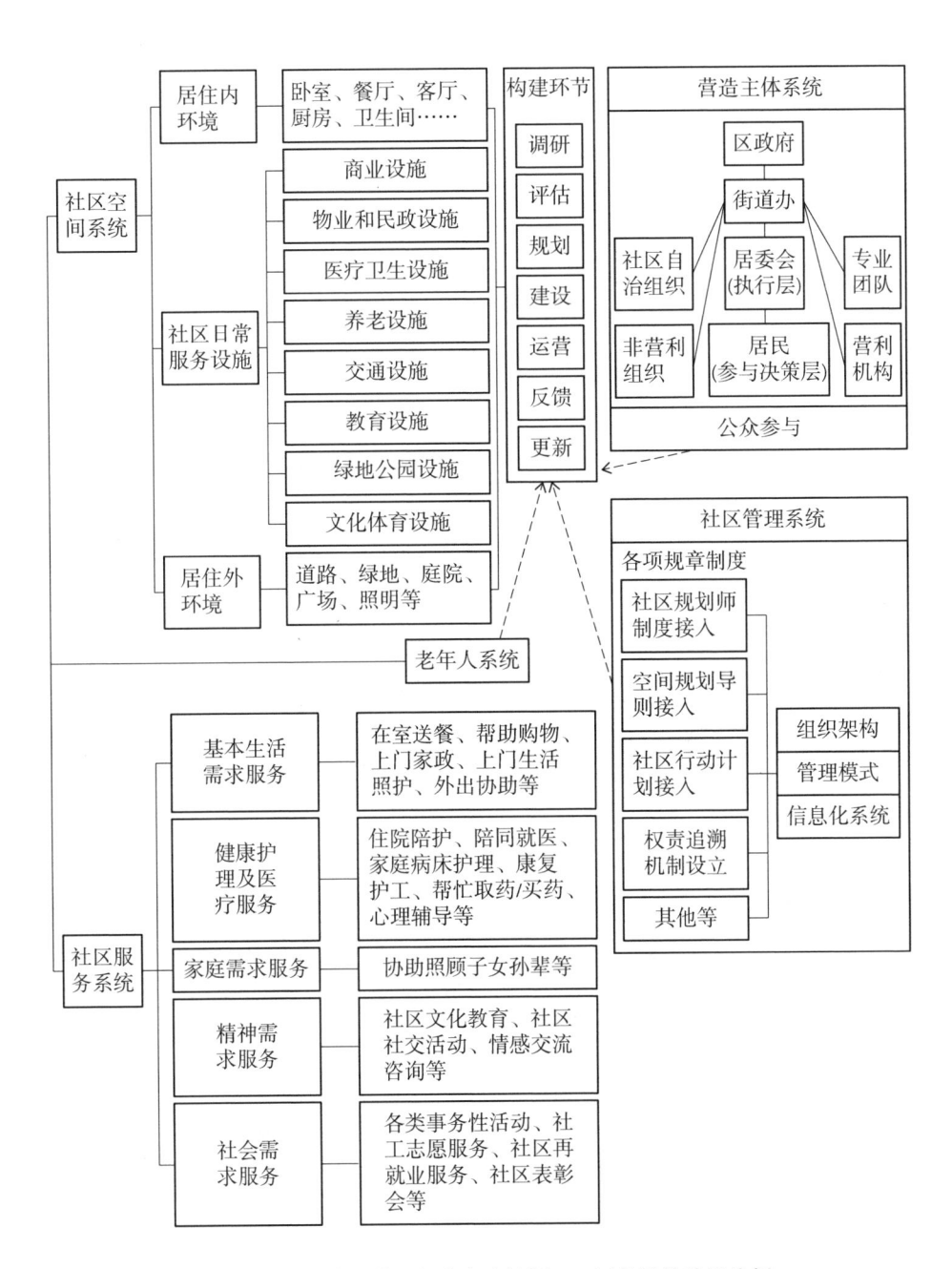

图 10-2 五大系统组织分布连接图——以某设施建设为例

表 10-1　社区空间系统构成

社区空间系统构成		环境要素
居住内环境构成	建筑公共环境	楼梯、电梯、走廊、门厅、无障碍通道
	建筑私密环境	卧室、客厅、厨房、浴室、卫生间等
居住外环境构成	活动场地	公共活动场地、半私密活动场地、健身场地及辅助设施
	绿化水体环境	公共绿地、宅间绿地、道路绿地、水体
	道路交通环境	道路系统、步行环境、停车设施
	环境设施	休憩设施、遮阳避雨设施、公共艺术、标识系统/照明设施、公共厕所、环境卫生设施
	无障碍设施	场地与道路地面、无障碍坡道、栏杆扶手
	物理环境	风环境、光环境、声环境
社区日常服务设施	商业设施	菜市场、社区便利店、商场、购物中心
	物业和民政设施	社区居委会、街道办、社区物业、第三方专业团体办事处
	医疗卫生设施	医院、基层卫生机构、专业公共卫生机构、疗养院
	机构照护设施	社区护理疗养院、养老院、老年公寓、老年日托所
	交通设施	地铁站、公交站
	教育设施	幼儿园、中小学
	文体娱乐设施	社区老年活动中心、老年大学、文体中心、图书馆
	绿地公园设施	公园、绿地

表 10-2　老年人社区生活圈需求对应的公共服务设施

需求类别	需求子类别	设施类别	项目举例
基本生活需求	社区集体就餐服务	机构照护设施	社区老年饭桌、老年食堂
	社区照料室日托		社区照料室、老年日托所
	护理疗养服务		社区护理疗养院、养老院、老年公寓、老年日托所

(续表)

需求类别	需求子类别	设施类别	项目举例
	外出买菜、购物	商业设施、交通设施	菜市场、社区便利店、小卖部、大型商场、购物中心
	运动需求：散步、体能运动、晒太阳	公园绿地设施	室外运动场
健康护理及医疗需求	社区义诊	医疗卫生设施	医院、基层卫生机构、专业公共卫生机构
	康复住院		医院、基层卫生机构、专业公共卫生机构、疗养院
	外出就诊		医院、基层卫生机构、专业公共卫生机构
	长期护理照顾	机构照护设施	护理疗养院、养老院、老年公寓
家庭需求	代际照护需求：接送孙辈上下学	教育设施	幼儿园、中小学
	伴侣互动需求：散步、聊天、陪同出行	绿地公园设施	各类绿地空间
精神需求	人际交往需求：邻里、朋友交往	绿地公园设施、文体娱乐设施、物业和民政设施	各类绿地空间、社区文化活动场地
	文娱、文体、文化活动		社区老年活动中心、老年大学、文体中心、图书馆
	在专业机构心理咨询		社区心理咨询室
社会需求	社区外部出行需求	交通设施	地铁站、公交站点
	社区归属需求：在社区空间使用及活动参与中实现	物业和民政设施	社区居委会、街道办、社区物业、第三方专业团体办事处
	社区服务需求：社区再就业、社工志愿服务		
	社会参与需求：社区公共事务参与		
	社区认同需求：社区表彰、社区运营、社区媒体建设		

(二) 社区空间系统评价指标体系

社区空间系统除了按照老年人生活需求划分空间种类及设施种类外,更重要的是注重以老年人使用特征为基础的设施指标体系设计,以及以老年人出行特征为基础的设施空间布局配置。前者解答设施"是否配""配多少""配多好"的问题,后者解决"配哪里"的问题。在该系统中,不仅仅关注千人指标和服务半径的传统规划指标依据,更应回归"以人为本"的指导原则,体现对老年人的人文关怀,注重"因地制宜",强调规划指引的"在地性转译"。

根据社区空间系统的构成,构建五级社区空间系统评价指标体系,由高到低分别为系统层、主类别层、次类别层、要素层和指标层,不同类别要素在指标设置时的关注重点不同。主类别层共包含居住内环境、居住外环境和社区日常服务设施等三个方面(图10-3)。其中,居住内环境包括建筑的公共环境和私密环境,在评价时重点关注被评价要素的适老性改造水平和安全隐患数量等;居住外环境重点关注小区内部的环境质量,包括休憩设施等非建筑类设施的完善程度、维护质量、适老性改造水平等;社区日常服务设施包括商业设施、物业和民政设施、医疗卫生设施等八大类型,在评价时重点关注关系老年人使用的设施数量、设施规模、到达时间、服务水平、服务价格等要素。需要注意的是,各个地区和社区的情况不同,各指标的合理数值也存在差异,因此本指标体系给出的是需重点关注的指标框架,不涉及具体数值。

(三) 几种常用的构建方法

这里介绍以下四种常用的构建方法:基于规范和出行特征调查的日常服务设施指标与空间布局确定方法;公众参与的公共服务设施指标调整方法;基于步行测度的社区服务设施布局适老性评价方法;日常服务设施老年人使用评估反馈调整方法。

1. 日常服务设施指标与空间布局确定方法

在未打破行政单元和社区区划的背景下,国内老年公共服务设施的指标确定普遍以国家规范和标准为指导,关注"千人指标""服务半径"的"自上而下"的配置方式。此类方式对老年人的差异化需求关注不足,无法满足老年人的真实生活需求。因此,设施指标与空间布局的确定需基于不同社区属性、社区居民的需求变化和需求发展趋势来探讨设置准则。

在老年人社区生活圈的规划理念指导下,在公共服务设施配置时以老年人

第十章 老年人社区生活圈的内容体系　157

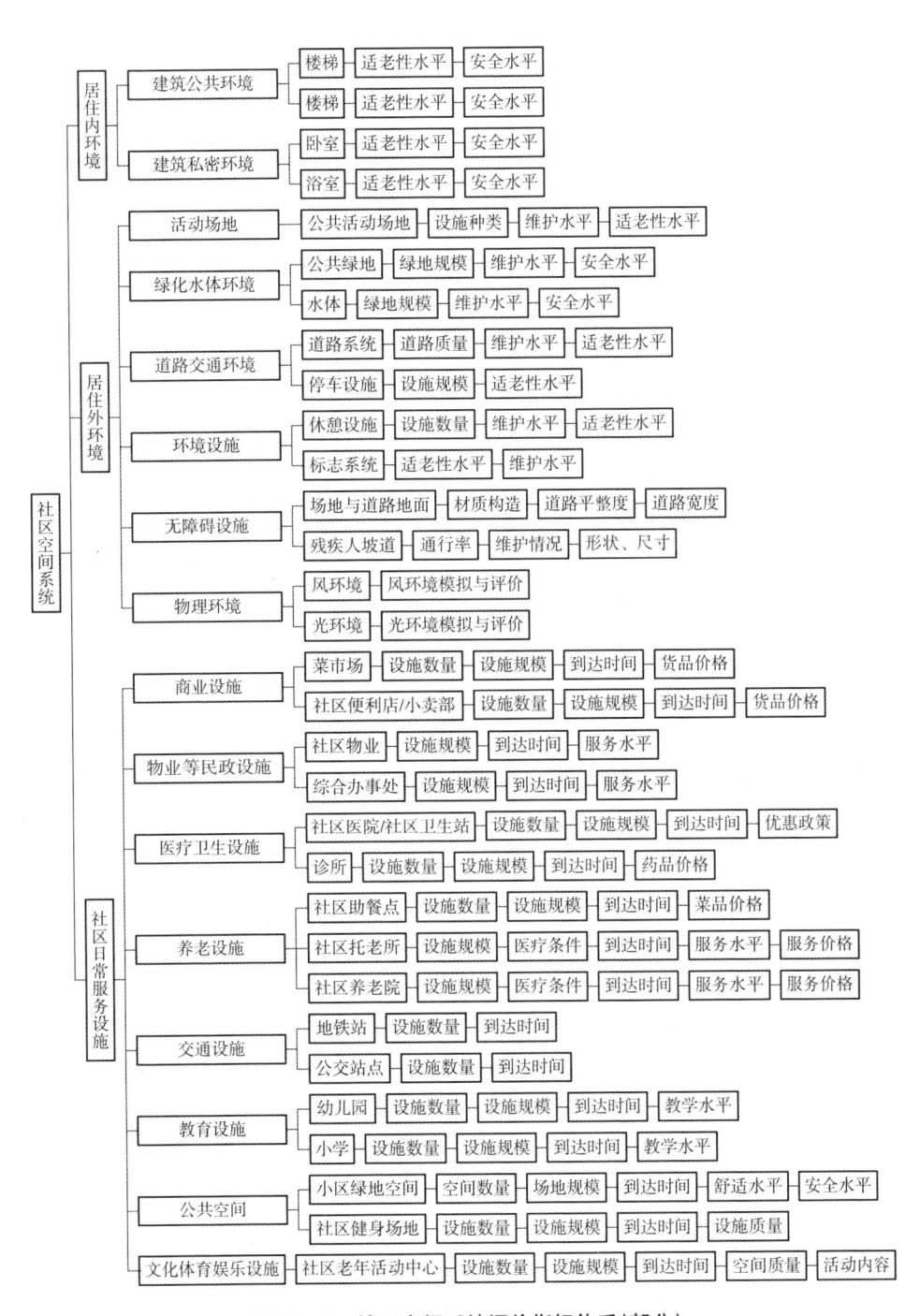

```
社区空间系统
├─ 居住内环境
│   ├─ 建筑公共环境
│   │   ├─ 楼梯 ─ 适老性水平 ─ 安全水平
│   │   └─ 楼梯 ─ 适老性水平 ─ 安全水平
│   └─ 建筑私密环境
│       ├─ 卧室 ─ 适老性水平 ─ 安全水平
│       └─ 浴室 ─ 适老性水平 ─ 安全水平
├─ 居住外环境
│   ├─ 活动场地 ─ 公共活动场地 ─ 设施种类 ─ 维护水平 ─ 适老性水平
│   ├─ 绿化水体环境
│   │   ├─ 公共绿地 ─ 绿地规模 ─ 维护水平 ─ 安全水平
│   │   └─ 水体 ─ 绿地规模 ─ 维护水平 ─ 安全水平
│   ├─ 道路交通环境
│   │   ├─ 道路系统 ─ 道路质量 ─ 维护水平 ─ 适老性水平
│   │   └─ 停车设施 ─ 设施规模 ─ 适老性水平
│   ├─ 环境设施
│   │   ├─ 休憩设施 ─ 设施数量 ─ 维护水平 ─ 适老性水平
│   │   └─ 标志系统 ─ 适老性水平 ─ 维护水平
│   ├─ 无障碍设施
│   │   ├─ 场地与道路地面 ─ 材质构造 ─ 道路平整度 ─ 道路宽度
│   │   └─ 残疾人坡道 ─ 通行率 ─ 维护情况 ─ 形状、尺寸
│   └─ 物理环境
│       ├─ 风环境 ─ 风环境模拟与评价
│       └─ 光环境 ─ 光环境模拟与评价
└─ 社区日常服务设施
    ├─ 商业设施
    │   ├─ 菜市场 ─ 设施数量 ─ 设施规模 ─ 到达时间 ─ 货品价格
    │   └─ 社区便利店/小卖部 ─ 设施数量 ─ 设施规模 ─ 到达时间 ─ 货品价格
    ├─ 物业等民政设施
    │   ├─ 社区物业 ─ 设施规模 ─ 到达时间 ─ 服务水平
    │   └─ 综合办事处 ─ 设施规模 ─ 到达时间 ─ 服务水平
    ├─ 医疗卫生设施
    │   ├─ 社区医院/社区卫生站 ─ 设施数量 ─ 设施规模 ─ 到达时间 ─ 优惠政策
    │   └─ 诊所 ─ 设施数量 ─ 设施规模 ─ 到达时间 ─ 药品价格
    ├─ 养老设施
    │   ├─ 社区助餐点 ─ 设施数量 ─ 设施规模 ─ 到达时间 ─ 菜品价格
    │   ├─ 社区托老所 ─ 设施规模 ─ 医疗条件 ─ 到达时间 ─ 服务水平 ─ 服务价格
    │   └─ 社区养老院 ─ 设施规模 ─ 医疗条件 ─ 到达时间 ─ 服务水平 ─ 服务价格
    ├─ 交通设施
    │   ├─ 地铁站 ─ 设施数量 ─ 到达时间
    │   └─ 公交站点 ─ 设施数量 ─ 到达时间
    ├─ 教育设施
    │   ├─ 幼儿园 ─ 设施数量 ─ 设施规模 ─ 到达时间 ─ 教学水平
    │   └─ 小学 ─ 设施数量 ─ 设施规模 ─ 到达时间 ─ 教学水平
    ├─ 公共空间
    │   ├─ 小区绿地空间 ─ 空间数量 ─ 场地规模 ─ 到达时间 ─ 舒适水平 ─ 安全水平
    │   └─ 社区健身场地 ─ 设施数量 ─ 设施规模 ─ 到达时间 ─ 设施质量
    └─ 文化体育娱乐设施 ─ 社区老年活动中心 ─ 设施数量 ─ 设施规模 ─ 到达时间 ─ 空间质量 ─ 活动内容
```

图 10-3　社区空间系统评价指标体系（部分）

为核心出发点。初步方案以主观需求、意愿及客观出行行为为调研依据，并在初步方案完成后通过社区公示和互动，让老年人参与指标设定与空间布局选址的规划过程，推动方案的优化。具体来看，目前在部分社区进行的以老年人社区出行行为为基础的研究，从老年人视角回答了相关设施"是否配""配多少""配多好"以及"配哪里"的问题。

课题组在上海市杨浦区做的"基于时空间行为的老年人社区生活圈界定与测度"研究中，首先，通过问卷调查的方式，获得了老年人的社区生活设施的使用习惯、需求意愿及满意度，了解目前该社区中符合老年人需求的设施有哪些，存在但还不够完善的设施有哪些，老年人需要但并未配置的设施有哪些。其次，通过发给老年人的随身携带的GPS定位记录仪，收集GPS数据，并通过老年人的日常出行活动进行时空特征分析，从时空密集度和行为属性两个层面界定老年人日常生活圈的空间体系。最后，量化老年人社区生活圈的空间范围与尺度，梳理其空间层次、要素和设施配置特征，从而确定了该社区老年人社区生活圈的三级圈层结构。在每一级圈层内都详细说明了该社区老年人的步行距离、出行方式、出行目的和使用设施的需求，为老年人日常服务设施指标的确定及空间布局选址提供了有效的参考。

值得注意的是，在该过程中，要回归"以人为本"的根本原则，调研时要分老年人的群体类型，差异化探讨不同老年人的出行习惯和生活圈层。同时注重"因地制宜"，不同地区老年人的出行方式及对社区的偏好会有不同，比如上海市的老年人偏好地铁出行，而武汉市的老年人则偏好公交车出行，这与当地的公共交通配置情况有关，也与老年人的设施远近选择偏好有关，要注意具体问题具体分析，契合老年人社区生活圈的"因地制宜、面向实施"的营造方式。

2. 公众参与的公共服务设施指标调整方法

接下来，再以某社区的某医疗照护设施的现状研究、评估和规划环节为例，说明日常服务设施指标及空间布局选址确定的方法（图10-4）。

以某医疗服务设施项目研究为例，规划师通过问卷调查、深入访谈、座谈会及GPS定位追踪调查等方法，了解社区老年人的特征及实际需求，探讨老年人日常出行行为特征。通过调研，探索老年人服务设施的实际需求指标，并对老年人的实际出行距离与圈层划定作出判断，以辅助调整千人指标与服务半径等要素的设定。基于不同社区的地域特色、社区现状、经费因素及政策影响等多

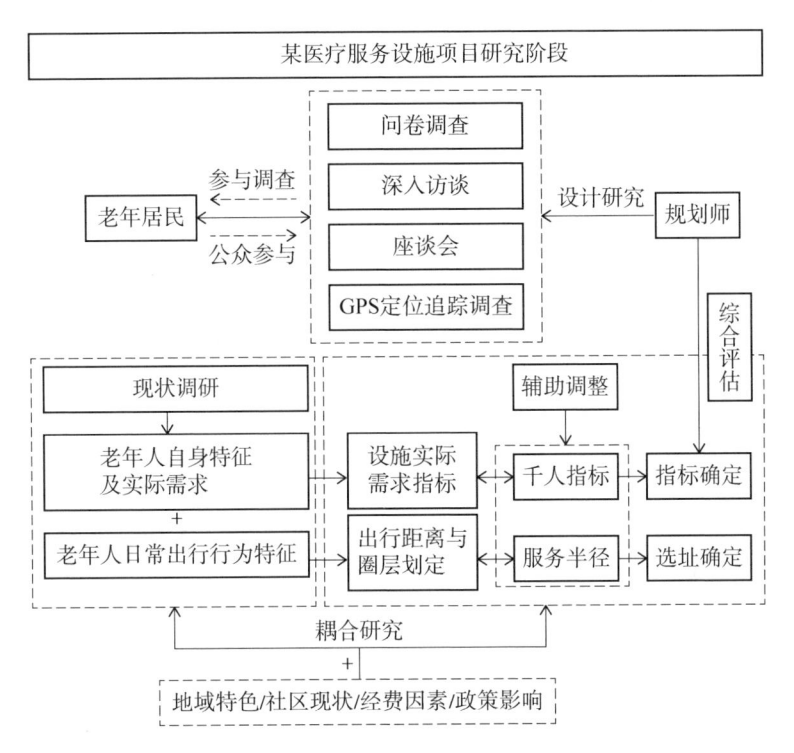

图 10-4 以某医疗照护设施为例的指标及选址确定方法

方面耦合研究,通过规划师的综合评估,最终确定服务设施指标设定与选址布局。

3. 基于步行测度的社区服务设施布局适老性评价方法

"步行指数"步行测度方法是以社区服务设施的空间可达性为切入点,进行社区服务设施布局适老性评价的方法。经典步行指数,即美国学者最早提出的步行指数计算方法,主要分为单点步行指数和面状步行指数两个方面。单点步行指数计算包括三个步骤:第一,设施分类表,即设施权重表的准备;第二,运用距离衰减规律进行基础步行指数计算;第三,指数衰减,主要是对步行指数进行修正。指数衰减主要考虑研究区域的交叉口密度以及街区长度。两者的衰减率都分为五级,可衰减率最大为10%。面状步行指数则通过单点指数进行空间插值得到。通常在区域内构建一定大小的网格点阵数据集,如50×150米间隔,按照上述单点步行指数方法,计算每个点的步行指数。计算面域步行指数时,为了提高准确性,可将每个格网的人口密度作为该格网点步行分数的权重,对研究面域内各点的步行分数加权累加,得到面域的步行分数,将其等比放大到100,最终得到0—100之间的步行指数值,再对步行性进行评价,并将结果可视化,便于直观查看。

在传统步行指数计算方法的基础上,根据老年人的特征做出改进。①设施权重表聚焦老年人,通过大样本数据统计对设施多样性进行分析,通过计算各设施的需求承担比和分类需求满意度,最终计算得到设施分类权重表。②寻找时间衰减规律,将距离衰减曲线调整为时间衰减曲线和系数。③可达性计算代替道路折减直线距离。④运用个体位置信息计算面域步行指数。

具体实施内容如下:

第一,制定设施权重表。以所有设施每周使用次数为基础,将所有设施使用总频次作为步行出行需求总量,不同设施的使用频次作为分类设施的需求量,各类设施需求量除以需求总量再乘以100,即得到各类设施相对应的需求满足度,即分类需求满足度(表10-3)。

表10-3　样本总体设施分类需求满足度

设　施　分　类	分类需求满足度
菜市场	24.09
公园、绿地	12.58
水果店	9.64
超市	8.97
老年人活动中心	8.08
公交、地铁站点	7.85
便利店	7.34
诊所	4.19
托幼、小学、中学	3.46
银行、邮局	2.56
药房	2.34
饭店及餐馆	2.3
商场、百货商店	2.2
沿街服装店	1.35

(续表)

设施分类	分类需求满足度
证券交易大厅	1.03
美容美发、洗浴、按摩店	0.94
助餐中心	0.62
托老所	0.42
公证处、派出所	0.04
总和	100

第二，多样性需求分配。将分类需求满足度按照多样性分担比例分配到各个设施上，得到设施的多样性需求分配值，即得到设施权重（表10-4）。

表10-4 设施权重度

设施分类	分类需求满足度	多样性取值	多样性需求分配 设施1	设施2	设施3
菜市场	24.09	2	17.4	6.69	
便利店	7.34	2	5.58	1.76	
水果店	9.64	2	7.11	2.53	
超市	8.97	2	7.08	1.89	
饭店及餐馆	2.3	3	1.64	0.47	0.19
托幼、小学、中学	3.46	1	3.46		
老年人活动中心	8.08	2	7.21	0.87	
托老所	0.42	1	0.42		
助餐中心	0.62	1	0.62		
商场、百货商店	2.2	2	1.84	0.36	
沿街服装店	1.35	3	0.94	0.29	0.12
美容美发、洗浴、按摩店	0.94	1	0.94		
诊所	4.19	2	3.68	0.51	
药房	2.34	1	2.34		
银行、邮局	2.56	2	2.11	0.45	
公交、地铁站点	7.85	2	6.01	1.84	

(续表)

设施分类	分类需求满足度	多样性取值	多样性需求分配 设施1	多样性需求分配 设施2	多样性需求分配 设施3
公园、绿地	12.58	2	10.11	2.47	
证券交易大厅	1.03	2	0.94	0.09	
公证处、派出所	0.04	1	0.04		
总计	100			100	

第三,时间衰减规律。通过对时间衰减曲线的特征观察,并运用 origin 拟合软件对曲线进行函数选取和试拟合,最终确定将曲线分段函数化,曲线方程为:

$$\begin{cases} y=1 (x<5) \\ y=ax+b (5 \leqslant x \leqslant 10) \\ y=y_0+A_1*e^{(-x/t_1)} (10<x \leqslant 60) \\ y=0 (x>60) \end{cases}$$

式中:x 为步行时间,y 为时间衰减系数。r 平方是拟合曲线的方差,r 平方值多数在 0.98 以上,故曲线拟合较好。将设施权重表和距离衰减规律相结合,就可以得到各种设施空间布局对可步行性的影响规律。计算步行指数的前期准备工作亦全部完成。

第四,点评价方法。第一步,以评价点为中心,利用可达性计算原理,计算点到各个设施的步行时间,这里老年人的平均步速以 0.9 米/秒计算。根据设施多样性个数提取步行时间最短的相应数量的设施,记录该步行时间,如 x_1,x_2;第二步,将步行时间代入时间衰减曲线拟合方程,计算对应的衰减系数 y_1,y_2;第三步,找到设施对应的权重 b_1,b_2,则该点对该设施的步行指数为 $y_1 \times b_1 + y_2 \times b_2$;第四步,分别计算该点到 19 种设施的步行分数,最后将分类设施分数相加,得到步行总分数 w,即该点的步行指数。值得说明的是,在进行计算之前,应将所有的设施点对应到计算底图上,考虑步行边缘区,即边界以及靠近边界处的特殊性,设施选取区域由原研究范围向各个方向外扩 300 米。

第五,面评价方法。第一步,将采集到的老年人样本根据位置信息标到地图上,每一个老年人即为一个研究点。第二步,按照点评价方法,计算每个老年人到 19 种设施的步行分数,相加求和,即得到每个研究点的步行分数。第三步,计算整个研究区域的步行分数,将所有研究点的得分相加,取平均值。但本研究中,由于研究区域较微观,故直接运用反距离权重法,生成步行指数分布图,可更加直观地看到分析结果。

4. 日常服务设施老年人使用评估

"全周期""精细化"的老年人社区生活圈的构建,需要做到"动态更新"。在建成后还需要有完整的、动态更新的评估体系,每隔固定时间,通过公众互动参与、调研或访谈等各种老年人乐意参与的方式,进行日常服务设施的使用评估。

以"北京公共服务设施规划"实践行动为例,[①]通过问卷调查与实地访谈的形式,发现菜市场这一公共服务设施存在巨大争议,于是通过规划师主导网络发声的方式,在社区论坛和居民微信社群中引起了强烈反响,包括老年人在内的居民们纷纷在文章下发表自己对设施改造的意愿,还生成关键词云,通过语义搜索发现了老百姓对该设施的主要诉求和主要痛点。这样来获得老年人对菜市场这一设施的使用评估:总体是不满意的;但对该设施的需求意愿是十分强烈的。从而得出菜市场应保留,但需要在空间环境和菜商组织方式上进行调整。

三、社区服务系统

(一) 社区服务系统的内容构成

社区服务系统是指社区空间设施之外的软性服务及社区活动,是老年人日常社区生活的社会载体。它以社区为依托,为老年人带来除机构照顾和家庭照顾之外的相关服务。这在我国居家养老的具体实践中是十分重要的一部分。

社区服务系统同样按照老年人生活需求可分为基本生活需求服务、健康护理及理疗服务、家庭需求服务、精神需求服务和社会需求服务等五大类,具体如下(图 10-5、表 10-5)。

[①] 丁奇、姚妙铃:《北京西什库街区:基于问卷调查的社区公共服务设施规划研究》,《北京规划建设》2019 年第 1 期。

```
                    ┌─ 基本生活需求服务 ──  送餐上门、上门生活照
                    │                      料、上门办事、陪聊等
                    │
                    │                      住院陪护、陪同就医、家庭
                    ├─ 健康护理及医疗服务 ─ 病床护理、康复护工、帮忙
                    │                      取药买药、心理辅导等
社区服务系统 ───────┤
                    ├─ 家庭需求服务 ──── 协助照顾子女孙辈等
                    │
                    │                      社区文化教育、社区社交
                    ├─ 精神需求服务 ──── 活动、情感交流咨询等
                    │
                    │                      各类事务性活动、社工志愿服务、
                    └─ 社会需求服务 ──── 社区再就业服务、社区表彰会等
```

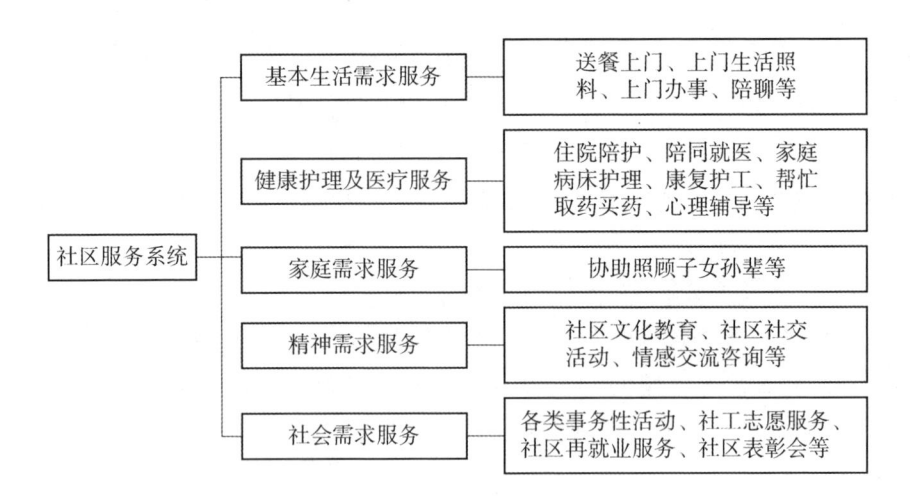

图 10-5　社区服务系统具体构成

表 10-5　老年人社区生活圈需求对应的社区服务

需求类别	需求子类别	社区服务类别	相关社区服务举例
基本生活需求	社区集体就餐服务	养老服务	送餐上门服务、老年营养外卖
	社区照料室日托		家政上门服务
	护理疗养服务		专业康复护工、健康护理上门服务、送药上门服务
	外出买菜、购物	商业服务	送菜、购物外送上门服务
健康护理及医疗需求	社区义诊	医疗服务	住院陪护、专业医院护工
	上门看病		家庭医生服务
家庭需求	协助照顾孙辈或子女的服务	家庭服务	陪送或代送服务
精神需求	社区归属需求：慰问等	慰问关怀服务	社区慰问、探访老人服务
	文化教育需求	活动组织服务	社区老年大学及讲座服务
	活动社交需求		社区文体活动组织服务
社会需求	社区服务需求：社区再就业、社工志愿服务	社群服务	社区道路执勤志愿者等
	社区认同需求：社区表彰、社区运营、社区媒体建设		社群组建及表彰服务
	社会参与需求：社区公共事务参与	公共参与	各类活动居民意见征询等活动

社区服务系统不仅仅只包括服务种类及具体内容,还包含了具体服务方案设计、服务提供机制和服务质量评估等工作。在具体行动过程中要注重"因地制宜",规划指引的"在地性转译"。

(二) 社区服务系统的评价指标体系

根据老年人的日常生活需求,构建四级社区服务系统评价指标体系,指标由高到低分别为系统层、类别层、要素层和指标层,不同类别要素在指标设置时关注重点不同(图10-6)。类别层包括基本生活需求服务、健康护理及医疗服务、家庭需求服务、精神需求服务和社会需求服务。基本生活需求服务包括送餐服务、上门办事等,健康护理及医疗服务需求包括上门照护、上门医疗看病等,家庭需求服务包括协助照顾子女(孙子/女)等,这些都属于较为基础的、关系到老年人基本生活需求和个体安全的服务,在评价时重点相似,包括响应时间、服务态度、服务价格等。其中,上门医疗看病、上门照护等属于专业性强的服务,评价重点还包括提供服务的专业水平。同时,由于服务能力有限,并不是

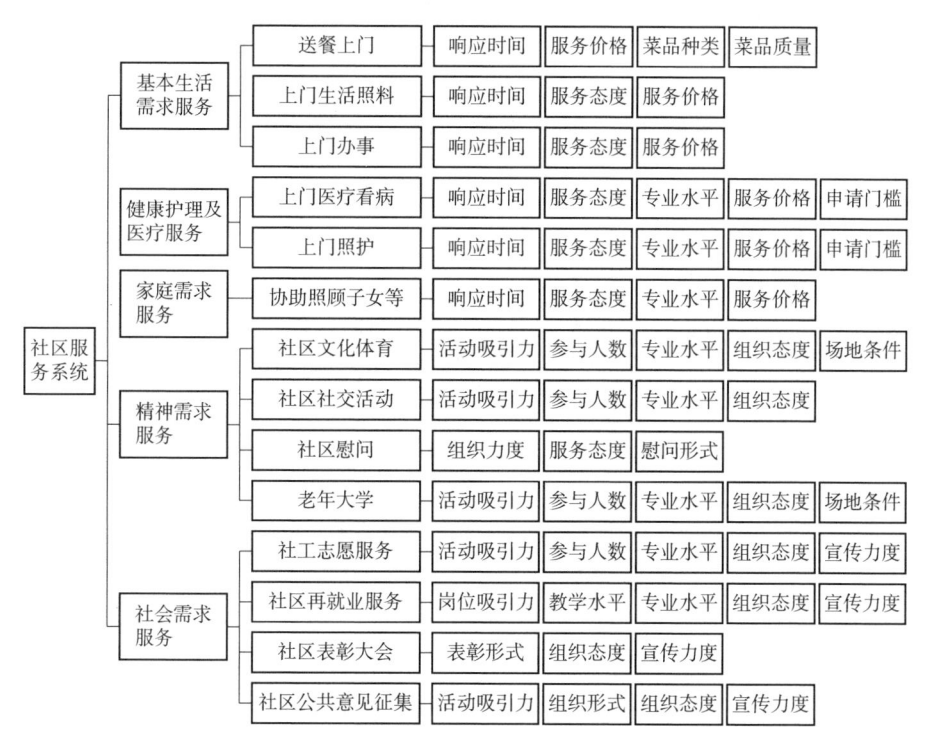

图 10-6 社区服务系统评价指标体系

每位老人都能申请到这样的服务,因此,申请门槛也是评价因素之一。精神需求服务和社会需求服务相较前面三类属于更高层次的需求,关系到老年人的精神健康,满足该类需求的服务多以活动的形式体现,所以关注重点包括活动吸引力、参与人数、组织态度、宣传力度等。

(三) 几种常用的构建方法

社区服务系统的设置可采取以下方法:(1)在全面深入了解老年人需求差异的基础上,定制一对一的社区服务方案;(2)以老助老,参与提供社区服务。

1. 一对一定制化的社区服务方案

无论是社区自行组织提供养老服务,还是采用第三方养老机构的服务套餐,都应该针对本社区生活圈老年人的特性,提出定制化的社区服务方案。以"北京市社区养老服务驿站"的服务方案为例,根据对社区内老年人具体需求的调查,确定社区养老服务驿站需设置助餐服务、日间照料、呼叫服务、文化娱乐、健康指导、心理慰藉等六类基本服务项目。有条件的驿站,还开展了助浴、助洁、助行、助医、康复护理等服务项目。具体内容包含以下几部分(表10-6):

表10-6 北京市社区养老服务驿站服务套餐方案

服务项目	内容
助餐服务	按照国家食品安全法律法规的规定和食品行业标准,为老年人提供集中用餐、分餐和上门送餐服务
日间照料	为社区内空巢或有需求的老年人提供日间托养,实施专业照护,对有特殊服务需求的老年人开展短期全托,为有特殊服务需求的老年人提供生活照料服务
呼叫服务	通过互联网、物联网等网络手段或电话、可视网络等电子设备终端满足老人提出的养老服务需求
健康指导	设有护理站的社区养老服务驿站,通过配备相应医务人员,为老年人提供医疗卫生服务
文化娱乐	指协助老年人开展各种类型的、有益于身心健康的文化娱乐活动,满足老人的文化娱乐需要
心理慰藉	通过陪同聊天、情绪安抚以及专业的心理辅导,满足老人情感慰藉和心灵交流需求

2. 以老助老，参与提供社区服务

在"以老助老"模式中，老年人既是养老服务的客体，也是养老服务的主体。最大的不同就在于它主要依靠老年人自身的力量，通过老人们自愿主动的参与，实现互帮互助，充分利用老年人的生活经验、服务技能和沟通智慧，深入挖掘老年群体的潜能，实现低龄老人服务高龄老人，这对促进传统养老观念的转变、缓解社会化养老服务人力资源压力具有重要作用。

如上海延吉新村街道案例，延吉二三村居委会把小区里的外来媳妇组织起来，成立"外来媳妇之家"，联系老年人志愿者及部分楼长，学习文化知识、择业就业技能，召开"谁不说咱家乡好"主体恳谈会。[①] 不少楼长（主要由老年人担任）利用自己在老年大学学到的心理知识，积极为楼道里的老人服务，坚持13年如一日每周开设一次"老年聊天室"，实现了真正有效的全民参与、以老助老。

四、营造主体系统

营造主体系统是指整个老年人社区生活圈的管理者、运营者和维护者。"运营主体"区别于"社区管理"概念而被单独提出，即为强调"实施主体"中"人"的关键性。正是因为有"主体"的明确区分，才能将职能与责任切实落到该明确主体身上，社区生活圈概念的实际落地才有可研究的路径。在这个系统中，主要重点工作是明确当地社区生活圈构建时参与其中的营造主体有哪些，他们各自的权责划定，以及各营造主体的协同机制。

营造主体按照来源属性不同可分为：政府力量、社区居民、社会力量和企业。不同的社区有不同的组织方式。值得重点强调的是，在该系统中，时刻贯穿着协同营造的理念和"公众参与"的方法。①政府力量包括政府部门、街道办事处（包括居委会）等，主要起引导、组织、保障和监督的作用。②社区居民是老年人社区生活圈营造的核心主体和实际受用者，是社区空间公平公正的主要体现，承担监督、提供意见与资源、配合实施等责任。③社会力量，包括设计团队和社会组织两类，是社区营造中不可缺少的一环，起到教育、顾问、建议与协调作用，一方面通过对社区活动的诠释和参与，使资源能够由政府部门流向基础

---

① 申之：《新模式 新氛围 新方法——上海杨浦区延吉新村街道创建学习型社区》，《政工研究动态》2004年第12期。

社区,另一方面作为与居民沟通的桥梁,帮助社区居民弥补知识的不足和化解冲突。④企业是老年人社区生活圈营造的新兴主体,能促进社区经济生活发展、提供服务、便利民生。社区应根据地方治理特色和当地资源灵活挖掘和组织营造主体。

组织营造主体系统应注意:①多元化的营造主体引进。充分发挥个体、市场、社会、政府等各方面的优势,以实现资源的均衡配置、维护空间公正、组织地方生活为目标。②明确的营造主体权责划定。空间的营造牵涉更为复杂的社会关系,需要更多沟通与协调的过程。这个时候,明确的营造主体权责划定就十分重要,并且需要在项目前期就明确自己扮演的角色与权力责任边界。③建立可靠的准入制度和绩效评价考核方法。通过许可和准入制度的建立,将符合条件的社会组织记录在册,从而鼓励社会组织的积极参与;通过加入绩效评价考核,对项目的成果满意度高、影响大的社会组织进行资金奖励,加强对社会组织自治的资金引导,从而确保社会组织提供服务的质量。

各营造主体的主要特点、权责划定、协同营造机制等内容,详见本书第四章内容。

五、社区管理系统

社区管理系统,是在社区运营管理过程中,除"营造主体"外的管理体系、具体组织方法和相关政策。社区只有营造主体并不能运行起来,需要靠一套完善的管理方法来运作。一套完善的、简明的、合理有效的管理系统是整个老年人社区生活圈有效运行、自我更新的制度保障。

社区管理制度的主要内容为多方主体组织平台的建设、社区规划师等制度的接入方式、空间规划导则与社区行动计划协调组织过程以及权责追溯机制的设立。在某些社区里,这些管理体系与具体组织方法,会以信息化管理系统的数据存储与数据结构方式出现,体现了当今社区信息化与智慧化的进程。

社区管理系统的具体构成包括组织架构、管理模式、各项规章制度和信息化系统。其中,组织架构是整个管理系统的骨骼框架。管理模式是整个管理系统的运营机制,如同神经中枢。信息化系统是管理系统的物理承载,各项规章制度则是落实整个管理系统的具体方法,如同血肉。规章制度并不是一成不变的死规矩,而是随着社区的变化与时俱进,应不停纳入新生事物并和谐兼容。

其中包括社区规划师等制度的接入方式、空间规划导则与社区行动计划协调组织过程以及权责追溯机制的设立。(图10-7)

构建社区管理系统时应注意：①具有活力的社区组织架构，在坚持政府主导的组织架构核心领导层下，应充分发挥群众组织和社会多方的力量，建立有活力又清晰简明、传达通畅的社区组织架构；②合理高效的管理模式，从传统的一级一级报批，由街道办和居委会一手包办所有的社区工作，到发挥居民积极性、引入第三方服务机构；③高兼容性的制度平台，规章制度并不是一蹴而就的死规矩，而是随着社区的变化与时俱进，高兼容性的制度平台，应该能合理接入社区规划师等制度、空间规划导则与社区行动计划协调组织方法，以及设立各个营造主体的权责追溯机制；④智慧化的信息系统建立。

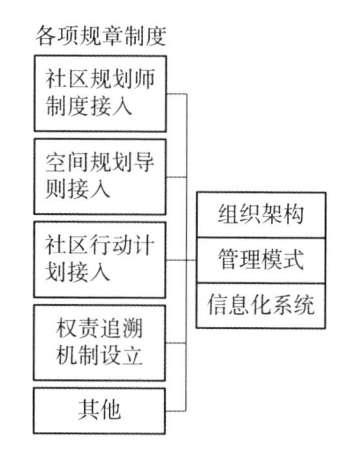

图10-7 社区管理系统基本构成

社区管理系统如何对老年人社区生活圈进行营造和管理，详见本书第四、五部分。

第十一章
老年人社区生活圈的空间层级

为保证老年人社区生活圈构建的切实可行,除应确定目标准则和内容指标外,还应有明确的空间层级,空间层级依照老年人的出行特征划分。现有研究普遍认同,"生活圈"不是行政区划的结果,也不受规划偏好的影响,而是城市居民活动在地域空间上的真实映射,但具体界定方法并不统一。

通过对老年人日常生活和行为特征以及相关社区的充分研究分析,本章认为以老年群体的时空间行为特征为基础界定其日常生活圈较为合理,具体界定原则如下:

第一,空间概念的提出基于精细化的个体行为研究。将生活圈概念与老年人的时空间行为紧紧契合,明确其时间属性和空间属性。与其他社会群体相比,老年人的日常出行活动具有迥然不同的时空间特征;通过问卷、访谈与GPS数据分析,全面、真实、客观地展示老年个体行为特征并将其落实在空间上。

第二,空间范围由老年人的出行活动轨迹决定。与传统的设施服务半径覆盖范围或是居民出行可达性不同,由出行活动轨迹确定的空间范围才是老年人生活空间的真实写照。老年人的出行活动轨迹具有点、线、面三种不同的形态要素;以居住地为中心,其轨迹的空间分布也是非均质的,因此老年人日常生活圈的空间形态具有不规则性,空间分布也不均匀。

第三,空间结构根据老年人出行活动的时空间特征划分。老年人的日常出行活动具有不同的时空间特征,因此在空间上呈现出不同层次的时空密度分布。相应地,老年人日常生活圈也具有多尺度、多等级的空间圈层结构。

第一节 老年人日常生活圈概念及空间体系

根据上述界定原则,将老年人日常生活圈定义为老年人以家庭居住地为出发地、为满足日常生活需求而展开的出行活动轨迹所涉及的空间范围。"日常"反映出老年人出行活动的时空规律性——在研究中以老年人一周的 GPS 轨迹数据作为支撑以区分其惯常行为和随机行为;"生活圈"反映出老年人出行活动的时空层次性——根据老年人出行活动的时空间密度分布,日常生活圈呈现出不同等级和尺度的空间圈层结构。

以老年人的行为属性和其出行活动在空间上的客观呈现为主要依据,提炼空间结构模式,构建多圈层的老年人日常生活圈体系(图 11-1)。

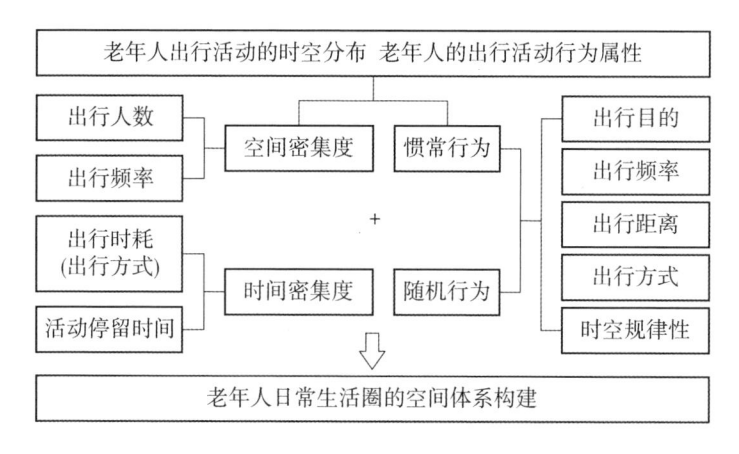

图 11-1 老年人日常生活圈的空间体系构建机制

老年人的出行活动由于时空规律性的不同而被分为惯常行为和随机行为,这是其日常生活圈空间体系结构的内在成因;老年人出行活动的时空分布具有不同的密集度特征,是其日常生活圈空间体系结构的外在表象。从时空分布层面来看,老年人一周的出行活动自然而然地呈现出三个时空间密集度梯度:街道边界外 500 米范围内、街道边界外 500—6 000 米范围内、街道边界外 6 000 米之外。随着空间距离的扩大,老年人出行活动的时空间密集度降低。第一、二梯度的出行活动空间具有明显的集聚性和连续性,而第三梯度呈现"飞地"的空间特征,且具有一定的方向偏好。从行为属性层面来看,老年人在不同梯度空间的时空间行为特征也各不相同。老年人对第一、二梯度空间的熟悉程度较高,其出行活动的反复性和规律性较强,同时出行距离较短,出行方式以慢行和公交为主,因此惯常行为占比较大;相反,在第三梯度空间中,老年人出行活动的距离增加,而出行人数、频率和规律性降低,惯常行为占比很小。

将老年人日常出行活动的时空分布和行为属性相结合,构建老年人日常生活圈空间体系(图11-2):社区生活圈-扩展生活圈-机会生活圈。其中,社区生活圈为老年人日常生活中最基本的出行活动范围:此圈层距离老年人的居住地较近,时空间密集度较高,分布连续而均匀,以面状空间为主;老年人在社区生活圈的行为主要是惯常行为,反复性和规律性强、出行距离较短、出行频率较高,出行方式以慢行为主。机会生活圈距离老年人的居住地较远,时空间密集度较低,分散于居住地外的某一方向,分布不均匀,以点状空间为主;老年人对此圈层熟悉度不高,其行为主要是随机行为,规律性弱、出行距离短、出行频率低,出行方式依赖机动交通。扩展生活圈则居于两者之间,老年人的行为具有一定的规律性,频率多为一周多次。

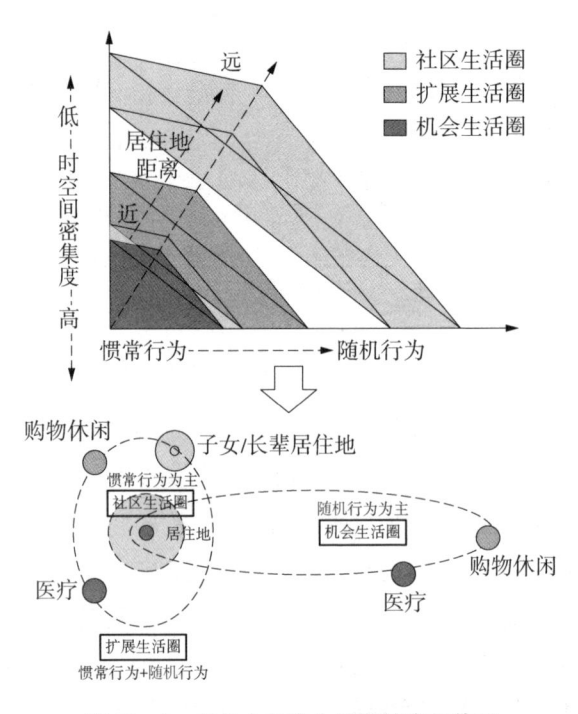

图11-2 老年人日常生活圈的空间体系

第二节 老年人日常生活圈的圈层特征

一、社区生活圈

空间特征:老年人社区生活圈距离居住地最近,以面状空间为主,线形空间为辅,在空间分布上具有聚集性和连续性特征,是老年人日常出行活动的核心圈层。其空间类型为居住生活类空间;用地性质混合多样,包括住宅用地、服务设施用地、商业设施用地、医疗卫生用地、教育科研用地和绿地等。

时间特征:在上午时段,老年人对社区生活圈的使用强度和集中度最大;晚上时段,老年人的主要活动范围同样是社区生活圈。

出行活动特征:老年人在社区生活圈中的出行活动基本上涵盖了其日常生活所需的大多数内容,属于惯常行为,具体特征如下:①出行距离和时间相对较短;②出行方式主要为慢行交通,也包含少量的高频公交出行;③活动频率较高,规律性较强;④活动类型最为综合,包括社区级的购物、锻炼、休闲、接送孙辈及日常就医等(图11-3)。

二、扩展生活圈

空间特征:较之社区生活圈,老年人扩展生活圈距离居住地更远。其空间要素以线形空间和点状空间为主,由于老年人出行活动轨迹的不均匀而形成不规则的空间形态,空间分布呈现出一定的分散性。扩展生活圈的空间类型包括因家庭照料而衍生出的居住生活空间,以及等级较高、规模较大的商业空间、医疗空间、文娱空间等。

时间特征:老年人对于扩展生活圈的使用强度和集中度在下午时段达到峰值。

出行活动特征:扩展生活圈是社区生活圈在出行活动内容上的延展,老年人在其中的行为属性包括部分惯常行为和部分随机行为,具体特征如下:①出行距离增加,出行时间也相对增加;②出行方式变得多样,在以慢行出行为主的基础上,增加了公交、地铁等多种公共交通方式及其组合;③出行活动频率相较于社区生活圈减少,单次活动停留时间相对增加;④老年人在扩展生活圈中的出行活动体现出一定的规律性和偏好性;⑤活动类型包括频率较高的家庭照

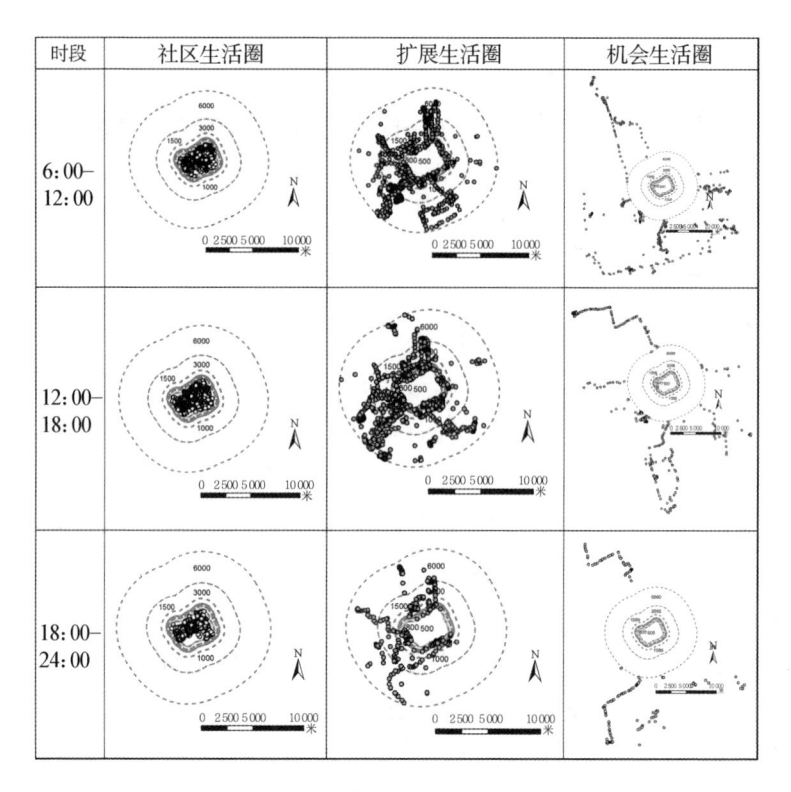

时段	社区生活圈	扩展生活圈	机会生活圈
6:00-12:00			
12:00-18:00			
18:00-24:00			

图 11-3　老年人日常生活圈的时空特征

料,有选择性和偏好性的购物休闲、看病就医以及文娱活动等。

三、机会生活圈

空间特征:老年人机会生活圈距离其居住地较远,通常沿着居住地外某个方向的城市道路展开;机会生活圈与其他层级的生活圈在空间上并不连续,类似于"飞地",其空间要素以点状为主,呈分散状态,覆盖范围广且分布不均匀。机会生活圈的空间类型主要为商业休闲空间以及医疗空间,包括大型的商业休闲中心、公园绿地、文体活动空间和医院等。

时间特征:在全天时段中,老年人对机会生活圈的使用保持在较低水平。在晚上时段,老年人对于机会生活圈的使用强度和集中度达到谷值。

出行活动特征:老年人在机会生活圈中的出行活动大多数为随机行为,具体特征如下:①出行距离较远,出行时间较长;②出行方式大多依赖机动交通;③出行频率较低且存在较大不确定性;④出行活动带有一定的探索性,活动停留时间相对较长;⑤老年人在机会生活圈中的活动类型以休闲购物、随机性的个人事务为主。

第三节 老年人社区生活圈的空间测度实证

一、空间测度方法

老年人社区生活圈的空间范围由其惯常行为的出行活动轨迹决定,具体的空间测度过程分为两步:一是惯常行为 GPS 数据的筛选;二是基于 GPS 点数据的外轮廓线提取。老年人社区生活圈的测度方法须与其空间特征相对应,同时还要考虑老年人在其中的出行活动特征,兼顾个体行为的差异性和群体行为的共性。

首先,根据惯常行为的特点以时空间密集度和出行方式为依据,筛选 GPS 数据:确定时空间密集度高且连续分布的区域,删除范围以外的 GPS 点数据,根据个体数据的叠加结果,删除范围内呈低时空密度分布的点数据区,以排除个体低频行为带来的干扰。出行方式上,根据 GPS 数据的平均速度属性值来区分出行方式,选择步行、自行车及高频公交车的 GPS 点数据,删除其余数据。

其次,基于 ArcGIS 中描绘 TIN 数据区的方法提取点数据的外边界轮廓线,最终量化老年人社区生活圈的空间范围(图 11-4、图 11-5)。

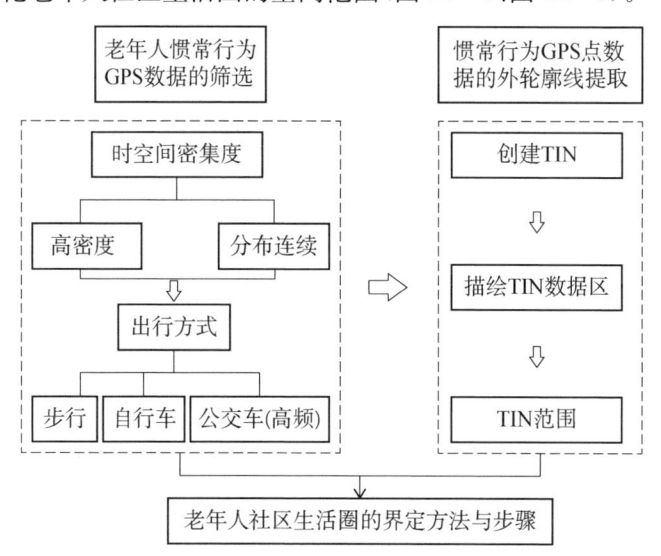

图 11-4 老年人社区生活圈的空间测度方法与步骤

惯常行为GPS点数据的筛选：时空间密集度高且连续分布　　惯常行为GPS点数据的筛选：步行、自行车及高频公交数据筛选　　基于GPS点数据的空间范围识别：运行描绘TIN数据区的方法提取点数据外轮廓线

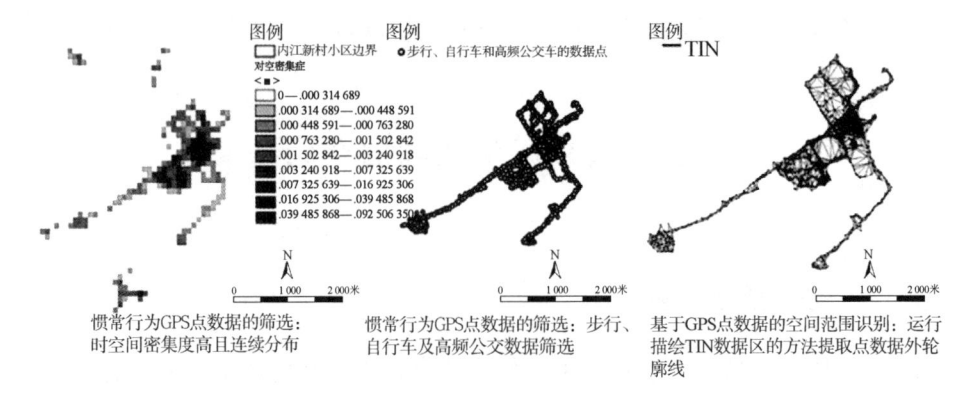

图 11-5　根据点数据提取外边界的方法试验

二、空间测度结果

使用上述方法，对社区展开实证研究，本节列举了7个小区的老年人社区生活圈外边界轮廓。

内江新村住宅小区的面积为0.09平方公里，其社区生活圈的面积为1.14平方公里，是其小区面积的12.6倍。从图11-6可知，老年人社区生活圈在内江新村周边呈面状铺开，之后沿着城市街道向外延展。社区生活圈的面状区域涉及3—4个相邻的居住小区以及杨浦公园，线形区域延伸的最远距离约为2.6公里（以内江新村物理边界为参照）。整体来看，内江新村老年人社区生活圈分布于小区的西北方向，这与内江新村位于延吉新村街道东南角的区位有关。可见，社区生活圈的分布具有一定的方向偏好，街道边界对此有一定影响。

图 11-6　内江新村老年人社区生活圈的空间范围

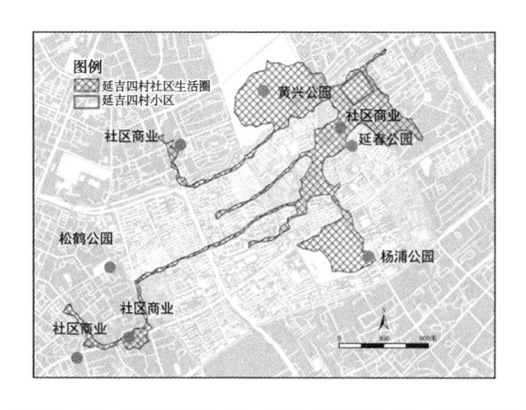

图 11-7　延吉四村老年人社区生活圈的空间范围

延吉四村住宅小区的面积为 0.045 平方公里，其社区生活圈的面积为 1.09 平方公里，是其小区面积的 24.2 倍。由图 11-7 可知，延吉四村老年人社区生活圈的面状区域涉及周边相邻的几个小区，同时在黄兴公园和 800 米外的杨浦公园呈面状展开；公园绿地在老年人社区生活圈的面积中占有较大比例，增加公园绿地的配置能够促进老年人出行活动空间范围的扩大。以延吉四村的物理边界为参照，社区生活圈沿城市街道向外延伸的最远距离为 2.7 千米左右。总体来看，延吉四村老年人社区生活圈分布于小区的西南方向。

延吉五六村住宅小区的面积为 0.085 平方千米，其社区生活圈的面积为 0.92 平方千米，是其小区面积的 10.8 倍。从图 11-8 可知，延吉五六村的老年人社区生活圈同样可以分为面状区域和线形区域，面状区域主要涉及相邻的小区和公园，线形区域沿城市街道向外延展的最远距离为 2.7 千米左右。

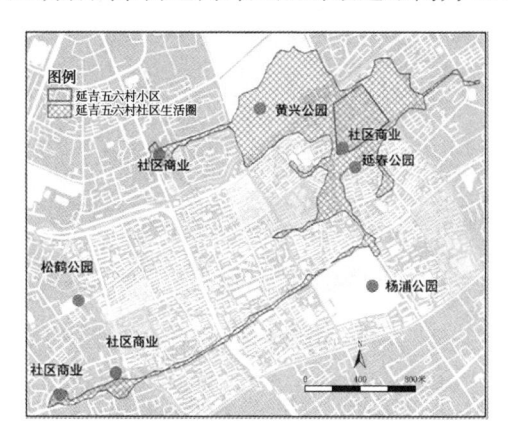

图 11-8　延吉五六村老年人社区生活圈的空间范围

控江西三村住宅小区面积为 0.064 平方千米（排除居委会行政范围内所包括的控江中学的面积），其老年人社区生活圈的面积为 0.83 平方千米，是其住宅小区面积的 13 倍。从图 11-9 可知，控江西三村老年人社区生活圈的面状区域包括南北相邻的居住小区以及黄兴公园和杨浦公园，线形区域沿城市街道向外延展的最远距离为 2.2 千米左右。社区商业设施、公园绿地等对社区生活圈的空间划分作用明显。

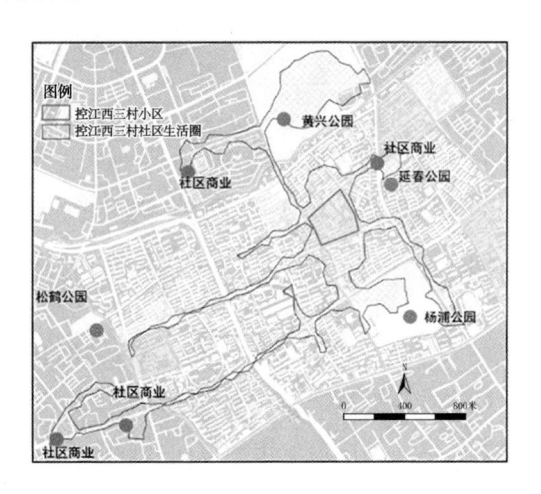

图 11-9　控江西三村老年人社区生活圈的空间范围

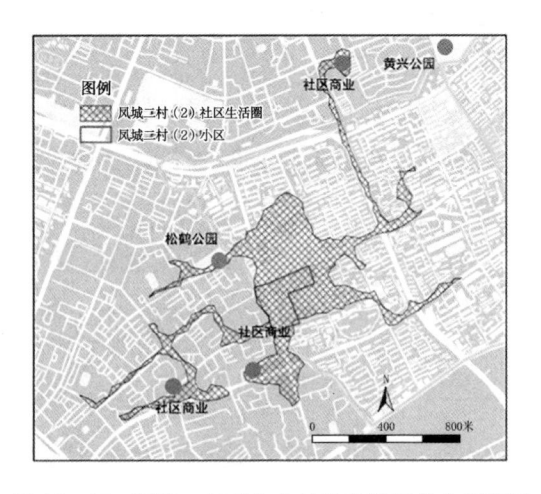

图 11-10　凤城二村老年人社区生活圈的空间范围

凤城二村住宅小区的面积为 0.039 平方千米，其老年人社区生活圈的面积为 0.48 平方千米，是其小区面积的 12.3 倍。如图 11-10 所示，凤城二村老年人社区生活圈的面状区域主要包括相邻的小区以及临近的社区级商业中心;线形区域则沿着城市街道扩展到西南方的江浦路街道及北边的五角场镇,最远处距离凤城二村小区边界1.4千米左右。由此可见,社区生活圈所涉及的面状区域主要为同街道行政范围内的小区,而线形区域则通常超越了行政区划范围。

凤城三村住宅小区面积为0.039平方千米,其老年人社区生活圈的面积为0.54平方公里,是其小区面积的13.8倍。如图11-11所示,凤城三村老年人社区生活圈的面状区域主要涉及相邻的住宅小区、社区商业中心和西边400米处的松鹤公园,其线形区域延伸至江浦路街道及五角场镇街道,最远处距离小区物理边界1.1公里左右。

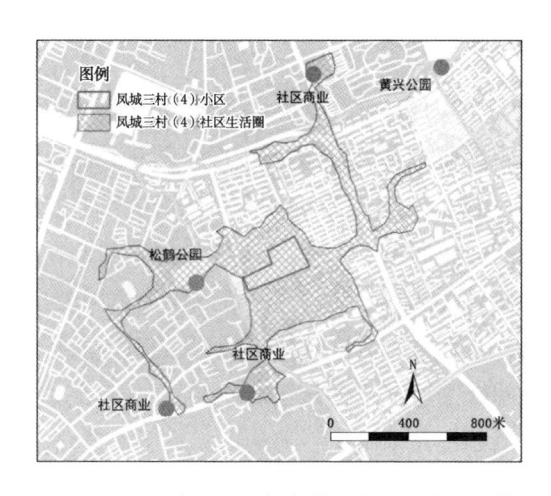

图11-11 凤城三村老年人社区生活圈的空间范围

沧州路180弄的住宅小区面积为0.041平方千米(去除居委会行政范围内的控江二村小学面积),其老年人社区生活圈的面积为0.42平方千米,为其住宅小区面积的10.24倍。从图11-12可知,沧州路180弄老年人社区生活圈所涉及的面状区域包括本街道内的相邻小区,同时也包括延吉新村街道的相邻小区及杨浦公园。线形区域沿城市街道向外延展的最远距离距小区物理边界1.0公里左右。沧州路180弄小区与延吉新村街道毗邻,因此其老年人社区生活圈与延吉新村街道也有较大的空间交集。

根据7个老年人社区生活圈的空间测度结果,总结得到以下规律:①从空间形态和空间面积来说,老年人社区生活圈围绕住宅小区周边呈面状铺开,之后沿城市街道向外延伸;其空间要素包括面状空间和线形空间。根据统计结

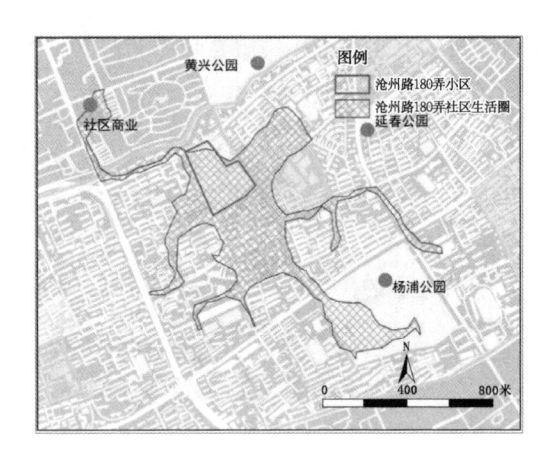

图 11-12　沧州路 180 弄老年人社区生活圈的空间范围

果,老年人社区生活圈的面积均在住宅小区面积的 10 倍以上,而线形空间距住宅小区物理边界的距离在 1—2.7 公里范围内不等。公园绿地能够促进老年人的日常出行活动,居住地周边公园绿地的数量提升能够有效增加老年人社区生活圈面积。②从空间分布的角度来看,老年人社区生活圈在小区物理边界周围的分布集中,随着距离增加而逐渐变得分散;以小区边界为参照,社区生活圈在空间分布上也具有一定的方向偏好,这与老年人的时空间行为特征相符。老年人社区生活圈的空间范围通常都会超出所在街道的行政边界,商业设施、公园绿地对生活圈空间的划分作用明显。③从空间类型来说,老年人社区生活圈的空间覆盖范围主要包括相邻的住宅小区、公园绿地、城市街道以及社区商业中心。其中住宅小区受街道行政单位的限制较大,即社区生活圈所涉及的相邻小区在同一街道范围内的概率更大;而公园绿地、城市街道以及商业设施则不受行政范围的约束。

第四节　社区生活圈的空间层次、要素及设施配置

将 7 个居委会所在小区的老年人社区生活圈空间范围进行叠加,得到图 11-13。如图所示,不同的老年人社区生活圈彼此关联、重叠、交织,呈现出复杂的空间关系。相邻的住宅小区通常互为彼此的社区生活圈范围,这体现了老

年人对社区周边小范围内的环境具有熟悉度和依赖性；而公园绿地、社区商业中心、街道等空间往往是多个社区生活圈的重叠区域，体现出老年人对高等级公共服务设施以及空间的共享性。

图 11‑13　老年人社区生活圈的叠加分析

为进一步了解老年人社区生活圈的空间层次，选取延吉四村和延吉五六村进行分析。两个住宅小区彼此相邻，通过叠加分析可以发现两个老年人社区生活圈在住宅小区周边、黄兴公园以及社区商业中心等空间均有大面积重叠(图 11‑14)。

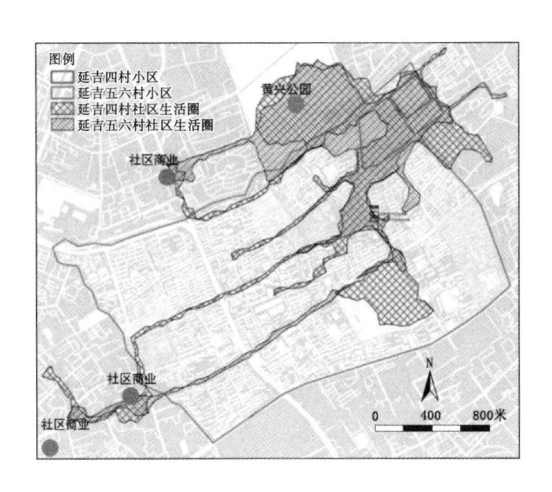

图 11‑14　延吉四村及五六村老年人社区生活圈的叠加分析

在两个老年人社区生活圈的空间范围内建立 54×54 米的栅格网(由于老

年人步行平均速度为0.9米/秒,而GPS数据采集的间隔为60秒左右,因此将栅格大小确定为54米),通过统计单个网格内GPS点的个数计算老年人时空间行为的密度(图11-15、11-16)。在老年人社区生活圈中,时空间行为的高密度分布区主要集中在小区物理边界以内,随着与居住地空间距离的增加,老年人时空间行为密度逐渐减小,而在部分公共服务设施,如公园绿地、集中式商业、沿街商业等设施处,会重现密度峰值。

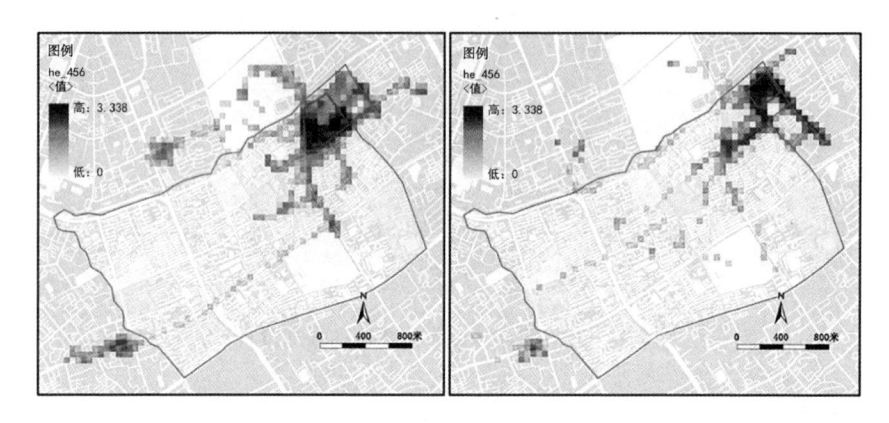

图11-15 延吉四村(左)和延吉五六村(右)老年人社区生活圈的时空间行为密度分析

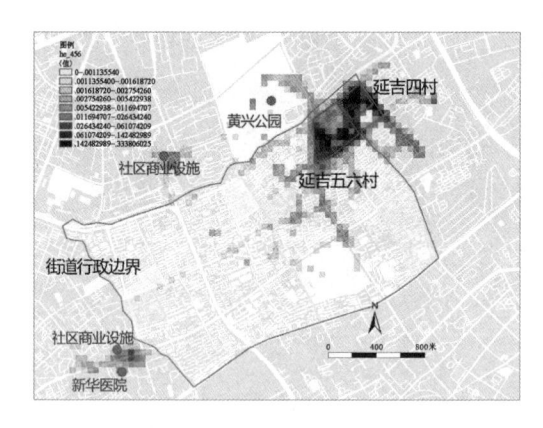

图11-16 延吉四村和延吉五六村老年人社区生活圈的时空间行为密度叠加

  对两个老年人社区生活圈的空间关系和空间层次进行梳理(图11-17):在住宅小区物理边界以内,老年人出行活动的时空间密度最高,有较大的集中性;在住宅小区物理边界外部,老年人的出行活动开始分散,时空间行为密集度随着与住宅小区空间距离的增加而降低;在公共服务设施等级较高或较为集中的区域,老年人的出行活动又呈现一定的集聚性。基于老年人时空间行为的密度特征,将老年人社区生活圈划分为两个层次:基础自足圈层和交流共享圈层。前者以住宅小区的物理边界范围为核心向外延展,老年人的出行活动密度与出行距离成反比,由近及远逐渐衰减;后者以公共服务设施为核心,老年人的出行活动密度在设施等级较高、规模较大或分布较集中的地方快速上升。

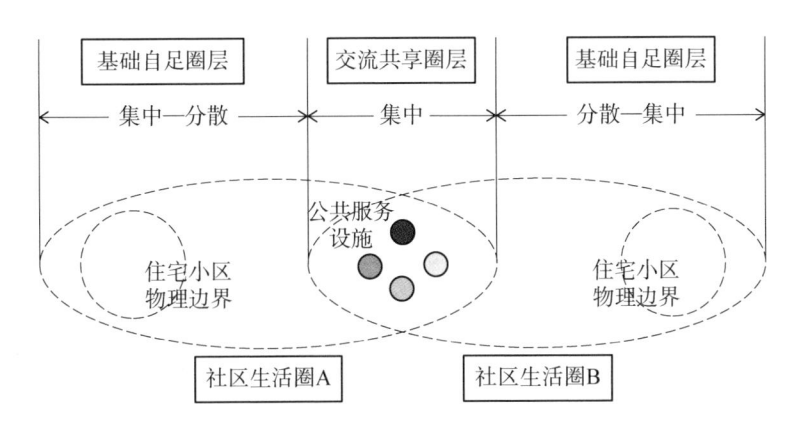

图 11-17 老年人社区生活圈的空间关系与空间层次

基础自足圈层以老年人时空间行为密度随出行距离的增大而衰减为特征,体现了老年人对居家社区空间的就近依赖性和归属感。基础自足圈层的空间要素包括面状要素和线形要素。面状要素以住宅小区为中心向外铺展开来,其空间类型包括居住空间、购物空间;线形要素为小区周边的街道空间,街道不仅是老年人日常出行活动的路径,而且承载了沿街购物空间及生活交往空间的功能。

在基础自足圈层中,老年人可以完成日常买菜购物、休闲锻炼、接送孙辈、就诊等基础性活动;配备的公共服务设施等级较低、规模较小,设施类型包括菜市场、幼儿园、老年活动中心、社区诊所、室外运动场地和小型商业等。

交流共享圈层是多个小区老年人日常出行活动的共同节点,通常距离老年人的居住地较远,是基础自足圈层中线形要素的节点或端点。交流共享圈层由于多个社区老年人的共同使用而呈现较高的时空间行为密度,体现了老年人对社区服务设施的共享性和跨社区的交往需求。其空间要素主要为点状要素;空间类型可以分为购物空间、休闲空间、医疗空间等,如调研区域的杨浦公园等公园绿地,紫荆广场、大润发超市等社区购物中心以及新华医院等大型医院设施。

  在交流共享圈层中,老年人可以进行购物、休闲娱乐、看病就医、接送孙辈等活动;配备设施等级较高、规模较大、分布相对集中,公共服务设施类型包括商业休闲设施、城市公园绿地、小学、医院、街道级服务设施等。

第四编

老年人社区生活圈的协同营造框架与机制

明确社区生活圈营造过程中多方主体的角色关系，发掘行动者网络的组织结构及利益联盟的形成机制，剖析其动力来源和利益所在，构建社区内部以及社区间由政府引导、市场供给、社会协作、居民参与的"共建共享"合作框架。在此基础上，探索老年人社区生活圈营造的"共赢互利"合作模式，包括激励、合作、约束、监督等不同类型的协同营造机制。

第十二章
老年人社区生活圈协同营造的理论基础与营造主体

第一节 协同营造机制建构的理论基础

一、公民治理理论

公民治理理论(Citizen Governance)的研究始于 20 世纪 90 年代。[1][2][3][4] 此前,新公共管理理论从经济视角出发,居民处于被动接受的状态,而公民治理理论反对这种把公民看作消费者而不是决定者的观点,提出了新型的主体关系,即公民在主动参与决策、执行、监督的过程中,与政府开展积极的合作,转变传统的代议制民主。其中,《公民治理:引领 21 世纪的美国社区》一

---

[1] Heying C. Reviewed Work(s): Citizen Governance: Leading American Communities into the 21st Century by Richard C. Box. *Administrative Theory and Praxis*, 1999(No.3):384-386.
[2] Stivers C., Cheryl S.K., Box R.C., *Government Is Us: Public Administration in an Anti-Government Era*, Calif: Sage Publications, 1998.
[3] Schachter H. L., "Reinventing Government or Reinventing Ourselves: Two Models for Improving Government Performance", *Public Administration Review*, 55(6), 1995, pp.530-537.
[4] Jun J.S., Sherwood F.P., *Social Construction of Public Administration, The: Interpretive and Critical Perspectives*, Albany: State University of New York Press, 2006.

书对公民治理理论领域进行了较为系统的阐述和建构。[①]

理论认为,社区治理可以分为"精英控制时代、民主时代、职业主义时代、公民治理时代",当前,在逐步改革和行政专业化时代的背景下,公民正在"回归过去的三个价值观:地方控制,规模小而反应迅速的政府以及公共从业人员的顾问角色"。

在此背景下,公民治理理论提出了社区治理的四项原则:

第一,规模原则。在贴近那些被政策直接影响的民众的位置上,通过自下而上的过程做出决策,找到制定公共政策的最佳组织规模并最终做出最佳选择。

第二,民主原则。公共政策制定的优劣应根据公民参与的程度判断,公民应能够获得信息,并对社区公共事务进行讨论,被赋予更多选择和决定社区未来的机会。

第三,责任原则。社区治理过程中最重要的治理主体是社区公民,应有权处理社区事务,同时还需要得到公共服务职业者和代议者的支持和帮助,三类主体在政策决策的过程中共同承担责任。

第四,理性原则。公民、代议者和公共服务职业者在参与公共项目和公共政策的决策过程时应该保持清醒的思维逻辑,准确地阐述观点,各方应当相互尊重、审慎思考,再做出最终决定。

理论将社区治理中的相关主体分为公民、代议者和公共服务职业者三类,其中公共服务职业者即为专家,三者可进一步细分为更多类型。

公民资格角色包括积极参与者、搭便车者和看门人(图12-1)。积极参与者指主动参与社区事务中的公民;搭便车者对社区事务毫不关心,让别人代理;看门人处于两者之间,只关注涉及自身利益的项目。

代议者分为代理人和受托人。代理人倾听那些关注管理当局政策选择的大多数人的诉求,并独立思考如何正确地界定绝大多数公众的要求,受托人力图确定某项代表了公众利益的公共政策以满足公众的需求。

公共服务职业者包括执行者、控制者和帮助者。执行者提供服务,远离政策制定过程,处于中立地位;控制者把控政策结果;帮助者处于两者之间,提供信息、技术和对话机制等方面的支持。

[①] 关爽、郁建兴、孙柏瑛:《让公民治理运转起来——重新审视〈公民治理:引领21世纪的美国社区〉》,《公共行政评论》2014年第5期。

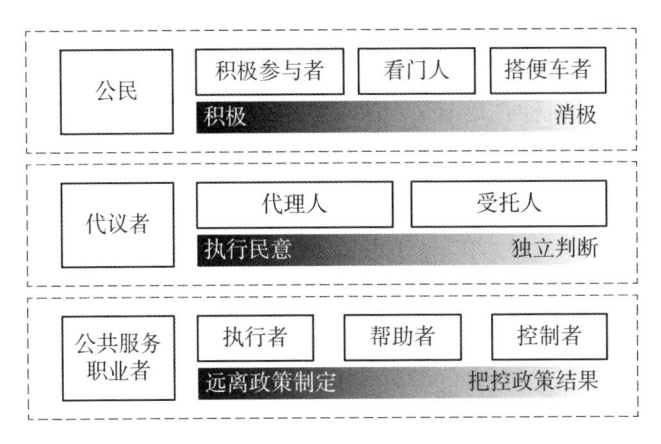

第十二章 老年人社区生活圈协同营造的理论基础与营造主体　189

| 公民 | 积极参与者 | 看门人 | 搭便车者 |
| | 积极 ←——————→ 消极 |

| 代议者 | 代理人 | 受托人 |
| | 执行民意 ←——————→ 独立判断 |

| 公共服务职业者 | 执行者 | 帮助者 | 控制者 |
| | 远离政策制定 ←——————→ 把控政策结果 |

图 12-1　公民治理理论下的相关主体角色类型

社区治理模式建立在社区整体的政策导向和发展态度上。社区可以分为注重经济增长的扩张型社区、注重居民居住环境的舒适型社区、政府提供有限服务的看守型社区、社区利益多元化并存在竞争的仲裁型社区。制度背景也有极少变革的维持型制度，重视经济增长的发展型制度，关注环境、历史等社会目的的中产阶级进步主义制度，扩大下层社会机会的制度四类。多样化的社区和制度分类主要是在四个维度上有较大差别，即治理制度是开放性还是封闭性的、社区是作为市场还是生活场所、政府被期望作用巨大还是作用有限、公共职业主义是被接受还是被抵制。这些政策导向并不互斥，而是同时存在，存在多种潜在组合，对于个人和社区的未来有巨大影响。只有明确社区的政策导向，才能选择出更适合社区发展的治理模型。

对于如何实施公民治理，该理论也提出要在前述原则的指导下执行以下配套措施：

第一，结构正式化。对公民理事会和协调委员会的职责和权力进行分配，并留出足够的灵活性和空间以适应变化。

第二，培训工作人员。从官方控制的模型角色向促进公民互动和服务的帮助者转变，以提高公民满意度为职业目标。

第三，培训委员会成员。作为咨询者和专家的角色和责任范围。

第四，解决问题。通过帮助解决义务和责任的问题保证治理过程的顺利，并在治理委员会和管理当局之间形成会议日程。

第五，进行中期修改。当进程显现出变化的需要时，应对结构调整做好准备,需要各参与主体在治理中对环境和制度主动适应。

整体上看,公民治理理论对社区治理中的公民参与寄予了较高的期望,认为社区治理最终的目标是走向公民治理,并倡导地方主义、小而富有回应性的政府以及作为顾问而不是控制者的公共服务职业者。但同时,公民治理仍是学者们对社区治理趋势发展的一种期许,这一理论被认为仍然停留在意识形态的层面,在公民参与社区治理的能力、解决权力让渡和实施问题等方面都有些乐观。[1][2] 但是,这一理论为社区协同营造相关研究提供了思路,[3][4][5][6][7]该理论创新地定义了相关利益主体的角色和关系,要求主体提高能力和转变职能,建议通过制度路径重新划分权责边界,倡导应当根据社区发展阶段、发展目标对机制进行动态和多样化的调整,对本研究有较强的借鉴意义。

二、多中心秩序理论

治理的秩序可以分为单中心秩序和多中心秩序两种,前者是依赖指挥行事,后者强调多元主体协作。迈克尔·博兰尼(Michael Polanyi)最早提出"多中心"(Polycentricity)的概念,区别了前文所述的两种秩序类型,以说明社会自我管理的限度。在规则之内,主体可自由地追求自己的利益,但其利益受规则约束。[8] 奥斯特罗姆教授夫妇(Vincent Ostrom 与 Elinor Ostrom)等学者延续了这一理解,构建了多中心理论的基本框架。[9]

此前,从经济人和集体行动的逻辑来看,由于个体追求短期利益的最大化以及搭便车、机会主义的存在,公共池塘资源(Common-pool Resources)一定会出现"公地悲剧"或"集体行动的困境"问题,公共池塘资源的管理要么以"利

---

[1] Heying C. Reviewed Work(s): Citizen Governance: Leading American Communities into the 21st Century by Richard C. Box. *Administrative Theory and Praxis*,1999(No.3):384-386.
[2] 关爽、郁建兴、孙柏瑛:《让公民治理运转起来——重新审视〈公民治理:引领21世纪的美国社区〉》,《公共行政评论》2014年第5期.
[3] Jun J.S., Sherwood F.P., *Social Construction of Public Administration, The: Interpretive and Critical Perspectives*, Albany: State University of New York Press, 2006.
[4] 侯晓蕾、郭巍:《社区微更新:北京老城公共空间的设计介入途径探讨》,《风景园林》2018年第4期.
[5] 马宏、应孔晋:《社区空间微更新 上海城市有机更新背景下社区营造路径的探索》,《时代建筑》2016年第4期.
[6] 赵波:《多元共治的社区微更新——基于浦东新区缤纷社区建设的实证研究》,《上海城市规划》2018年第4期.
[7] 李艳霞:《影响公共参与强度的主体性因素分析》,《城市问题》2011年第1期.
[8] [英]迈克尔·博兰尼:《自由的逻辑》,冯银江等译,吉林人民出版社2011年版.
[9] Ostrom E., *Governing the commons: The evolution of institutions for collective action*, Cambridge university press, 1990.

维坦"方案由政府集中化管理,要么进行私有化。[1]

而多中心秩序理论认为,由个人组成的集团不依靠公共当局的介入就能为自己提供公益物品的生产,[2]除了"利维坦"和私有化方案以外,还存在第三种解决方式,即相关主体在相互信任的基础上,通过持续的合作机制进行自治理。在面对复杂的资源利用困境时,相关主体经过博弈,往往能够创造复杂的规则与制度来规范、指导个体之间的博弈行为。由相关主体通过自主设计共同遵守的规则所构建的治理系统,往往比那些单一的中央控制系统更稳定、更不容易受到侵害。[3]

然而,并不是所有的多中心体制都是有效的。[4] 在公共服务领域,《公共事物的治理之道:集体行动制度的演进》对多中心的秩序进行了系统的阐述,[5]总结了有效的自治理制度的特征,包括以下 8 个方面:

(1) 清晰界定边界。界定公共资源的边界和可以使用这些资源的主体。

(2) 占用和供应规则与当地条件一致。根据当地的情况,对应当如何使用公共资源进行了与情况相符的安排。

(3) 集体选择的安排。受到前述规则影响的相关主体都应该有权利提出意见。

(4) 监督。有监督者监督公共资源和使用者的行为,这些监督者可以是对主体负有责任的人,也可以是主体本人。

(5) 分级制裁。主体一旦违规,就会受到其他主体和有关部门等的制裁,制裁的程度取决于行为的严重性。

(6) 冲突解决机制。主体之间或主体与官员之间的冲突一旦出现,能够迅速通过一定方式解决。

(7) 对组织权的最低限度的认可。行政威权无法威胁相关主体自己设计的制度。

(8) 嵌套式系统。将所有的规则组织在多层次的嵌套式系统中。

对于制度的起源问题,相关主体通过在规则上采取变革提高共同利益的可能性与以下特征呈正相关:

---

[1] 朱宪辰:《自主治理与扩展秩序》,浙江大学出版社 2012 年版。
[2] [美]迈克尔·麦金尼斯:《多中心体制与地方公共经济》,毛寿龙译,上海三联书店 2000 年版。
[3] 朱宪辰:《自主治理与扩展秩序》,浙江大学出版社 2012 年版。
[4] [美]迈克尔·麦金尼斯:《多中心体制与地方公共经济》,毛寿龙译,上海三联书店 2000 年版。
[5] Ostrom E., *Governing the commons: The evolution of institutions for collective action*, Cambridge university press, 1990.

(1) 大多数相关主体都认为,如果不制定治理规则就将受到损害。
(2) 大多数主体受到的变革影响是类似的。
(3) 大多数主体对继续使用公共资源持积极态度。
(4) 在变革中,相关主体所要付出的信息、转换和实施成本不高。
(5) 相关主体有互惠的共识,并认为这种共识是社会资本。
(6) 使用公共资源的群体稳定。

多中心秩序下存在着多个决策和治理中心,在各自有限的范围内发挥作用,形成分而治之的局面。多个决策和治理中心的运作仰赖多种多样的规则,包括法律、市场规则、社会习俗、道德规范、宗教规范、家族规则等。[1]

于社区而言,有效的制度环境对于维持社区的多中心秩序可以起到保障作用,制度环境的覆盖面越广、规定越具体,对多中心的约束力越强。[2] 通过持续的合作机制,将相关主体组织起来,制定行为规范,避免"公地悲剧"或"集体行动的困境",达到各主体共同受益的目标。将相关主体组织起来制定共同的行为规范,从而能够在所有人都面对搭便车、规避责任或其他机会主义行为诱惑的情况下,取得持久的共同收益,[3]即必须构建、维持多中心秩序的制度。

总的来说,公民治理理论认为,为实现新型的主体关系,相关主体应当提高能力、转变职能,通过制度路径重新划分权责边界,根据社区发展阶段、发展目标对机制进行动态和多样化的调整。多中心秩序理论则对制度路径提出了更加明确的要求,认为应当将相关主体组织起来制定共同的行为规范,在平等互惠的共识下,制度设计应当结合实际情况,能够清晰界定主体边界,并有监督、制裁和冲突解决机制。

第二节 老年人社区生活圈的协同营造主体

一、政府力量

参与老年人社区生活圈营造的政府力量有政府部门、街道办事处、居委会

---

[1] 毛寿龙:《冯兴元主编.规则与治理:理论、现实与政策选择》,浙江大学出版社 2014 年版。
[2] 张洪武:《社区治理的多中心秩序与制度安排》,《广东社会科学》2007 年第 1 期。
[3] [美]埃莉诺·奥斯特罗姆:《公共事物的治理之道:集体行动制度的演进》,余逊达、陈旭东译,上海译文出版社 2012 年版。

等,主要承担引导、组织、保障和监督的作用。

政府职能部门关心街道公共利益,目标是实现社区发展的综合效益,作为创新社会治理的途径。[1] 工作主要包括发布项目相关配套文件、确定行动目标、内容和工作机制,通过法律法规界定各方的权力和责任,提供资金支持和公共服务,或作为为项目提供经费支持的甲方,支持社会力量的发展,例如以购买服务的方式委托第三方机构具体开展工作,并实施监督和成果评估等。[2][3]

街道办事处是区人民政府的派出机关,发挥指导、调研、协调、服务的功能,同时对居委会进行指导。实际工作中,街道办事处与居委会的关系比应有的"指导与被指导"的关系更加紧密,通过人事聘用、财务和工作考核等工作,形成了居委会对街道全面依附的关系现状。[4] 对政府职能部门和街道而言,政令推动是强有力的动员方式。城乡社区治理是各地领导干部政绩考核指标体系和党建工作述职评议考核中的重要部分,居民满意度也是评价中重要的衡量标准。

居委会是带有很强行政色彩的基层群众性自治组织,介于街道及社区居民之间。一方面受到街道的指导、支持和帮助,完成委派的基层工作项目,工作人员也按照事业编制进行管理,并围绕职能部门制订的评价考核指标体系来进行工作;[5]另一方面,居委会为居民服务、接受居民监督。居委会同时承担协管和自治的职责,在政府主导下做好协助管理社区公共事务和提供社区公共服务,同时对社区基本事务进行管理和决策,并代表社区居民向基层政府反映诉求,维护社区居民的切身利益。[6] 在老年人社区生活圈营造中,居委会可以作为居民代表参与社区协商议事,[7]也可以动员和组织居民参与居民互助和文体娱乐活动,或培育社区社会组织,作为社区营造的重要环节。[8] 居委会一方面通过社区营造改善社区内的环境以提高社区居民的满意度,获得居民的支持,[9]缓

---

[1] 黄瓴、沈默予:《基于社区资产的山地城市社区线性空间微更新方法探究》,《规划师》2018年第2期。
[2] 赵幸:《找回院子里的生活——院落公共空间改善参与式设计实践初探》,《城市建筑》2017年第15期。
[3] 王永红:《城市社区治理中政府的角色定位及其职能》,《城市问题》2011年第12期。
[4] 汪锐:《城市社区多元主体治理问题研究》,硕士学位论文,山东大学,2009年。
[5] 杨敏:《公民参与、群众参与与社区参与》,《社会》2005年第5期。
[6] 霍亚茜:《论社会治理视角下的居民委员会困境与对策》,《求知导刊》2017年第26期。
[7] 刘佳燕、谈小燕、程情仪:《转型背景下参与式社区规划的实践和思考——以北京市清河街道Y社区为例》,《上海城市规划》2017年第2期。
[8] 梁肖月:《如何培育发展社区社会组织——以北京市西城区大栅栏街道社区营造实验为例》,《中国社会组织》2019年第20期。
[9] 杨敏:《公民参与、群众参与与社区参与》,《社会》2005年第5期。

解社区内的矛盾与冲突；另一方面，通过贯彻政策与方针，巩固与基层政府之间的关系，争取资源的投入与权力的下放。[1][2][3]

二、社区居民

社区居民是老年人社区生活圈营造的核心主体和实际受用者，[4]是社区空间正义的主要体现，[5]贯穿需求调查、讨论协商、方案设计、推动实施、效果评估及成果反馈的全过程。[6] 其承担的角色有监督、提供意见与资源、配合实施三个方面。通过室外讨论会、小型讨论会、圆桌会议、入户访谈和问卷调查等多种途径参与规划决策，或在实施阶段参与具体的空间改造工作等。[7] 居民由于兴趣爱好而形成团体进行交往，或为住房产权与居住权益而形成的集体行动，为基层社会治理的发育提供可能。[8]

在一部分社区，居民中存在着社区领袖，多由带有一定行政色彩的社区党组织和居委会成员、社区积极分子以及小区中比较有号召力的其他成员组成。[9] 社区领袖可以代表居民争取政府支持并组织实施，或引导居民了解社区、凝聚社区共识，或通过媒体报道、网络平台等多种方式对社区推进的工作进行宣传，共享社区营造经验。[10] 在老年人社区生活圈营造中，社区领袖展现了自己的特长，还推动构建和谐的社区邻里关系。

社区社会组织由居委会或支持性社会组织引导组建，以社区居民为主体，不以营利为目，规模较小，为社区居民提供服务或组织文体活动。其类型多样，较常见的有社区文艺表演队、助老服务社、社区志愿者组织、义工组织和一些兴

---

[1] 杨敏：《公民参与、群众参与与社区参与》，《社会》2005年第5期。
[2] 霍亚茜：《论社会治理视角下的居民委员会困境与对策》，《求知导刊》2017年第26期。
[3] 孙璐：《一个居委会主任的权力运作基础——基于扬州市荷花池社区的实地研究》，《城市问题》2011第11期。
[4] 袁媛、陈金城：《低收入社区的规划协作机制研究——以广州市同德街规划为例》，《城市规划学刊》2015年第1期。
[5] 蔡静诚、熊琳：《从再造空间到再造共同体：社区营造的实践逻辑》，《华南理工大学学报（社会科学版）》2019年第2期。
[6] 莫筱筱、明亮：《台湾社区营造的经验及启示》，《城市发展研究》2016年第1期。
[7] 刘佳燕、谈小燕、程情仪：《转型背景下参与式社区规划的实践和思考——以北京市清河街道Y社区为例》，《上海城市规划》2017年第2期。
[8] 杨敏：《公民参与、群众参与与社区参与》，《社会》2005年第5期。
[9] 刘悦来、寇怀云：《上海社区花园参与式空间微更新微治理策略探索》，《中国园林》2019年第12期。
[10] 杨哲、初松峰：《存量土地活化的机制与主体研究——基于台湾社区营造经验的延伸探讨》，《国际城市规划》2017年第2期。

趣团体等。活跃的社区社会组织在提供公共服务、丰富社区文化等方面可以起到积极作用。[1]

三、社会力量

社会力量包括设计团队和社会组织两类，是社区营造中不可缺少的一环，起到教育、顾问、建议与协调作用，[2]一方面通过对社区活动的诠释和参与，使资源能够由政府部门流向基础社区，另一方面作为与居民沟通的桥梁，帮助社区居民弥补知识的不足和化解冲突。[3]

设计团队同时承担着热心社区的社会工作者、能够研究分析的研究者、具备设计能力的设计师等多个角色，[4]主要包括社区规划师和在项目中聘请的规划师两类，主体面临着由政府的专业顾问向各个利益群体的协调者的转变。[5][6] 对于设计团队的角色，有研究将其分为规划权利保障型、反馈协调型、技术辅助型、社区能力提升型四类：规划权利保障型提供专业技术支持，进行规划编制；反馈协调型帮助挖掘社区居民的需求，并传达给政府的相关职能部门；[7]技术辅助型为职能部门提供咨询服务或协助规划管理，提升规划的专业性和科学性；社区能力提升型为社区提供服务，帮助社区制订发展计划，协助指导社区完成计划推进。[8]

作为社会力量参与老年人社区生活圈营造的社会组织是支持性社会组织，专业性较强，有时接受政府委托为社区提供服务，搭建平台引入资金和资源，承担项目运营工作，并协助公众参与；[9]也可以专注于社区营造领域，自主整合多方资源，并招募和组织居民开展具体的营造活动。[10]

---

[1] 梁肖月：《如何培育发展社区社会组织——以北京市西城区大栅栏街道社区营造实验为例》，《中国社会组织》2019年第20期。
[2] 洪亮平、赵茜：《走向社区发展的旧城更新规划——美日旧城更新政策及其对中国的启示》，《城市发展研究》2013年第3期。
[3] 莫筱筱、明亮：《台湾社区营造的经验及启示》，《城市发展研究》2016年第1期。
[4] 刘思思、徐磊青：《社区规划师推进下的社区更新及工作框架》，《上海城市规划》2018年第4期。
[5] 赵民、刘晓玲：《规划师在社区营造中的作用》，《北京规划建设》2016年第2期。
[6] 黄瓴、王思佳、林森：《"区域联动＋触媒营造"总体思路下的城市社区更新实证研究——以重庆渝中区学田湾片区为例》，《住区》2017年第2期。
[7] 侯晓蕾、郭巍：《社区微更新：北京老城公共空间的设计介入途径探讨》，《风景园林》2018年第4期。
[8] 钟宪鑫、陈小辉、刘淑虎：《强化公众参与的社区规划师角色类型》，《建筑与文化》2018年第2期。
[9] 赵幸：《找回院子里的生活——院落公共空间改善参与式设计实践初探》，《城市建筑》2017年第15期。
[10] 蔡静诚、熊琳：《从再造空间到再造共同体：社区营造的实践逻辑》，《华南理工大学学报（社会科学版）》2019年第2期。

四、企业

企业是进入老年人社区生活圈营造的新兴主体,能促进社区经济生活发展、提供服务、便利民生。[①] 在老年人社区生活圈营造中,企业可以成为社区共建单位,或为政府力量、社会力量等其他主体提供资源和意见。例如,在以外来务工人口为主的城市近郊社区,企业可以与社区形成伙伴关系,一方面帮助企业发展,另一方面为议题和解决方案提供支持;[②]在城市历史街区、艺术创意式社区营造中,企业也可以提供资源。[③]

企业参与社区营造的诉求主要包括三个方面。其一,企业参与社区建设的行为具有明显的经济取向,[④]城市空间具有交换和消费的价值,市场效益可以通过空间增值收益得到保障,[⑤]并获得政府给予的容量奖励等政策优惠。其二,通过赞助小型的社区营造活动,在为居民服务的同时,企业品牌也得到了推广。[⑥] 其三,企业是社区发展不可或缺的要素,[⑦]社会责任是企业发展的重要规范之一,参与当地社区建设是企业应当承担的责任。

[①] 蔡静诚、熊琳:《从再造空间到再造共同体:社区营造的实践逻辑》,《华南理工大学学报(社会科学版)》2019年第2期。
[②] 袁媛、刘懿莹、蒋珊红:《第三方组织参与社区规划的协作机制研究》,《规划师》2018年第2期。
[③] 黄瓴、沈默予:《基于社区资产的山地城市社区线性空间微更新方法探究》,《规划师》2018年第2期。
[④] 中国社会管理评价体系课题组、俞可平:《中国社会治理评价指标体系》,《中国治理评论》2012年第2期。
[⑤] 彭恺:《新马克思主义视角下我国治理型城市更新模式——空间利益主体角色及合作伙伴关系重构》,《规划师》2018年第6期。
[⑥] 陈世香、黄冬季:《协同治理:我国城市社区公共文化服务供给机制创新的个案研究》,《南通大学学报(社会科学版)》2018年第5期。
[⑦] 张桂蓉:《企业社会责任与城市社区建设》,《城市问题》2011年第1期。

第十三章
协同营造机制的框架和内容

构建覆盖老年人社区生活圈营造全过程的协同营造机制,以系统化、规范化的制度建设为基本保障,在主体间形成多样化的联动体系和互利互惠的关系网络,以常态化的评估反馈机制和共治共享的运营模式确保协同营造的长效作用(图 13-1)。

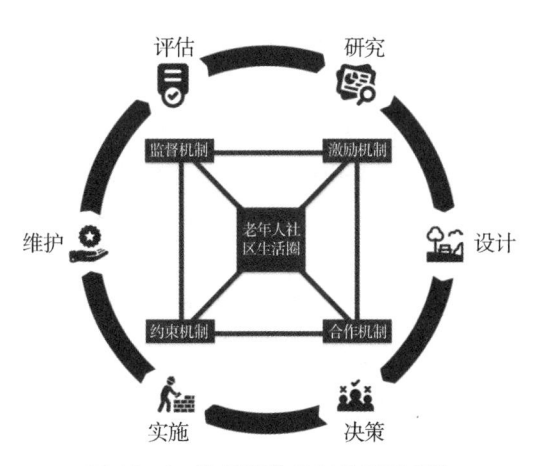

图 13-1 协同营造机制的基础架构

激励机制方面,充分挖掘和利用多元主体力量,形成互利互惠的关系网络。合作机制方面,针对社区的发展阶段和目标,明确各主体各阶段的参与行为和参与深度,建立主体间良性的互动关系。同时探索以居民为主体的共治共享的运营模式,通过公共事件培育公共精神。约束机制方面,清晰划定主体权责,捋顺主体关系,明确议事参与要求和流程指引。监督机制方面,保留常态化的意见反馈通道,完善考核评价体系,明确考核评估责任主体。

第一节　激励机制：互利互惠的关系网络

充分挖掘和利用多元主体力量,形成互利互惠的关系网络,使各个主体都可以从网络中获得足够资源以支撑参与行为(表13-1)。

表13-1　主体间的互利互惠关系

主体	诉求	供给手段
政府	政令畅通	城乡社区治理工作是政绩考核要求
	社会治理目标	多元主体的参与和协同行为是社会治理能力现代化的重要方面
	环境治理目标	老年人社区生活圈营造的空间属性
社会力量	能力提升	相关职能部门提供的教育培训机会;相关职能部门的制度支持
	资源支持	相关职能部门购买服务;项目运营的盈利
	品牌宣传	多元主体提供的参与机会是品牌宣传和扩大影响力的契机
	实践机会	多元主体提供的参与机会是实践相关理论和方法的契机
居民	环境品质优化的机会	相关职能部门和街道通过自治金等手段,为居民改善环境品质提供支持
	参与公共事务的话语权	多元主体建立的沟通平台,为居民提供了参与机会;社会力量提供的教育培训机会,提升了居民的参与能力
企业	经济效益	相关职能部门提供的税收优惠、容量奖励等;空间增值收益;项目运营的盈利
	品牌宣传	多元主体提供的参与机会是品牌宣传和扩大影响力的契机;履行社会责任,树立企业形象

对政府而言,借助其他主体实现职能转变和社会治理目标,并分担单一主体资源供给的压力。

对社会力量而言,政府可以为社会力量的发展提供制度和资源支持,提升社会力量的合法性。过程中,社会力量可以实现自身的公共价值,获得在社区实践专业知识和方法的机会。过程中,应通过教育培训和引入考核评价机制,鼓励社会组织的自我能力提升。一方面,通过对社会组织加强教育,充分了解服务开展的规则和服务的目标,提高社会组织服务居民的能力。降低准入门槛,激励居民积极建立和加入社区社会组织,同时引入竞争评估机制,建立考核评价办法,细化评价要求,作为政策性资金支持的标准,对于发展势头向好的社会组织加大扶持力度,激励社会组织的自我提升。

对居民而言,居民作为最大受惠者,应有实质性的资金和行动上的参与。建立居民出资机制,激发居民参与,通过街道补贴一部分资金、居民筹措一部分资金的激励手段,引导居民发现和自主解决问题。发掘热心公共事务、喜爱社交活动并有一定影响力的社区居民,培养其成为社区领袖,通过宣传和为他们提供行动支持等手段,引导更多居民参与。居民在互动中获得共享的体验与记忆,提高生活质量,获得参与社会治理的话语权,为其他主体提供机会。

对企业而言,履行自身的社会责任,树立了积极的企业形象。在政府支持度较高、营造周期短和商业潜力高的项目中,市场效益可以得到保障。还可以借鉴日本的社区营造经验,对为社区营造提供赞助的企业,给予适当的税收优惠。

第二节 合作协调:因地制宜的联动体系

根据推动主体的不同,协同营造可以分为政府推动、社会力量推动和居民推动三种。根据社区的政策导向和发育程度,提出合作机制的类型与适用情况(表13-2)。

表13-2 合作机制的类型与适用情况

类　型	适　用　情　况
政府推动	地区开创性、示范性的老年人社区生活圈营造计划;在地社会力量势弱、居民自治水平较低、需要政府资源扶持的社区
社会力量推动	以社区营造为主题的社会活动;有能动性较强的在地社会力量的社区
居民推动	有能动性较强的社区自治组织、居民自治水平较高的社区

一、行政力量推动的联动体系

政府推动的合作机制适用于，还未开展老年人社区生活圈营造的地区，推进开创性、示范性的大型老年人社区生活圈营造计划，以及在地社会力量较弱、居民自治水平较低、需要资源和制度支持的社区开展老年人社区生活圈营造。

在政府强有力的公共干预下，可以保证协同营造全局战略和目标的稳定，有效避免市场失灵、自治失效的问题。权力由单一主体掌握，这种不对等性使主体间的博弈和矛盾减少，有利于稳定、快速推进。

政府推动的合作机制是以政府为核心，社会力量或相关企业为执行和辅助，居民积极参与的机制。虽然政府推动在效率方面有很强的优越性，但在把握公众诉求方面仍存在不足。为了更好地发挥协同营造在社会转型与社会治理格局多元化中的作用，政府职能仍需从"管理型"向"服务型"转变，并减弱工作中过强的行政色彩。在这一思路下，本研究提出以下建议：

其一，增设负责老年人社区生活圈营造的工作领导小组，解决单一职能部门能力不足的问题，并提高跨部门的工作绩效。具体工作由街道和居委会负责开展，提高居委会的能动性。

其二，由政府委托或组织成立地方专业咨询顾问团队，团队应兼具社会工作能力和专业设计能力。

其三，建立多主体共同参与的多频次会议制度，加强居委会与居民之间的双向互动，而非仅仅进行信息提供性参与，应全面、准确掌握居民诉求。

其四，财政预算的覆盖面有限，应提倡多方资金投入，可以通过设立社区自治基金等方式鼓励居民或自治组织自拟协同营造项目计划，自筹部分经费提交审核，获得自治金奖励，作为激励手段。

提升居民和居委会全过程的参与程度，鼓励居民自主提出议题、设计方案、提高居民在决策和评估阶段的话语权、积极参与实施工作，并自主维护。其推进流程如图13-2所示。

政府推动的合作机制如图13-3所示，由相关职能部门把控，街道办事处(简称"街道")或居委会共同推动，委托顾问团队与基层部门深度合作，提供技术支持，并引导居民参与。由街道主动提出并负责推进的协同营造项目，由街道向区级相关职能部门申报，获得财政经费，过程中与应注意社会力量合作。

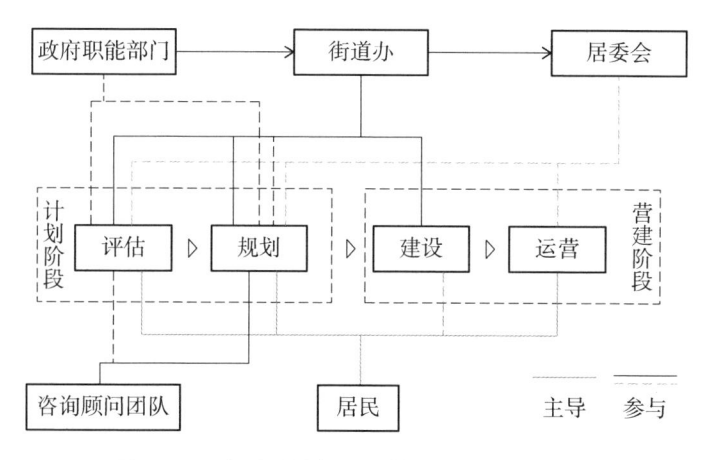

图 13-2　行政力量推动的协同营造的推进流程

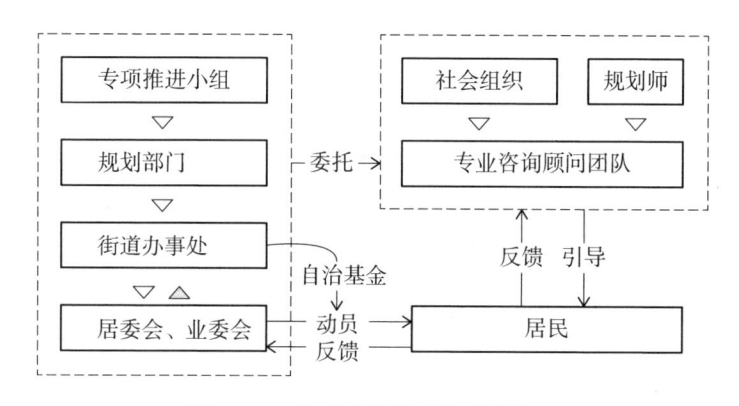

图 13-3　行政力量推动的联动体系

二、社会力量推动的联动体系

社会力量推动的合作机制适用于由社会组织发起的以老年人社区生活圈营造为主题的社会活动，或在当地社会力量较强的社区，由社区社会组织推动的协同营造项目。

在社会力量推动的合作机制中，社会力量积极联络相关主体，达成合作意向，尽力整合多方资源推动老年人社区生活圈的营造。在相互信任、相互尊重的关系下，这一类型减少了协同营造对单一主体提供的资源的依赖，充分挖掘和利用各类潜在资源，实现了由行政配置向市场配置的转换，更能体现协同营造的价值。

社会力量推动的合作机制是由社会组织或高校相关团队为核心发起和推动,寻求政府、企业、其他社会组织的支持和辅助,号召居民积极参与的机制。但同时,这一类型对链接整合社区资源的依赖性很强,需要社会力量本身具有较强的联络能力,并得到政府部门、街道或居委会的支持,才能够顺利推进。在这一思路下,笔者提出以下建议:

第一,社会力量应具备较强的联络和协调能力,有一定的社会影响力。

第二,寻求地方政府部门支持。通过为政府项目提供服务等方式,形成稳定的互动关系,并寻找将行动融入市、区级计划的机会,以获得更多资源。

第三,应建立弹性的合作关系,防止由于某一参与主体缺位可能导致的问题,尤其是预防资金链断裂。

第四,应建立专门的协同营造组委会等合作平台,确保及时沟通,更全面地了解相关信息。

第五,应注重设施维护的持续性。一方面,确保街道、居委会和社区社会组织对协同营造成果抱有积极态度,能够持续提供支持;另一方面,明确社区居民才是使用者和维护者,在社会力量撤出之前,引导开展更多需要居民主动参与的营建活动,培养自发维护协同营造成果的氛围。

提升政府职能部门或街道办全过程的参与程度,确保行政力量的充分支持。组织定期的评估工作,确保设计阶段完成后的实施阶段的稳定性。其推进流程如图 13-4 所示。

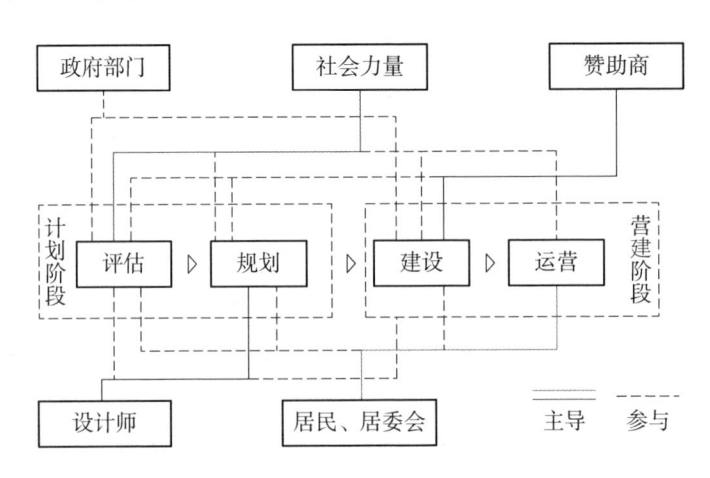

图 13-4 社会力量推动的流程

社会力量推动的合作机制如图 13-5 所示,由社会力量组织成立合作平台,联络各方主体提供制度和资源协助,并动员居民参与。

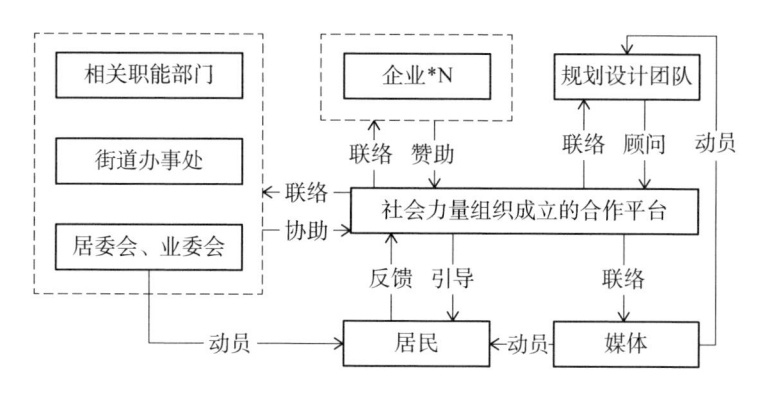

图 13-5 社会力量推动的联动体系

三、自治组织推动的联动体系

自治组织推动的合作机制适用于有能动性较强的在地社会力量、居民自治水平较高的社区,通过自筹或进一步由居委会、街道向上级政府部门争取资源支持,并由自治组织推动落实的协同营造。

在自治组织推动的合作机制中,利用可能获得的政府项目补贴、物业公司的维修基金、社区共建单位募捐和居民众筹等方式将项目落地,自主寻找施工单位,并监督资金使用和项目进程。这一类型实现了从依靠政府解决问题到自主解决问题的转变,让民意成为社区管理和服务的动力,充分利用了社区的潜在资源,居民以社区主人的身份助力社区发展,实现了个人或集体的利益,提高了居民对社区的归属感,推动了社区自治的发展。

自治组织推动的合作机制由社区居民、业委会、居委会、社区党支部及其他在地力量组成自治小组,推动项目进程。但同时,这一类型对各相关主体组成的自治组织的能力有一定要求,需要社区居民具有较强的能动性。在这一思路下,本研究提出以下建议:

第一,引导建立文体类、公益类社区社会组织,组织社区活动,让居民认识到参与行为可以对社区建设起到积极作用,逐步提高居民参与社区事务的热情,培养内生动力。

第二,引入支持类社会组织,组织学习讨论活动,提高居民的参与能力。

第三，以自治组织作为各方沟通的平台，并作为代言人充分发掘和创造可利用的资源。

提高社区自治组织的创收能力，发挥自治组织对项目实施的支撑作用，减少对行政资源的依赖。加强居民参与，培养居民自主提出问题和解决问题的能力，更多地参与前期阶段。其推进流程如图13-6所示。

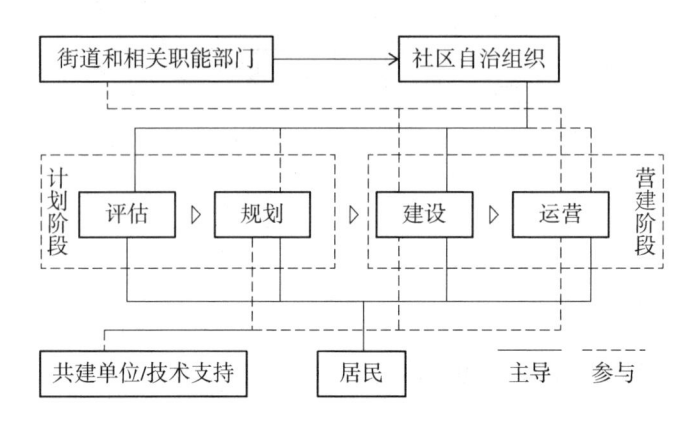

图13-6 自治组织推动的流程

自治组织推动的合作机制如图13-7所示，以社区居民、自治组织为核心，联络各方主体提供资源支持。

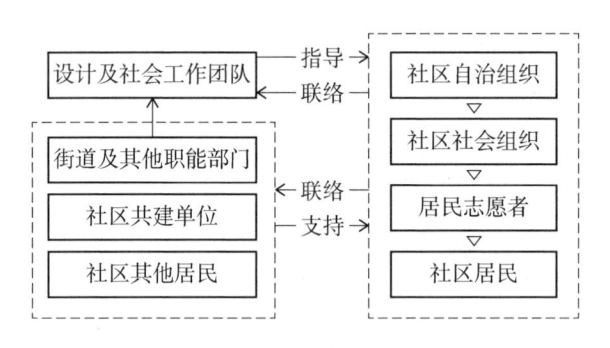

图13-7 自治组织推动的联动体系

四、共治共享的运营模式

共治共享即共同享有发展带来的成果，是物质成果的共享，也是公共精神的共享。

策略上，已落地的设施、空间的运营和维护工作主要由居民、社区社会组织、居委会和街道办共同承担。依托社区的自主力量,维持空间设施使用秩序、保证项目收入与支出的相对平衡、维护场地卫生、组织策划共享主题活动等,保障项目的可持续运营。在实现共享的过程中,需要链接社区外部资源,例如邀请周边单位、公益组织参与活动,丰富活动类型,链接更广泛的社区资源。之后,应通过资源整合和利用,结合活动经营与互联网平台营造社区共享空间,最终实现社区居民的自组织和自发展。

形式上,应由社区策划开展各种居民乐于参与的主题活动,激发场地的活力,可以包括艺术、民俗、公益等类型。如举办跳蚤市场,交易家中闲置物品,促进邻里交流;或举办教学体验活动,如烘焙、编织、蜡烛制作、养生讲座等,起到宣传和引导居民参与的作用。

第三节 约束机制:系统规范的制度建设

应制定老年人社区生活圈营造工作指导文件,明确权责边界。可以由政府部门、社会力量或居民自治组织制订相关文件,对参与主体的责任分工进行明确划分。

由于公共空间属于业主共同所有,空间的主要使用者也是社区中的居民,因此空间的营造牵涉更为复杂的社会关系,需要更多的沟通与协调。这个时候,明确的营造主体权责划定就十分重要,并且需要在项目前期就明确自己的角色与权力责任边界。

以某体育设施项目为例,在前期将项目全流程中各营造主体的权责发生机制明确下来,并严格按照流程进行项目建设(图13-8)。该项目由政府牵头、居委会发起立项,通过项目咨询,引入规划师团队进行项目设计,通过各种形式征询项目方案的意见,尤其是老年居民,直至获得居民认可。而后,居委会及规划师团队将委托施工方,建设完成该设施项目。建设完成后,项目进入运营阶段,通过竞标形式引入运营单位,策划各类社区体育活动及赛事,策划方案应征询老年居民等的多方意见,并修改完善直至活动可行。最后,志愿者将协助老年人参与赛事活动、协助调研并收集老年人对设施使用意见,反馈至居委会,提请更新,并进入建设环节。

社区日常的协商一般有说明会、恳谈会和听证会三种形式。说明会是为居

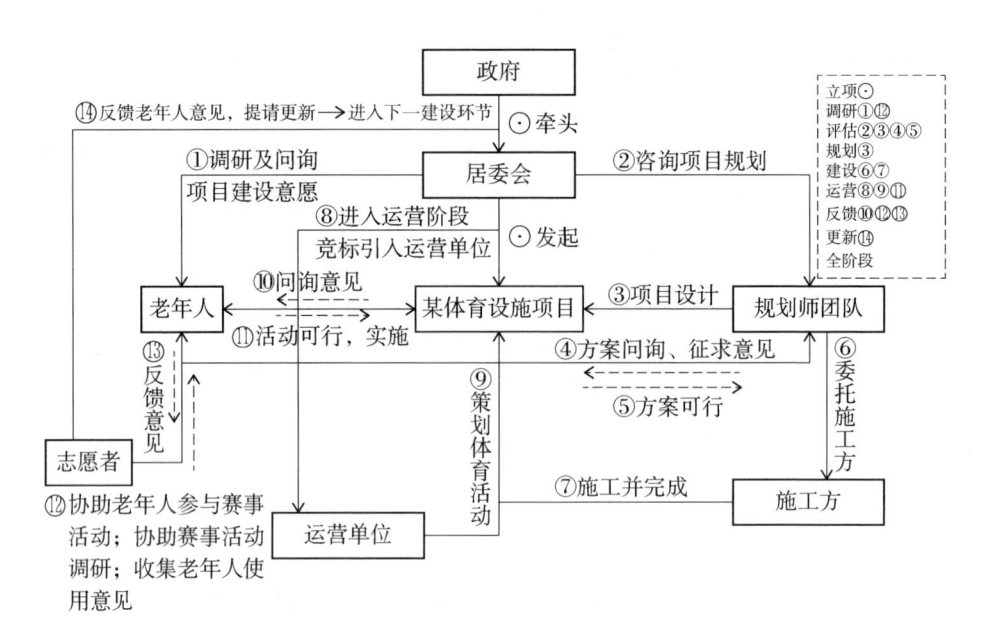

图 13-8　在某一项目建设全阶段中各运营主体权责关系界定

民解释具体工作事项的背景、目的、做法,恳谈会是邀请各方代表表达诉求后再进行协商,听证会有多种模式,会邀请代理机构、职能部门代表和专业人士参与。在社区生活圈协同营造的过程中也应制定规范化的议事规则、参与要求和程序。

在上海市静安区,解决社区问题需要召开"1+5+X"会议,"1"指以社区的党总支为核心,"5"指领导社区民警代表、居委会主任、业委会主任、物业公司负责人、群众团队和社会单位负责人,"X"包括驻区单位负责人、楼组长、志愿者等(图 13-9)。

图 13-9　上海市静安区"1+5+X"的议事规则

在议事流程上,采用"三会一代理"的形式,指决策听证会、矛盾协调会、政务评议会和群众事务代理。在具体议题上,可以先开"决策听证会"邀请居民参与;如果遇到矛盾,可以启动"矛盾协调会";项目完成后,举行"政务评议会",对实施效果进行回顾和反馈。涉及政府部门的问题,可以通过"约请机制"(居委会可以约请政府职能部门的工作人员来社区解答问题)进行协调。在决策阶段,可以通过遵循《城市居民委员会组织法》《物业管理条例》《业主大会议事规则》等的决策程序,使决策受到法律保障。

第四节 动态监督：常态化评价反馈体系

一、开放意见反馈渠道

应在项目营造结束后保留常态化的意见反馈通道,具体策略可以从线下和线上两个途径开展。

一方面,居民的诉求表达应当不限于定期举行的听证会、协调会和成果评议会,为避免居民用消极的方式表达不满,应该在研究、设计、决策、实施和后续维护的全过程中,均保证公众有意见表达的机会,有意见可以通过常设的社区共治程序进行线下反馈。例如,应定期举办协商会议,同时居民可以向居委会、居民议事平台、咨询顾问团队、社区自治小组等提交异议申请,对集中的、典型的问题召开质询会议,并将召开质询会议的日程通过官网公示、公众号推送、张贴宣传单的方式告知居民,邀请职能部门、规划师等相关主体参加会议,居民可以通过互动提问的方式进行深入了解。

另一方面,加快互联网与社区服务体系的融合,运用新媒体平台,引导居民线上参与公共事务,通过网络互动的方式进行信息公开、问政与解答,支持媒体和群众开展舆论监督。

二、完善考核评价体系

完善考核评价体系,应建立评价指标体系和评价方法,并明确考核评估责任主体。

老年人社区生活圈营造是以老年居民为核心和实际受用者,以提升社区空间品质、服务老年人水平和增强老年人社区凝聚力为综合目标的行动,其评价指标应当包括综合满意度评价、空间影响评价和社会影响评价三个方面。参考《市场、民意和社会调查服务要求》《中国社会治理评价指标体系》[1]《社会工作服务项目绩效评估指南》、上海市《社区公益服务项目绩效评估导则》及现有的相关研究,建立多元主体协同营造机制下的老年人社区生活圈营造量化评价体系(表13-3)。

表13-3 老年人社区生活圈评价指标体系

评价内容		评价因子
满意度评价	与计划的符合程度	与更新目标的符合程度;与项目进度安排的符合程度
	老年人对成果的满意度	老年人的使用频率;老年人的维护意愿
	老年人对协同机制的满意度	意见表达渠道的有效性;决策知晓程度;对志愿活动的满意度
	相关主体的满意度	职能部门对过程与成果的满意度;基层政府对过程与成果的满意度;社会力量对过程与成果的满意度;参与企业对过程与成果的满意度
空间影响评价	设计选址	场地周围四个街区内的潜在使用群体步行到达路径的环境;[2](公共空间)是否既有阳光充足的地方,也有遮阴的地方[3]
	入口和边界	入口是否引人注意;[4](公共空间)靠近住宅的边界是否有屏蔽[5]
	功能和交通	功能布局是否经过了精心设计;[6](公共空间)靠近住宅的边界是否有产生噪声的场地[7]

---

[1] 中国社会管理评价体系课题组、俞可平:《中国社会治理评价指标体系》,《中国治理评论》2012年第2期。
[2] [美]克莱尔·库珀、马库斯、卡罗琳·弗朗西斯:《人性场所城市开放空间设计导则》,俞孔坚等译,中国建筑工业出版社2001年版。
[3] [美]克莱尔·库珀、马库斯、卡罗琳·弗朗西斯:《人性场所城市开放空间设计导则》,俞孔坚等译,中国建筑工业出版社2001年版。
[4] [美]克莱尔·库珀、马库斯、卡罗琳·弗朗西斯:《人性场所城市开放空间设计导则》,俞孔坚等译,中国建筑工业出版社2001年版。
[5] [美]克莱尔·库珀、马库斯、卡罗琳·弗朗西斯:《人性场所城市开放空间设计导则》,俞孔坚等译,中国建筑工业出版社2001年版。
[6] [美]克莱尔·库珀、马库斯、卡罗琳·弗朗西斯:《人性场所城市开放空间设计导则》,俞孔坚等译,中国建筑工业出版社2001年版。
[7] [美]克莱尔·库珀、马库斯、卡罗琳·弗朗西斯:《人性场所城市开放空间设计导则》,俞孔坚等译,中国建筑工业出版社2001年版。

(续表)

评价内容		评价因子
社会影响评价	设计程序	是否有考虑社区的维护和保养能力,老年人能否参与;①是否有拨出一部分资金供使用一段时间后的调整;②是否有未开发用地用于日后需求③
	社会反响	相关奖惩情况;相关宣传报道
	社会动员	吸引社会捐赠的情况;鼓励老年居民参与志愿活动的有效性
	社会创新	是否引发了社会新观念与风尚;是否对治理体制与机制进行创新

在评价方法上,可以通过文献法、观察法、问卷法、访谈法等进行打分。文献法包括项目计划、项目财务信息和各类工作报告等;观察法包括对完成情况和日常活动过程进行现场观察;问卷法指利用问卷调查收集项目服务对象满意率和项目服务成效等信息,根据情况进行全面调查或简单随机抽样等;访谈法指通过小组访谈,与参与各方的代表就项目运作过程中的合作内容、运作情况、成果等方面的满意程度等进行交流。

可以由市、区相关职能部门或其他不直接参与推动项目进程的相关主体主导评价工作,统筹评估相关事宜,或组织专业化的评估队伍开展评估活动。通过定期评价社区生活圈项目的实施情况,督促项目按计划落实,对营造过程及成果和居民意愿的匹配程度、协同营造的社会作用进行评价,并在此基础上开展评优活动,对有突出表现的项目进行嘉奖,形成可推广的经验。

---

① [美]克莱尔·库珀·马库斯、卡罗琳·弗朗西斯:《人性场所城市开放空间设计导则》,俞孔坚等译,中国建筑工业出版社2001年版。
② [美]克莱尔·库珀·马库斯、卡罗琳·弗朗西斯:《人性场所城市开放空间设计导则》,俞孔坚等译,中国建筑工业出版社2001年版。
③ [美]克莱尔·库珀·马库斯、卡罗琳·弗朗西斯:《人性场所城市开放空间设计导则》,俞孔坚等译,中国建筑工业出版社2001年版。

第五编

老年人社区生活圈协同营造策略

按照研究的可控性和协作条件，选取北京东四南历史文化街区和劲松北社区，上海延吉新村、敬老邨和中大居民社区，以及广州三眼井社区等六个开展生活圈试点的社区，以"全周期、精细化、合作式"为原则，从评估、规划、建设和运营等不同阶段，尝试探索可行的老年人社区生活圈营造方法与策略。评估阶段强调使用者需求，开展适老性评价；规划阶段强调参与式规划，尝试建立社区规划师等参与制度，集体决策，众创众规；建设阶段强调合作营建，包括合作伙伴建立、资源活化、协同平台搭建、资金筹措和使用等；治理阶段强调多元治理，包括行动目录制定、事权重组和让渡、冲突解决、动态监管等方面。

第十四章
老年人社区生活圈协同营造的案例分析

第一节　北京东四南历史文化街区公共环境提升

东四南历史文化街区位于北京市东城区朝阳门街道，辖区老龄化程度较高，是北京市第三批历史文化街区之一。（图14-1）

2010年，朝阳门街道办事处和英国王储慈善基金会（中国）以东四南历史文化街区内的史家胡同为试点，开展了公众参与的"社区工作坊"，将史家胡同24号改造为胡同博物馆。同时，《东四南历史文化街区保护规划》编制完成，街道办事处与北京市城市规划设计研究院达成合作，长期跟踪街区建设。在此背景下，2014年，街道办事处与北京市规划院共同推动成立了社会组织"史家胡同风貌保护协会"（简称"协会"），成员包括政府、产权单位、居民和各种社会力量。

"自确定为文保区开始，东四南片区的历史文化保护和发展的工作自然就被提上日程。从街道管理者的角度，一贯的工作更多是自上而下的落实，同时我们也一直在考虑如何能集合各方的专业力量，以自下而上的方式从硬件和软件两个层面协力提升社区环境，做好社区营造，实现上下贯通、多元融合。想群众之所想，急群众之所急，一句话就是'走好群众路线'。一方面，我们要打通不

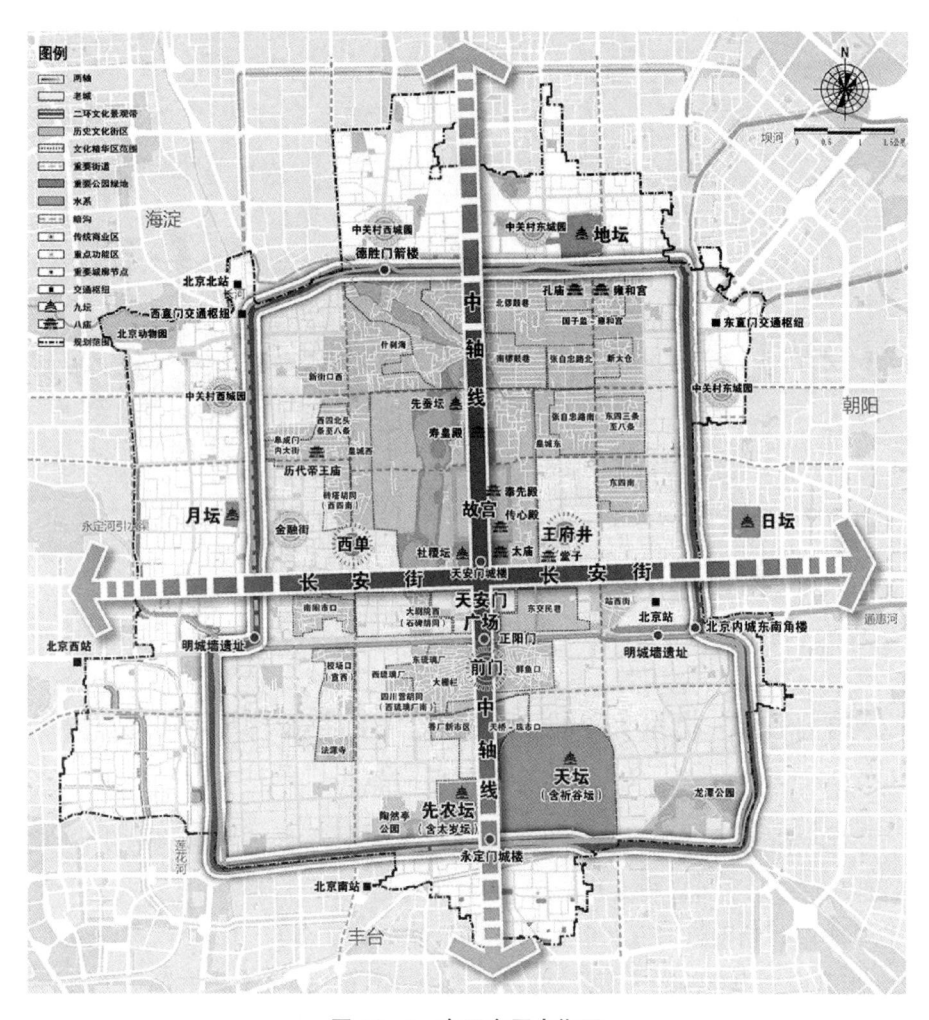

图 14-1 东四南历史街区

资料来源:北京市规划和自然资源委员会,《规划解读:相约史家胡同,用文化与交流续写新的传奇》,https://ghzrzyw.beijing.gov.cn/zhengwuxinxi/zxzt/wsghs/2021dyj/d5j/202102/t20210224_2288070.html

同专业机构、各方力量合作的路径,进行由点到面的整体布局;另一方面,我们要提高做群众工作的能力,以文化为切入点,做好公众参与和社区营造,寻求古老街区的宜居和善治,最终实现老树新枝的可持续发展。"[1]

随后,协会策划了"咱们的院子——院落公共环境提升试点项目"。

---

[1] 北京市东城区朝阳门街道办事处工作人员访谈。

一、调研评估阶段

由居民自己协商是否参与这项活动。史家胡同风貌保护协会联合史家社区一起以"胡同茶馆"的形式推动居民制定《史家社区公约》,就文化传承、风貌保护、生活起居、服务管理、环境治安等多个问题进行探讨,确定草案后广泛征求居民和社区单位的意见,最终一起制定出了23条行为准则,共计900余字的中英文对照版《史家社区公约》。公约制定的过程也是社区居民达成共识的过程,增强了社区的归属感和认同感,同时也形成了生活在社区中的人都应共同遵守的行为规范准则,凝聚了大家一起保护家园的意识、决心和动力。

"这个'胡同茶馆'是我们自创的一种以开放空间的形式引导居民讨论社区问题,提出解决方案的活动,以自愿参加为原则,辖区居民、在校学生、辖区单位及商家等均可参加。这也是史家社区党委联合史家胡同风貌保护协会积极探索的社区协商民主形式,使社区建设力量从单一动力向复合动力提升,形成社区问题由社区成员协商的社区治理多元参与模式。每次话题都与大家的生活息息相关,参加活动的朋友都很积极,也有话说,能一起讨论社区里的'大事儿小情'。同时,也勾起了难忘的老北京胡同生活记忆,参与的人群从20岁到80岁都有。"[1]

随后,协会选择改造呼声最强的院落作为先期改造试点,经过实地走访踏勘,获得居民许可和支持后,选取了内务部街、前枞棒胡同、礼士胡同、灯草胡同、本司胡同、史家胡同、演乐胡同共7处邻里关系较好、改造需求强烈的院落作为设计对象,并分为"锦上添花"和"雪中送炭"两种类型。"锦上添花"类是保护状况较好、历史文化价值较高,但亟待保护修缮的院落,以史家胡同风貌保护协会为平台争取东城区历史文化名城保护委员会的70万元专项资金和专业团队开展院落风貌的修缮保护。"雪中送炭"类院落则是典型的大杂院,居民改造呼声强烈,引入街道专款、社区公益金、朝阳门社区基金会资助,寻求专业设计机构支持,与居民共同探讨和解决生活空间中的问题。

二、规划设计阶段

每一个院落都严格遵循"前期踏勘、参与式设计、实施准备、动工实施、后期维护"等5个环节全过程公众参与的项目流程。在方案设计过程中,设计单位

---

[1] 北京市东城区朝阳门街道办事处工作人员访谈。

入院与居民面对面深入沟通,鼓励居民积极参与讨论,并以每两周一次例会的方式开展设计师之间的交流讨论。协会还定期组织召开设计师例会、开展设计工作营论坛和展览,在设计的各个阶段与居民讨论交流,把控设计方向。

与院落提升改造并行的还有结合北京国际设计周举办的"微花园"景观设造论坛和设计工作坊,探讨在当下社会和时代背景下老城区景观的保护与发展问题,关注平民区的景观、百姓的生活。来自中央美术学院、清华大学美术学院、北京建筑大学、北京交通大学、北京工业大学、北方工业大学等高校的老师和同学,以及史家胡同社区的居民,在史家胡同博物馆参加了第一届微花园设计工作坊。同学们与胡同居民面对面交流沟通,从实际情况出发共同探讨微花园的现状和未来,替居民们出谋划策。

"越来越多的高校加入街区更新的队伍中来,流水的学生,铁打的合作,不仅满足了长期的科研教学,而且让学生们真正感受到设计最重要的是关注人的有血有肉的生活及其与场地的关联,而不是高高在上或者千篇一律的生搬硬套。"[①]

三、实施阶段

协会主导招标工作,并由街道、社区和设计部门召开了利益相关方共同参与的动员会。经过动员,在施工开始前,居民自己动手清除了院内绝大部分杂物(图14-2)。在正式施工前,协会组织开展实施准备工作,一方面招标施工单位制作工程预算,同时召开各利益相关方参与的实施动员会,在各方共同认可下确定最终实施方案。动工实施过程中,施工方正式入驻并按图施工,在政府财政资金及名城保护专项资金等多渠道资金支持下,出现矛盾问题或需要临时调整方案时,规划师、社区、设计师、居民、施工队随时召开现场协调会,根据实际情况及时调整方案。项目施工完毕后,协会组织开展了项目总结会,回顾项目开展全过程,征求居民对改造效果和工作组织方式的进一步改进意见。

四、运营阶段

相关主体在居民家中进行项目总结并共同制定"小院公约",同时,与居民共同选举小院管家,建立院落维护基金,鼓励居民开展自治组织的公共空间维护工作。协会还协助设立了"后期维护基金",经费由居民和协会共同募集,即

---

① 北京市东城区朝阳门街道办事处工作人员访谈。

图 14-2　史家胡同 54 号更新后

资料来源：宗媛媛：《见缝插绿营造绿色生态，北京这些胡同居民一推门，真美！》，https://news.bjd.com.cn/deep/2020/10/21/11065t115.html。

居民出资 30%，协会负责筹集另外的 70%，统一交由社区保管，在院内设施需要更换和修理时，由居民申请提取使用，为后续院内的硬件维护提供了资金保障（图 14-3）。

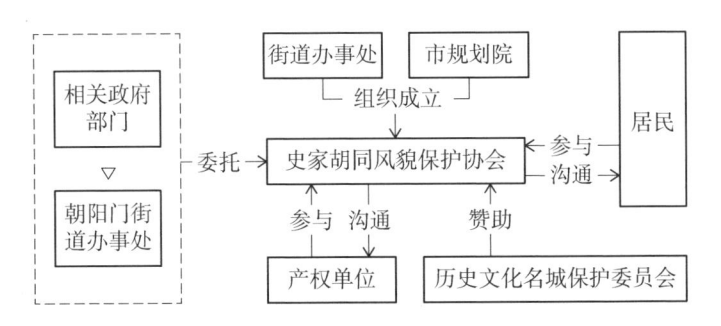

图 14-3　东四南历史文化街区公共环境提升的主体间关系

过程中，街道、政府部门或基金会作为为项目提供经费支持的甲方，主要发挥监督审查作用，以购买服务的方式委托第三方非营利机构具体开展工作。史家胡同风貌保护协会作为接受委托的乙方，搭建平台、引入多元资金和智慧资源，承担包括项目策划、组织、实施在内的整体运营过程，并负责居民的沟通工作。受协会委托，施工队及监理应在充分理解、参与式设计理念的基础上开展具体工程，与居民协作实现院落公共空间的改造。

史家胡同的协同营造得以顺利推进，其经验主要有以下三个方面。

第一，在主体间形成互利共赢关系。街道及社区提供了资源支持，获得了推动社区自治的机会。设计师提供了服务，同时实现了自身的专业价值，获得了在社区实践专业知识和方法的机会。居民作为实际受惠者，付出了行动上的参与。

第二，建立协同平台，鼓励多元主体参与。史家胡同风貌保护协会作为多方协同的平台，建立了政府与民众之间的桥梁，也为社会力量参与历史街区保护工作打通了渠道。在实际项目开展之前，通过社区文化活动，提高居民和相关社会力量的关注度。在项目开展过程中，充分动员、积极引导居民参与，唤起居民自发参与的热情，培育居民的参与习惯。

第三，通过集体行动培育公共意识。主体工程结束后，在居民家中进行项目总结并共同制定"小院公约"。在前拐棒胡同 4 号院，居民就提出应"邻里相互关爱，遇事有商有量""维护门前卫生，绝不新增私搭乱建"的小院公约。营造活动为居民提供了建立纽带的机会，使居民觉得自己正在为共同目标努力，通过共治和共享的过程，才能将营造的物质及社会成果植入居民的日常生活。

第二节 北京劲松北社区适老化改造

劲松街道是 20 世纪 80 年代初建成的纯居住型社区，地区总人口约 12 万人，其中 62.3％为国有汽车、化工机械产业离退休职工。劲松北社区是劲松街道管辖的社区之一，占地面积 0.26 平方公里，总建筑面积 19.4 万平方米。共有居民楼 43 栋，总户数 4 199 户，常住人口 9 494 人，老年住户率 39.6％，老年住户中独居老人占 52％，居民老龄化较为明显。

该社区是老旧社区改造"劲松模式"的发源地，从粗放式管理转型为精细化管理的典范。劲松街道引进社会力量，探索推进社区适老化改造与有机更新，以"一街""两园""两核心""多节点"为改造重点,围绕公共空间、智能化、服务业态、社区文化等四大类实施改造,打造"区级统筹、街乡主导、社区协调、居民议事、企业运作"五方联动的劲松模式(图14-4)。

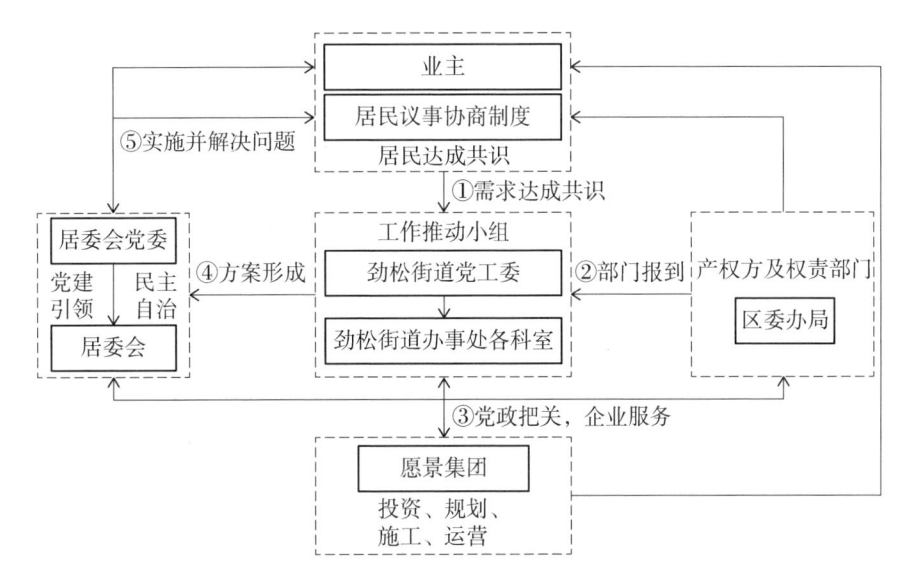

图 14-4 劲松五方联动模式

一、调研评估阶段

2018年,劲松北社区居民联名写信给劲松街道办事处,希望引入专业物业服务、对老楼加装电梯。为满足社区居民居住安全和宜居需求,劲松街道办事处工作人员积极响应,经过多方努力,在朝阳区委、区政府大力支持下,劲松北社区被纳入旧城改造规划,进行统一升级改造。责任规划设计团队关注老旧小区的突出特点,通过调查问卷、小区走访、入户沟通、深度访谈、行为习惯研究等多种形式,收集居民的需求。通过2 300多份调研问卷,梳理出社区的改造需求,如增加车位、加装电梯,开设生鲜蔬菜店、社区食堂、早餐店、理发店、生活超市、社区健身等。

"早在项目启动之初,我们就走访了2 380位居民,梳理出不同年龄段人群最迫切的改造需求。为了实现更加精准的需求管控,真正做到'民有所呼,我有所应',劲松街道和企业项目团队以入户访谈、现场调研、居民议事会、评审会等方式收集居民需求。"

二、规划设计阶段

改造前,设计师在细致观察社区内老年人的活动习惯、充分听取居民意愿后,开始设计建设适老化设施。社区利用闲置空间补充服务设施,盘点社区内零散闲置空间,邀请高校、社会机构提供设计方案,由居民代表参与评选最佳方案。以209号楼车棚改造为例,改造后为居民增加了家政、维修、洗衣、配钥等便民服务,极大程度上满足了居民的日常生活需求。此外,劲松北社区还进行了精细化的适老化改造,在住宅单元出入口和人行道设置了无障碍坡道,在公共活动场地座椅旁边增设了起身扶手,椅面采用冬暖夏凉的防腐木,为社区老年人和残疾人的生活提供了便利。

图14-5 住宅单元出入口适老化改造(左)和老年人友好休憩设施(右)

资料来源:《完整居住社区建设指南》。

"我们盘点了社区的配套用房、人防工程、闲置空间,然后逐步分批交由企业开展经营。如此一来,既可使企业逐步收回成本,也可补足老旧小区生活性服务业的短板。"

三、建设施工阶段

北京老旧改项目大多由市政出资,国企承包,鲜见社会资本的身影。"劲松模式"成为全国率先引入社会资本的老旧小区改造项目,为北京乃至全国老旧改项目开创了社会资本介入的全新模式。

在投融资模式上,除了市、区两级财政资金负担"基础类"改造费用外,劲松街道办事处积极寻找符合居民要求的实施企业,在朝阳区住建委大力支持下,最终选择引进具备"投资、设计、实施、运营"一体化能力的愿景集团投资改造劲松北社区。愿景集团对"自选类"改造项目投入3000余万元,为未来实现项目"微利可持续"运营,朝阳区房管局、劲松街道授权社会资本对1698平方米的社区闲置低效空间进行改造升级,企业可通过物业服务、停车管理、经营项目、养老、托幼等业态收益回本(图14-6)。

选取劲松西街、劲松大公园、209楼前小花园、劲松北社区居委会、物业服务中心及劲松西街沿街配套用房为先行示范区。2019年5月6日开工建设,8月2日完工亮相,历时三个月,完成劲松西街强电架空

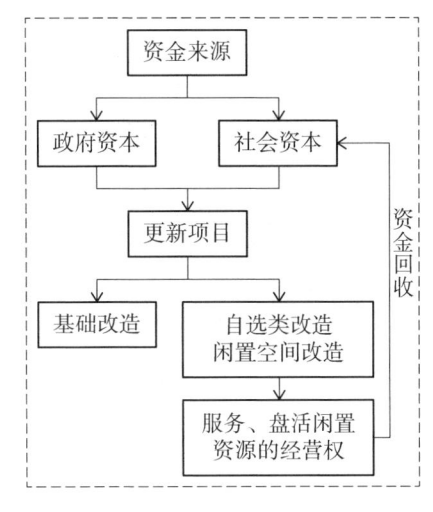

图14-6 北京劲松模式流程

线入地、两个公园景观提升、沿街配套服务用房改造、无障碍系统完善等建设,并引入理发店、匠心工坊、社区食堂、百年义利等便民服务业态,极大提升了社区居民的生活品质。

"这里以前也是个公园,可环境远远没有现在这么好。升级之前,公园没有桌凳,大伙儿来乘凉、下棋都得自带马扎,来这儿的都是老年人,年轻人瞧不上。"

"改造带来的不应该只是硬件的提升,更该包括人文环境的改善。20世纪七八十年代,劲松一、二区属于本市最早的现代化住宅,能住在这儿的居民心里都有一种骄傲感。上周末傍晚,小公园中央支起了电影放映机,一场爱国主义题材的电影把500多位邻里街坊聚在了一起。消夏市集、跳蚤市场、公益电影……一场场丰富多彩的活动拉近了邻里关系,陌生人变成了熟人、朋友。"

四、运营阶段

劲松北社区开创了"物业+养老"的新模式。物业公司将物业管理与养老服务相结合,物业员工对独居、高龄老人兼职"养老领事",展开每周至少一次的入户巡视或电话联系,为困难老人提供帮助。此外,社区还举办了老年手机班、健康讲座等活动,丰富老年居民的生活,增强老年居民的幸福感。

不久前,一间理发店在劲松西街开张了,仅有十几平方米,但客如云来。老板不是别人,而是在这里摆摊儿经营近十年的朱师傅两口子。他们说:"一开

图 14-7　美好会客厅改造前（左）和改造后（右）

资料来源：《劲松这十年"劲松模式"让这里旧貌换新颜》，载微信公众号：云端劲松，https://mp.weixin.qq.com/s/Hia0aafvQSYEVd_21UAs3g。

图 14-8　美好理发店改造前（左）和改造后（右）

资料来源：《劲松这十年"劲松模式"让这里旧貌换新颜》，载微信公众号：云端劲松，https://mp.weixin.qq.com/s/Hia0aafvQSYEVd_21UAs3g。

始，我们觉得自己肯定干不下去了。自己这些年占道经营，虽说方便了不少居民，但于法于规并不占理儿。没想到，在这次改造中不但没有被轰走，反而作为便民业态保留下来，还有了合法固定的经营场所。为了回报社区和居民，来我这儿理发的老人 60 岁以上打折，80 岁以上的只要提前预约，我就上门服务！和我一样，修鞋匠、保洁员、水果摊主等七八位社区的'老朋友'，如今都继续留在社区里为大伙儿服务，延续着社区的温情。"

劲松北社区养老的协同营造，其经验主要有以下三个方面：

第一，深入调研，精准回应居民需求。劲松北社区通过多种形式收集居民需求，如调查问卷、小区走访、入户沟通等，确保改造计划能够真正满足居民的实际需求。在项目启动之初就广泛走访居民，梳理出不同年龄段人群的改造需求，为后续精准改造打下坚实基础。

第二，引入社会资本，创新投融资模式。劲松北社区是全国率先引入社会资本的老旧小区改造项目，为项目注入了新的活力。通过投融资模式的创新，如引入具备一体化能力的企业进行投资改造，实现了项目"微利可持续"运营。

第三，政府的支持与多方联动。劲松街道办事处和朝阳区委、区政府的大力支持是项目成功的关键因素之一。"区级统筹、街乡主导、社区协调、居民议事、企业运作"的五方联动模式确保了改造工作的顺利进行。

第三节 上海延吉新村社区养老试点

截至2022年12月31日，上海60岁及以上户籍老年人达553.66万人，占户籍总人口的36.8%，庞大的老年群体对养老服务有着巨大需求。总体来看，上海市社区居家养老服务资源供给有限。特别是社区各类为老服务资源分散，整合利用效率不够，老年人办事也不够方便。2013年9月，上海市启动老年宜居社区建设试点，2014年在《关于加快发展养老服务业推进社会养老服务体系建设的实施意见》（〔2014〕28号）中关于"因地制宜兴办家庭化、小型化养老机构"的要求下，上海市政府于2015年将20家长者照护之家列入市政府实事项目，进一步扩大长者照护之家试点工作，并积极打造包括日托、全托、助餐、医养结合等在内的"枢纽式"为老服务综合体，完善以家庭为主体、以社区为依托、以社会化专业服务供给为支撑、以政府托底为保障的社区嵌入式养老服务，为十三五期间全市开展老年宜居社区建设提供试点经验。部分街镇开展了长者照护之家试点工作，调动社区资源，因地制宜发展社区托养机构，满足老年人社区就近养老服务需求。各区通过强化需求导向、推动设施建设、加强资源整合等方式，取得显著成效。杨浦区延吉新村街道是2015年全市首批长者照护之家试点之一。

延吉新村街道位于杨浦区中部，建于1984年1月，曾是杨浦区设施比较齐全、生活环境比较好的工人新村，早期居民中干部居多，现逐渐搬离。延吉新村现有常住人口8.7万人。目前辖区内60岁以上的老年人口29 313人，占户籍人口总数的38.08%，是一个典型的深度老龄化社区。

一、调研评估阶段

在本案例中,研究采用了步行指数这一步行性测度方法对社区服务设施布局的适老性进行评价,分为整体评价和分设施评价两个部分。值得说明的是,这里的步行指数方法,并未采用国际通用方法,而是在通用方法的基础上,根据我国国情,在对老年人进行问卷调查,获得一手调查数据资料,对设施权重和时间衰减规律做在地化及老年人针对性调整,以适应国内环境下的社区服务设施适老性评价。

从整体评价来看,延吉社区步行指数平均值达到了 91.07 的高分,说明这是一个非常适宜步行的社区。大部分区域都达到 90 分以上,是"步行者的天堂",少部分区域得分在 70—90 分之间,也是非常适合步行的区域(图 14-9)。

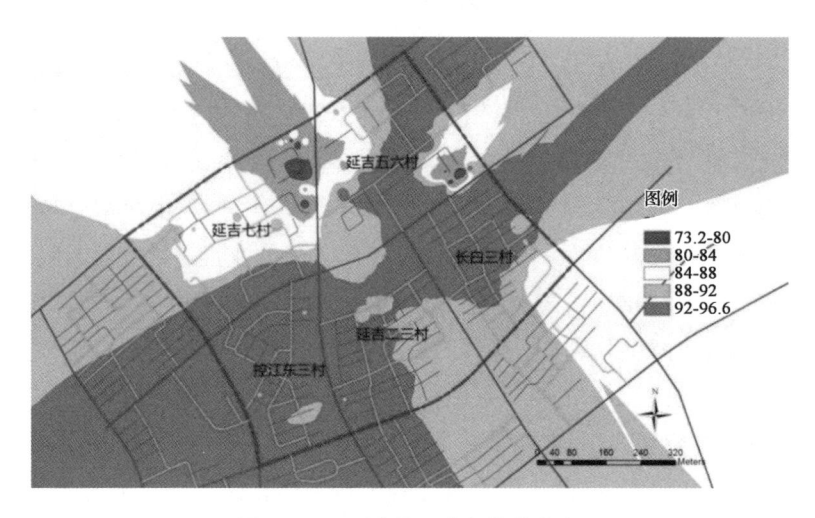

图 14-9 延吉社区步行指数分布

从分设施评价结果来看,延吉社区内绝大多数设施的满足率都达到 80%以上,总体满足率非常高,唯一满足率低的设施是助餐中心,仅有 19%,说明延吉社区的助餐中心十分缺乏。而其他设施中,菜市场、托老所、诊所、公园/绿地、证券交易大厅、公证处/派出所这几种设施的满足率在 90%以下,与其他设施相比,还有更多优化的空间,可以从数量和布局上进一步改善,以达到更高的满足率(图 14-10)。

总体来看,延吉社区设施配置的数量及分散式的社区服务设施布局较好地

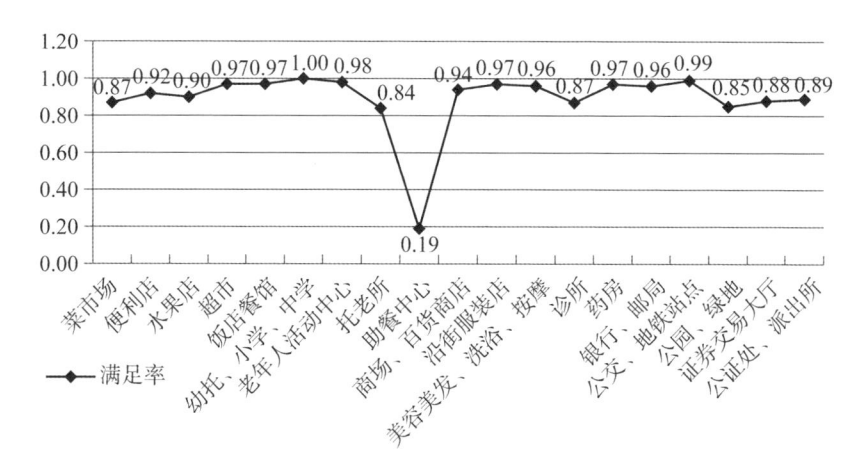

图 14-10 延吉社区设施分类步行满足率

满足了社区老年人的日常步行出行的需求，有利于老年人日常生活品质的提升，具有较高的适老性。

在课题组步行指数评估之外，从 2015 年开始，延吉新村街道自主开展了"长者照护之家"试点的评估工作。延吉新村街道作为长者照护之家的建设主体，负担起了项目立项、资金预算、项目报批等各环节工作。街道在社区睦邻中心建设中，把有限资源向社区老人倾斜，每年服务人次达 20 万人次。与养老院不同，长者照护之家改造利用社区现有公共设施或闲置物业资源，建成嵌入式、多功能、小型化社区养老设施，为老人就近提供便利的综合养老服务（图 14-11）。

图 14-11 上海市杨浦区延吉社区（吉善）长者照护之家日间照料中心

资料来源："上海市杨浦区延吉社区（吉善）长者照护之家日间照料中心"介绍页，https://www.xingfulaonian.com/yanglao/u_12175.html。

"侧重不一样。我们这里活动多一点,他们侧重护理方面,帮助多一点,等于24小时要帮助。护理程度要更高,上厕所也要扶着。养老院的老人年纪偏大,都需要全护理、半护理的,很健康的人少,起码八九十岁了,家里送来的。自己也不愿意,好像子女送进去就不要我了。心理上不是很能接受。"[1]

二、规划和建设阶段

延吉新村街道利用社区中闲置的"碎片化"场地资源,在长者照护之家住养功能基础上,增加了日托、助餐等服务,建成了上海延吉社区为老服务综合体,采取小区嵌入式设置,为老年人就近提供集中照护服务,辐射周边社区。街道还建设了4个社区卫生中心工作站,方便老人就近看病配药挂水,并建设了包括清真助餐在内的两个老人助餐点,基本涵盖不同年龄阶段、不同健康水平、不同经济能力、不同养老需求的老人。延吉新村街道为老服务综合体项目,由延吉新村街道向杨浦区财政局提出采购申请,杨浦区财政局采购管理部门下达采购项目通知单后,由政府采购中心进行集中采购;项目招标完成后,由延吉新村街道与中标单位即上海吉善助老事业发展中心签订合同,并负责全过程的监督;项目完成后,延吉新村街道委托第三方机构对上海吉善助老事业发展中心年度运行管理情况进行终期考核评估。

"延吉社区(吉善)为老服务综合体(长者照护之家)从2015年10月正式运营至今,街道与上海(吉善)助老事业发展中心签约委托其运营本项目。运营方带资建设长者照护之家243万元,街道承诺分五年支付给运营方每年48.6万元。2018年,街道对延吉一村16号进行了改扩建,建设了延吉社区综合为老服务中心,并于2019年5月正式运营。"[2]

建成后,为老服务综合体(长者照护之家)在一楼设置了社区老年活动室、助餐区,社区老年活动室开展文娱活动,如戏曲班、舞蹈班、健身操班、合唱班、阅读班、棋牌班、书画班等,定期向社区活动中心内开展健康咨询服务等;助餐区为住养老人、日间照料老人、小区老人提供助餐服务。二楼老年人日间服务,设置小型日托室,配备电视机、理疗按摩椅、休闲沙发榻等内部设施,并配备专业工作人员。三楼为短期内无法照护老人的家庭提供喘息式住养服务,在一定

---

[1] 长者照护之家工作人员访谈。
[2] 延吉街道街道办事处社会服务办相关工作人员访谈。

时间内让老人得到专业护理服务,并且有效减轻老年人家庭内部的照料负担,提升老人的日常生活质量。

三、运营阶段

上海吉善助老事业发展中心负责为老服务综合体的具体运行管理,并引入第三方评估机构,对社会组织养老服务工作加强绩效考核,并充分运用"互联网+"技术,提升为老服务效能。在资金上,延吉新村街道根据合同约定划拨项目资金至上海吉善助老事业发展中心(运营方)。上海吉善助老事业发展中心针对延吉社区(吉善)为老服务综合体(长者照护之家)编发《行政管理制度》(内含财务工作制度、现金管理制度和物资管理制度)等规范,具有较健全的财务管理制度。在人员上,2018年,长者照护之家设项目院长1名、管理员兼出纳1名、护理主任1名、助理兼社工1名、保洁1名、保安4名,一线服务提供者占项目工作人员总数的80%以上。但项目专职人员队伍还可再调整,以保证更专业的助人服务质量。

"我们是公建民营,运营方是我们,上海助老事业发展中心是一个企业机构。这里居住的老人一类是日托,一类是助养,这里的活动也是对社区开放的。我们的助餐厅也对社区开放。有的老人不愿住进来,但是吃饭需要被照顾,就可以来这里订,既可以在餐厅里吃,也可以送上门。"①

"有几个人是社工专业的。一个是居委会,做居民工作的;另一个是做养老的,都是社工的范围。我们的小老师估计也是社工专业的。我们年轻时都是很有阅历的,毕竟几十年活过了,有时候说话也蛮主观,蛮难弄的,每个人都有想法的。"②

街道派社工担任养老顾问,在为老服务综合体同址的一门式接待大厅坐班,及时解答老年人的疑惑,并对项目起到一定的监督作用。同时,街道与运营方协商成立了"长者照护之家"管理委员会,负责对运营期间重大问题进行决策,并由管委会安排第三方社会组织对本项目进行年度评估,绩效评价总结了2018年延吉新村街道为老服务综合体在决策、管理、执行等方面的经验,了解项目资金使用效率、查找其存在的不足,对加强和规范延吉新村街道的预算管

---

① 长者照护之家院长访谈。
② 老年人访谈。

理工作、合理配置公共资源起到了积极作用,同时也为今后同类项目实施与管理提供了参考与借鉴。通过评估后才可支付委托运营尾款(表14-1)。

表14-1 2018年延吉新村街道为老综合服务体运营费项目绩效评价

单位名称	上海市杨浦区人民政府延吉新村街道办事处		
项目名称	2018年延吉新村街道为老综合服务体运营费项目		
预算金额	48.6万元	项目实施期限	2018年1月至2018年12月
评价单位(合第三方)	上海立信资产评估有限公司	评价时间	2019年7月至2019年12月
评价得分	84.85	评价结果	良
评价结论	一、主要绩效情况 　　2018年,延吉新村街道为老服务综合体(长者照护之家)项目,立项依据充分,决策流程完整,总体组织比较规范,资金使用合规,项目产出目标完成情况良好,受益老人满意度高。 二、主要问题 　　1. 部分对象不符合住养要求,未体现为老服务综合体(长者照护之家)住养服务内容中"喘息式服务"的功能定位; 　　2. 专业护理人员不足,人员配置不符合招标需要; 　　3. 为老服务综合体(长者照护之家)在社区居民中的知晓度有待进一步深化,居民对其服务范围及与其他养老机构如养老院等的定位差异了解不深。 三、相关建议 　　1. 考核验收与合同管理相结合,形成全面的监督管理机制,确保住养对象符合住养要求,人员配置符合招标要求; 　　2. 加强宣传与沟通,充分发挥为老综合体服务功能。		

资料来源:延吉新村街道办事处2018年延吉新村街道为老综合服务体运营费项目绩效评价结果和绩效评价报告: https://www.shyp.gov.cn/shypq/yqyw-wb-czjzl-wsgs/20200728/360975.html。

在延吉新村街道为老服务综合体(长者照护之家)的基础上,项目拓展延伸到定海、五角场、新江湾城等街道,为新建为老服务综合体(长者照护之家)提供了经验,起到了试点推广的作用。

总体上看,杨浦区财政局负责项目专项资金的拨付和监督,以及项目完成后的评价工作。杨浦区民政局是本项目协同管理部门,主要负责业务指导和行业监管等。延吉新村街道办事处是本项目的实施部门,负责项目的预算编报、执行审核、实施监管、调整审核、决算管理等。延吉新村街道社会服务办公室负责项目的推进实施(图 14-11)。上海吉善助老事业发展中心为中标单位,负责延吉社区长者照护之家的运营管理工作。上海复惠社会工作事务中心受延吉新村街道委托,对 2018 年延吉社区长者照护之家项目进行终期评估。

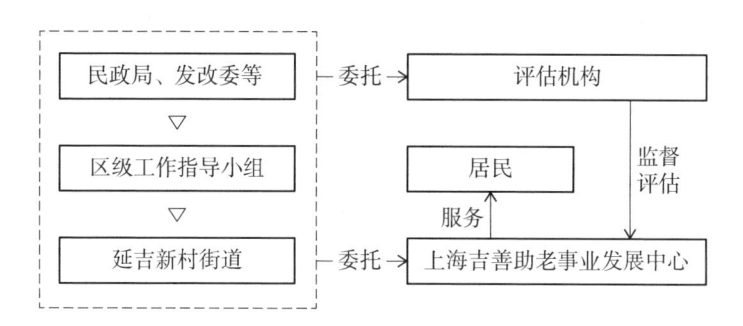

图 14-12　延吉新村社区养老试点的主体间关系

延吉新村社区养老的协同营造经验主要有以下两个方面。

第一,延吉新村的社区养老试点工作由政府发起,并主要依靠政府领导实施,保障了工作推进的稳定性。首先,成立工作小组,主要成员为街道和居委会工作人员。其次,以设施建设和改造为抓手,完善为老服务体系。再次,整合社区资源,组建为老服务后援单位。由于政府工作具有比较强的政策性与计划性,并进行层层考核,因此社区营造有明确的目标和依据,保障营造进度。最后,通过政府强大的资源整合能力,吸引社会和市场力量的参与。

第二,委托第三方评估机构进行评估,一定程度上保障了服务质量。吉善长者照护之家管理委员会,监督指导吉善为老服务综合体的日常运行,并委托三方专业机构对延吉社区(吉善)为老服务综合体(长者照护之家)项目开展评估,一定程度上保障了服务工作质量,有效确保了社区养老工作的规范运行。根据满意度调研,受益老人对为老服务综合体(长者照护之家)服务态度、生活护理质量、卫生及环境、伙食质量等七个方面的总体满意度达 95.81%,整体上看,入住老人的满意度高。

第四节　上海敬老邨适老化改造

敬老邨位于上海市长宁区新华街道,原是国营新裕纺织厂的职工宿舍,用于职工自住。敬老邨 7 号楼的适老化改造是"2018 城事设计节"的 5 个更新项目之一。"2018 城事设计节"由"AssBook 设计食堂"（建筑媒体）发起，将政府、设计团体、企业及社区居民连接起来，进行社区公共空间的微更新。

"2018 城事设计节"的更新对象包括一条弄堂街道（番禺路 222 弄）、一个街边空地（香花桥小区活动室外空间）、一个适老化改造（敬老邨 7 号楼）、一个美好样板社区（新华路 669 弄弄口传达室、样板楼道、垃圾厢房、小区绿地）和一个社区公园（安顺路绿地）（图 14‑13、14‑14）。

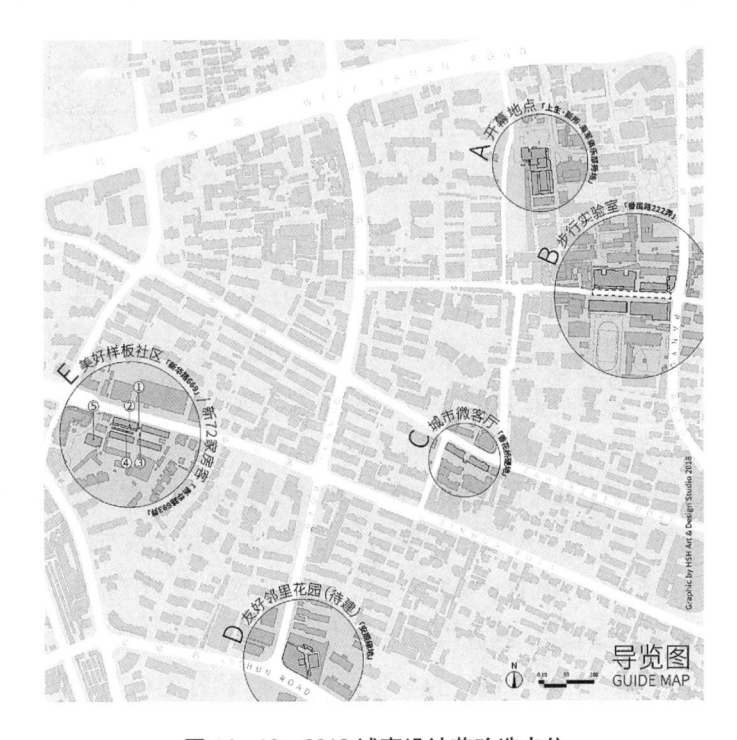

图 14‑13　2018 城事设计节改造点位

资料来源：HSN Art & Design Studio。

敬老邨7号更新前　　　　　　　　敬老邨7号更新后

番禺路222弄更新前　　　　　　番禺路222弄更新后

图 14‐14　城事设计节部分点位更新前后对比

资料来源：设计食堂。

"设计食堂"是由行动的发起方总策划、组织和执行，并联络了诸多相关主体为项目提供支持。

在政府力量方面，由上海市长宁区新华路街道办事处提供行政许可和支持，相关设计改造与其他政府部门协调。上海市长宁区商务委帮助协调并推进政府达成项目，上海市长宁区城市更新办公室是城市更新工作的推进单位，负责更新政策、和单位对接，并提供论坛的支持资金。

在社会力量方面，"设计食堂"邀请设计师参与改造项目，联络"云知光照明学院"为项目提供照明设计，《城市中国》杂志和企业"三明治"作为内容共建方，负责与每个角色在其专业领域的对接，并作为参与设计的策划方和执行方与"大鱼营造"社区发展中心进行合作。

大鱼营造是新华路街道的在地社会组织，与小区居委会和居民有紧密的联系，负责联络居委会，居委会承担参与式设计中与居民相关的协调工作，并联络居民参加参与设计的工作坊和社区生活节的活动。

"大鱼营造是由 5 名年轻人共同发起的，老旧社区的微更新营造尤其需要与政府和老居民的沟通，大鱼营造配合城事设计节的参与式设计和社区营造，从一个松散的组织，发展到系统性参与。从确定点位、与设计师沟通如何进行参与式工作坊，再到后续运营的全过程跟进，作为新华街道的在地组织，与社区发生持续的关系。"[1]

在企业方面，"设计食堂"联络"上海万科"作为首席共建方及赞助商之一，同时联络"东风标致"企业作为赞助商。

---

[1] Assbook 设计食堂创始人、大鱼营造社区发展中心理事尤扬在城市更新观察团的发言。

首先,"设计食堂"与政府主体达成合作意向,确定项目设计实践基地在长宁区新华路街道。"设计食堂"与长宁区街道一起,从政府更新改造任务清单中,选定了8个设计实践改造点位。其次,与各方主体建立共建组织,成立组委会。确定赞助商合作意向,确定"上海万科",以及东风标致、"设计食堂"企业、新华路街道与虹桥办所承担的资金比例。然后,确定由"设计食堂"负责组织工作,由大鱼营造负责活动设计、赞助商招募和各点位的设计工作。最后,举办"城事设计节"论坛,由《城市中国》杂志社发布"城事设计节"活动观察系列内容,项目进入收尾阶段,后续通过线上平台、线下社区刊物等方式开展推广工作。

各案例推进流程有一定的区别,以敬老邨7号为例进行具体分析。

一、调研评估阶段

企业"设计食堂"联合单位"大鱼"营造对新华路进行了调研,在街道的改造计划框架下,梳理了改造需求,确定了初步设计方案及合作方式。社会组织负责居民调研、监督设计施工管理及推广宣传,上海万科集团负责施工改造。

二、规划设计阶段

各主体一起召开了设计开放日活动,开设了工作坊倾听居民的意见,确定改造从"功能完善"和"空间整合"两部分入手,在尽量保留老建筑历史风貌的基础上,打造更人性化、功能化、符合现代老人居住习惯的生活空间,设计过程充分考虑老年人意见。

"改造前,墙面布满了杂乱的管线及设备,影响美观,更有安全隐患。家门口的垂直台阶,没有安全提示,也不方便通行。设计师对空间及功能进行了再设计,将杂乱的管线重新外包。项目还采用大量的'弧形'设计元素,如楼梯口、储物柜、屋顶围栏、入户倒角等,有效防止磕碰摔倒。入户处地面采用了防滑材料的缓坡设计,方便老人进出或轮椅移动。在狭长的走道中安装了适老扶手槽,内部设有灯带。这些安全性的防护设计是最浅层次的,如何驱散老人们的孤寂感,才是设计的深层次问题。让老年人在晚年重拾难得的'共享'生活,能在一定程度上填补空虚。如何构建一种适合老人、行之有效的共享社交模式,便成为一大重点。"[①]

"我很喜欢上海老弄堂的感觉,夜幕降临的时候,两三个老人坐在自家门口

---

① 设计团队访谈。

的路灯下吃吃饭、聊几句天。我想营造出这样一个自然的交流空间,非常简单。我希望自己的设计不是一个宏大的趋势,而是一个个小小的,但能切实解决百姓需求的设计。"[1]

三、建设施工阶段

施工主要由万科集团负责。楼道顶部增加光源,在狭长过道中安装有灯光的凹槽,为公共空间增加收纳功能和座椅,并考虑到老年人的需求,增加了彩色的地面导视标识,并在屋顶建设"阳光花园",设置了休息区、活动区、种植区和晾晒区,既提高了老年人生活质量,也激发了社区活力。实施完成后,"上海万科"企业冠名了敬老邨(图14-15)。

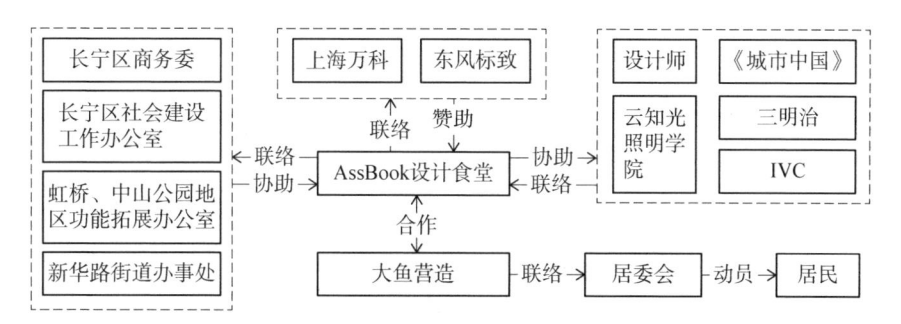

图14-15 敬老邨适老化改造的主体间关系

四、运营阶段

充分发挥社区全体居民的作用。村里敬老的大事小事由热心社区事务、群众威望高的居民来承担。在"村长"的领导下,社区自治的骨干组成"村委会",定期在"安和亭"下开会讨论社区公共事务(图14-16)。

敬老邨的适老化改造得以顺利推进,其经验主要有以下4个方面:

第一,社会组织应具有资源链接能力。社会力量本身并不具备推进项目进程的资源。在城事设计节开展初期,企业"设计食堂"就已整合了数十个相关主体进行合作,涵盖政府职能部门、街道办、设计力量、在地社会组织和企业等多种类型。这种资源网络的形成需要社会力量有一定的社会影响力,有较强的联络、协调和资源整合能力,只有这样行动才可以顺利开展。

---

[1] 设计团队访谈。

图 14‑16 敬老邨改造后

资料来源：上海万科。

第二，政府的支持必不可少。在土地公有制下，政府的支持是社区营造的必要条件。在城事设计节中，新华路街道办、长宁区商务委、长宁区城市更新办公室均提供了多方面的协助及资金支持，设计点位也是与街道办合作在政府更新改造任务清单中选定的。寻求地方政府部门支持，确保更新对象不与相关职能部门的其他计划和要求相冲突，并将行动融入政府支持的规划计划，是顺利推动的重要保障。

第三，与其他社会力量优势互补。各类社会力量在其工作领域和地域上有很大区别，需要形成优势互补的合作结构。首先，与作为在地社会组织、熟悉社区情况的企业"大鱼"营造合作，使"大鱼"营造承担一些执行工作，对居委会和居民的接纳程度、配合程度和参与积极性有很大助益；其次，社区生活圈协同营造需要设计师参与改造项目，在专业领域进行对接；最后，媒体报道也是扩大社会影响力，吸引更多主体参与的重要策略。

第四，稳定的资金保障。敬老邨相继争取到了社建办、民政局等部门和社区共建单位的支持，叠加了多个社区项目。除了新华社区基金会资金外，还有用于小区内防盗总门安装、垃圾箱房改造、车棚改建、室外护栏安装、墙体粉刷等的"家门口工程"，安装连续性扶手、增加休憩座椅、地面防滑处理、增加天井透光度等，引入民政部试点项目资金的适老化改造项目；用于购买爬楼机、触摸屏、远程医疗机、体质检测机及防摔倒摄像头等，引入民政部试点项目资金的科技助老项目；用于打造敬老邨自治园地、建设文化墙、居民自治绿化角等，街道匹配专项资金的"微项目微治理"项目,以及上海万科集团参与项目规划、设计和建设,出资用于敬老邨楼道内加装扶手,改造顶楼平台等的企业资助项目。

第五节　上海中大居民区社区花园营建

1997年建成的上海市浦东新区浦兴路街道中大居民区是拆迁安置小区,小区缺少公共活动空间、基建老化,社区空间品质难以保障。2017年开始,中大居民区进行了由社区党总支引领自治组织推动的自下而上的协同营造。自主整治了环境问题,优化了社区公共空间,并成立了居民志愿者团队,包括党员志愿者团队、致力于推进居民区建设的花友会等核心志愿者团队,以及其他文体类团队等。(图14-17)

"我们的小森林"更新前	"我们的小森林"更新后
居民楼前绿地更新前	更新后铺设的透水砖步道
花友会在打理小区中心花园	小区中心花园

图14-17　中大苑社区花园部分点位更新前后

资料来源:澎湃新闻。

一、调研评估阶段

调研评估阶段由社区党总支和社区居委会主导推动。项目开展初期,由社区党总支成立了以党员为骨干,成员基本是老年人的花友会,进行环境改造,并逐步引导居民参与。

"开始,居民观望情绪很浓厚,'二宝花园'(中大居民区第一个改造的花园)的施工团队只有八个人,后来慢慢扩张,7月,花友会就从20人扩展到54人,有了活动和队服等。"①

"我是中大小区的居民,也是花友会的会长,我们花友会的宗旨是以花为友,团结大家,靠自己的双手改变中大小区落后和脏乱差的面貌。"②

二、规划和建设阶段

社区花园主要由居民自己设计和建设。借助"花友会"资源,中大居民区成立自治项目"我们的小森林",完善了居民区娱乐互动区域、各点位的景观承包维护等工作,废弃的树林在花友会的打理下,变身成"小森林",并成功申报浦东新区的居民自治金项目,获得了更多资源的支持,引入了街道自治办购买的服务。

"'我们的小森林'有3 000多平方米,200多颗水杉,从'毁绿'到'爱绿',经过了花友会28个月的努力,也有一定的规划,包括锁孔花园、森林会客厅、都市农园等,符合不同年龄层次的需要。森林会客厅是政府购买服务,都市农园是自治金项目。"③

三、运营阶段

借助花友会资源,由居民自主参与,并在街道自治办的支持下,与社会组织开展合作,由第三方组织"四叶草堂"定期为居民提供技术指导,开发了社区花园子项目。社区自治团队人数不断增长,积极性和专业性越来越高,也带动了其他志愿者组织的成立,成果得到了广泛认可(图14-18)。

中大居民区社区花园的营造策略,主要有以下三个方面的经验:

---

① 社区党总支访谈。
② 花友会李会长访谈。
③ 花友会李会长访谈。

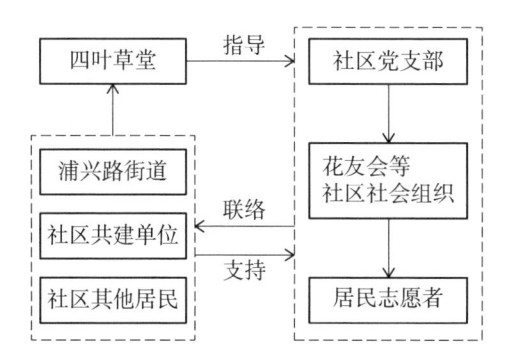

图 14-18 居民自治组织推动的协同营造的主体间关系

第一,自治领导团队的积极号召。中大居民区的社区花园营建行动的启动阶段,是由党总支带头,建立健全党员志愿者队伍,通过示范作用和积极号召,激发了居民的自治热情,提升了居民群众的自治能力。后期,仍以党员为骨干,建立起良好的资源支持和联络系统,并为社区自治组织的发展和运行提供了保障和监督,体现了领导团队的重要作用。

第二,社区自治的重点是要引导居民参与。在中大居民区,使用了多种策略。首先,由于开展初期是自主募捐,居民出资参与,会对劳动成果更加爱惜,形成自发维护的意识。其次,用自治金项目激活居民热情,为居民提供表达诉求的机会,居民可以根据自己的问题和需求,写自治项目申请书,街道自治办在项目申报的过程中也通过答疑、交流等方式,针对项目立项规则、项目方向等内容为居民区的申请书提供辅导。然后,为了鼓励更多居民参与,每栋楼的家门口小花园改造完后便由该楼的居民认领维护。最后,为了维持在地社会组织,即志愿者团队的参与热情,通过事后评议会的方式,对参与行为进行评分和表彰。

"家门口的小花园是居民'各扫门前雪',由居民自觉认养,没有硬性分配,靠居民利用空余时间自发养护,居民也会自费购买花草种植。"①

"社区由两类居民组成,一部分是动迁房,一部分是商品房,因物业费等问题,居民之间有矛盾,给我们社区治理带来一些困难。花友会就是其中的'润滑剂',地毯式地从动迁房小区一直开辟到商品房小区的小花园,也带动了商品房的居民,促进了居民之间融合。"

此外,缓和居民矛盾也是贯穿行动的重要环节,需要建立常规的议事规则,

---

① 社区党总支访谈。

联合多方通过沟通解决问题。随着花友会的规模不断壮大,带动起更多的居民志愿者组织,其话语权不断提升。一旦花友会与其他居民之间产生矛盾,就需要居委会和其他主体从中调解,从第三方视角引导居民互相理解,共同探索解决方法。

第三,以多种途径寻求资源支持。链接外部资源,争取政府支持、企业赞助和社会力量援助。与共建单位形成互相支持的关系,为共建单位提供承担社会责任和宣传的平台。

"我们有很多共建单位的牌子竖在'我们的小森林'里,共建是本着互惠共赢共享的关系,很多共建单位给了我们资源,我们可以把培育的植物移栽给他们,增加他们的绿化率。我们有 15 家共建单位,四合园是金桥市政出资、出力帮忙打造的,'森林会客厅''都市农园'等也是在'四叶草堂'的专业指导下建设的。"[①]

2017 年是浦兴路街道创建上海市园林街道工作的验收年。中大居民区抓住时机,借助街道的力量,引入了"四叶草堂"、浦东社区服务中心等专业力量,推动社区花园建造项目落地,并向街道提出申请,用浦兴路街道自治办经费支持。居民区绘制墙绘也争取到了立邦公司提供的涂料和浦兴社区基金会的项目资金,还有金桥市政支持了 10 万元建设中心绿地,浦东新区武警十支队帮忙挖运建筑垃圾,以及其他社会力量为居民提供的各种服务项目,都助力项目推进,减轻了社区的压力。

第六节　广州三眼井社区规划微改造

广州传统中轴线承载着悠久的历史,连接越秀山和珠江,穿梭在镇海楼、中山纪念堂和人民公园之间。三眼井社区紧邻广州市传统中轴线,交通及区位优势明显,环境却亟待提升,难以承担区位相应的职能要求(图 14 - 19)。三眼井社区占地面积 9.08 公顷,大部分建筑建于 20 世纪 90 年代,约有 60 栋老旧楼宇。户籍居民 3 576 户,常住人口 9 774 人,60 岁以上老人有 3 098 人,占比超 30%,远高于老龄化社会标准的 10%。

三眼井社区建设年代久远,公共设施安全问题突出,部分楼栋门破损、楼道

---

① 社区党总支访谈。

图 14-19 三眼井社区区位[①]

湿滑、楼梯无扶手,不便于老年人出行。社区室外高差大且缺少安全护栏,社区居民日常出行也存在一定的安全隐患。此外,楼栋墙面破旧部分立面脱落,照明设施损坏、楼道"三线"外露。社区环境杂乱,花基破损、台阶损坏、铺地不平、绿化贫瘠、地面铺装破旧。社区场地呈现出北高南低的特点,存在较多的台阶和台地,无障碍通行较难,同时还存在空间分隔难用的问题。

一、调研评估阶段

在适老化改造中,全程贯穿以老年人为本的理念,充分结合老年人心理、生理及行为等特征优化设计方案,并充分利用社区现有条件对物质空间进行针对性改造。

首先,结合老年人生理特征,为其提供安全的生活空间。老年人身体日渐衰老,对户外活动环境有更高的安全性要求。为避免老年人在户外活动时发生滑擦、碰撞、跌倒等事故,并在发生时及时得到救治,改造设计中要着重

---

① 郑宇、方凯伦、何灏宇、袁媛:《老幼友好视角下的健康社区微改造策略研究——以广州市三眼井社区为例》,《上海城市规划》2021年第1期。

增强活动空间的安全性，注重从小处入手，分析老年人的活动细节，实现细致化改造。如通过改造使步行道路更加平整，减少步行空间的突出物，优化照明条件等。

其次，考虑老年人生活需求，营造舒适的户外环境。老年人活动范围小，主要活动聚焦在买菜、接送小孩、运动健身、文化活动等，针对这些活动需求营造更加合理、舒适的户外环境。如对小空间进行再设计，进行文体活动功能分区、动静分离，消除室外垂直高差，增设缓坡等措施。

最后，结合老年人心理特点，增强其认同感与归属感。老年人受到多项因素影响会产生孤独感，为了消除这些负面情感，设计有助于交流互动的户外环境。比如半开敞空间有助于老年人社会交往，可利用街角、树池、道路旁等设置有限的户外空间，营造围合感，促进老年人交往，激发社区生活活力。

二、规划和建设阶段

在规划建设阶段，适老化改造工作主要从提供安全暖心的居住空间、塑造顺畅无碍的公共环境、营造乐于交往的活动场地、定制适老助老的公共服务、引入智慧无忧的管理服务等方面展开。

公共楼道改造提出安全暖心的要求。维修或者更换破损的楼栋门 30 樘并设置智能门禁系统、楼道内损坏的灯具，安装声控延时节能吸顶灯 200 处。粉刷楼道、修复公共楼梯，增设不锈钢扶手，方便老人上下楼支撑，更为安全舒适。整治楼道内的三线、改造楼栋内消防设施，消除安全隐患。鼓励居民出资加装电梯，引导居民加装电梯 38 台。

社区的特点是高差大、空间散，各空间联系不紧密，给老年人拉车买菜、推车带小孩带来了极大的不便，也为老年人散步埋下了安全隐患。改造过程中着重对公共环境的无障碍进行设计。在有台阶的位置增加无障碍通道，人行道出入口设置无障碍缓坡，完善小区盲道系统，清除盲道上的障碍物，形成连贯的盲道系统，设置高差安全警示牌、无障碍通道标识等标志。

为丰富社区老年人的日常生活，促进交往与情感交流，增加其归属感和认同感，挖掘洪桥街的"贡院文化""客家文化"。将"汲泉惠民、同心共治"作为三眼井社区新时代公约的精神内核，策划并设计了上街往事、三眼清泉、街心花园、科普广场、低碳广场、健身广场、仁安新街共 7 个主题文体活动空间，增加公共空间休憩、亲子活动功能，减少城市公共设施对公共空间的占用。

综合考虑老年人的活动能力及活动范围，在公共服务设施的设置上突出完整性、集中化、智能化。根据打造"十五分钟优质生活服务圈"的要求，设立惠民、便民设施，通过打造电信 5G 智慧社区平台，积极引入智慧管理元素，设置社区便民服务一体机终端，为居民提供税务、民政等便

图 14-20　党群服务中心[1]

民服务，形成随时、随地、随心办的社区服务网络。社区大力统筹党建组织、志愿服务、文化团队等服务资源，升级打造 1 500 平方米的社区党群服务站，内设有党群展示厅、两代表一委员工作室、志愿者服务台、新时代文明实践站、健康驿站、区图书分馆等服务阵地，有效整合党群服务、政务服务、托老服务、便民服务等各类服务，让党员和群众在家门口就能找到党组织，享受温馨服务。

为适应老年人身心脆弱、动手能力不足的特点，采用更加智慧、简易的物业管理方式，加强对老年人的关爱。社区引进物业管理公司，因地制宜采取专业物业管理，建立长效管养工作机制，切实形成一次改造、长期保持的管理机制。深圳润高智慧产业有限公司参与智慧社区建设，提供环境保洁、设备维护、绿化管养、安防消防、车辆停放等交通秩序维护等基础物业管理服务，同时结合小区实际需求，依托华润产业矩阵，导入医疗、教育、养老、消费等民生服务，提高了社区公共服务水平。发挥全国科普示范社区优势，引入视频监控、智慧烟感等新技术设备，既实现社区智能化管理，又提高社区治理和服务的智慧化水平。

"通过浮雕墙、主题公园等多种方式讲述街名巷名社区名的来历，呈现历史典故、人物故事。延续文化，坚持文化传承，唤醒文化活力，这是在老旧社区改造中的'精神灵魂'所在，在老旧社区中焕发新貌的同时，也保留街道社区的历史文化和传统文明，通过特色文化路径，串联沿线节点景观，增强历史文化显示度，让老旧社区在升级改造中，也能打造成新的文旅景观点和文化聚焦点。"[2]

---

[1] 丁兰、刘茜、龙珍华：《老旧小区适老化改造措施研究——以广州市三眼井社区微改造为例》，《住宅产业》2023 年第 8 期。
[2] 高标准微改造激发城市新活力，广州老街巷奏响"幸福交响曲"，https://new.qq.com/rain/a/20211210A02HWE00。

图 14-21 改造前后健身广场

资料来源：丁兰、刘茜、龙珍华：《老旧小区适老化改造措施研究——以广州市三眼井社区微改造为例》，《住宅产业》2023 年第 8 期。

三、实施阶段

三眼井社区以政府为主导，依托在职党员为核心的共建、共治、共享协商委员会，开展社区治理。广州市住建局、越秀区政府组织多个设计单位策划三眼井社区的微改造方案，居委会充分利用社区党员和社区工作者，积极调动社区内民间力量，从社区特征和老幼友好视角对微改造方案提出意见（图 14-22）。2020 年 10 月，广州市住建局、广州市越秀区政府、广州美术学院等单位组织"寻访篝桥——洪桥街艺术介入微改造工作坊"活动，通过艺术活动、现场涂鸦等形式描绘三眼井社区的历史场景，激发本地居民参与社区微改造的兴趣。采用"微治理"的方式，利用"越秀人家"等 App 组织党员活动，向社区居民宣传老幼友好的微改造理念，唤起社区居民老幼友好意识，动员委员会成员参与社区微改造。

"这片杂乱的灌木丛怎么改？居民们提出各种方案，有的希望放置健身器材，有的提出改造成垃圾分类点……如今街心花园所呈现的面貌可谓是社区居民共建、共治、共享的结果。"[②]

"社区真的是居民群众的'娘家人'，加装电梯过程中每次都召开协调会，不管是假日还是工作日，社区都会提供场地，党委、居委也会派代表参加会议，给

[①] 郑宇、方凯伦、何灏宇、袁媛：《老幼友好视角下的健康社区微改造策略研究——以广州市三眼井社区为例》，《上海城市规划》2021 年第 1 期。

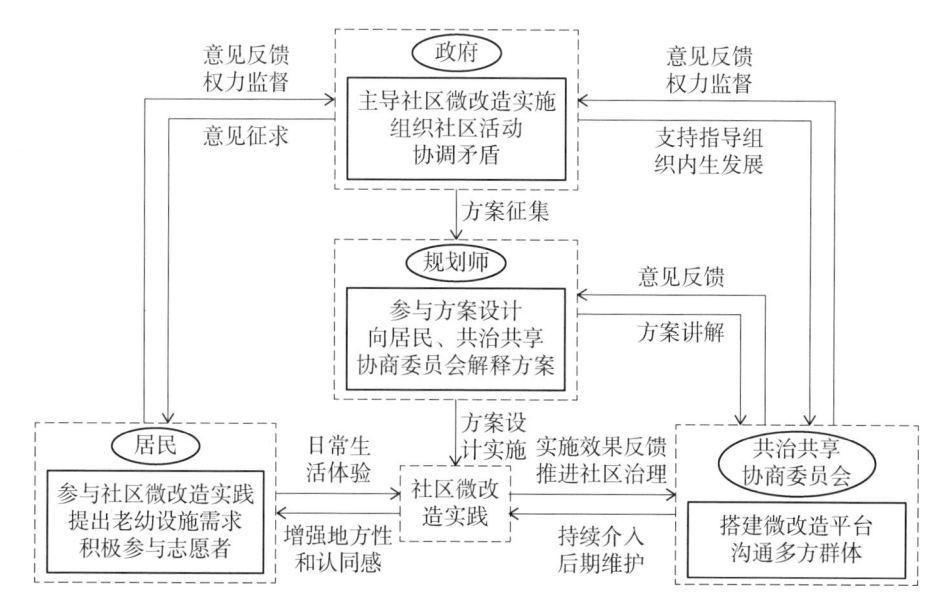

图 14-22 社区微改造实施机制①

我们很大的支持。"②

"南宋时期,地方政府牵头挖一口井,井口设三眼,居民共享优质泉水资源,这正是汲三眼清泉点亮万家灯火。如今汲泉惠民、同心共治的理念也一直得到传承,社区通过成立'三共委员会'实现共治,搭建了居民参与社区治理的桥梁。"③

四、运营阶段

在社区微改造计划的实施下,已逐渐形成稳定的社区微改造组织关系构架,持续推进老幼友好型社区的后续维护。例如,全龄公园已成为社区日常生活中热闹的交往空间。维护日常卫生是老幼友好社区持续发展的重要一环,恰好垃圾分类的收集点也设在全龄公园中,因此委员会将在职党员结对联系1—

---

① 居民"定制"社区"微改造"! 广州三眼井社区"换新颜":https://news.ycwb.com/2021-04/15/content_1599269.htm。
② 居民"定制"社区"微改造"! 广州三眼井社区"换新颜":https://news.ycwb.com/2021-04/15/content_1599269.htm。
③ 居民"定制"社区"微改造"! 广州三眼井社区"换新颜":https://news.ycwb.com/2021-04/15/content_1599269.htm。

2户居民,利用"八小时以外"的时间,开展垃圾分类上门宣传指导工作,并提醒居民注意维护收集点周边环境的整洁。

"社区在这轮改造后,不仅变得更美、更干净了,而且很多基础设施都得到了明显改善,居住更舒适了!原来街心公园只有楼梯,残疾人和老人坐着轮椅车无法上去,后来居民提出修改意见,经过改造,现在增添了无障碍设施,设置了斜坡通道,轮椅车也能方便进出了。除了这些小细节,街道路面和楼宇、楼道里还有很多贴心的小改变,移坡道、加扶手、减少台阶和高差,环境设施更适合'一老一小',处处为居民着想。"[1]

广州三眼井社区规划微改造得以顺利推进,其经验主要有以下四个方面:

第一,以老年人为本,重点优化公共环境,提升居民交往空间。在适老化改造中充分考虑老年人的心理、生理及行为特征,提供安全、舒适的生活环境。如增加无障碍通道、完善导盲系统、消除室外高差、设置缓坡、设置休憩活动场所、减少城市设施占用公共空间等,极大程度上提升了老年人的日常生活品质,有利于居民间的友好交流。

第二,引入智能化管理手段,建立长效管理机制,保障改造效果可持续。采用智慧物业管理方式,利用新技术设备实现社区智能化管理,提供民生服务,并动员居民参与社区治理,形成共建、共治、共享格局。

第三,充分调动社会力量参与社区建设,建立稳定的社区组织关系网络,保障老幼友好型社区持续发展;组织艺术介入、涂鸦等活动激发居民参与热情,发挥社会组织作用,共同推进改造工作,此外,通过委员会等组织形式开展日常管理和服务工作。

第四,挖掘当地文化资源,增强文化氛围。结合街区历史文化,打造主题文化活动空间,举办各类文化活动,提升社区凝聚力。

---

[1] 高标准微改造激发城市新活力,广州老街巷奏响"幸福交响曲",https://new.qq.com/rain/a/20211210A02HWE00。

第十五章
老年人社区生活圈协同营造策略

第一节 倡导协同理念，建立分层级的多元主体协同营造机制

老年人社区生活圈的营造机制不应简单理解为"自下而上"或"自上而下"，应建立分层级的协同营造机制（图15-1）。

一、市区两级

市区两级，以政府为主导，制定老年人社区生活圈长期发展战略，完善政府购买养老和社工服务机制。

首先，建议市区两级制定老年人社区生活圈长期发展战略，出台老年人社区生活圈营造的行动指南。指南包括强制性内容和参考性内容，强制性内容需要有可量化的指标，涵盖设施与服务；参考性内容可包含实施路径，最佳案例分享，此外还应明确各个主体的权责边界。指南的制定过程需要深入摸底，调查老人的生活状况，以及物理及社会环境不同方面的需求，通过公众论坛、焦点小组等方式广泛征询意见，开展深入研究。

其次，建议市政府出台激励政策，促使政府各部门将老年人社区生活圈协

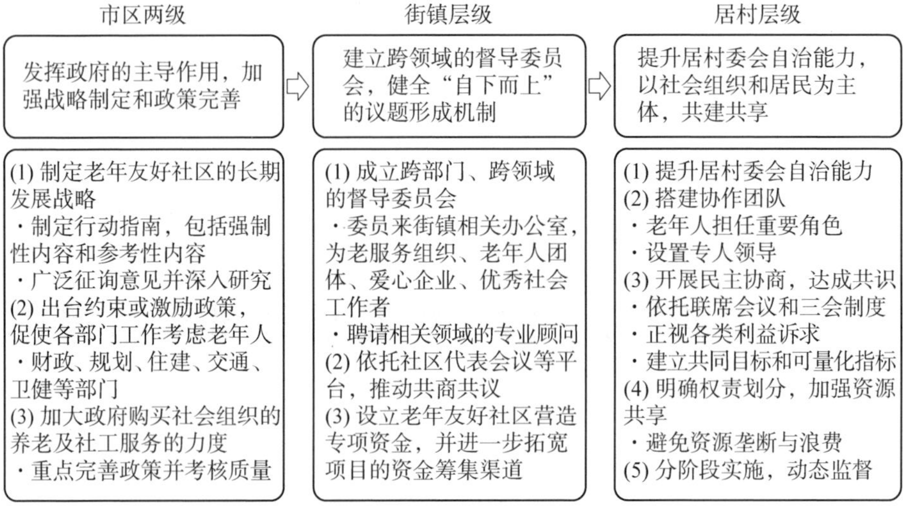

市区两级	街镇层级	居村层级
发挥政府的主导作用，加强战略制定和政策完善	建立跨领域的督导委员会，健全"自下而上"的议题形成机制	提升居村委会自治能力，以社会组织和居民为主体，共建共享
(1) 制定老年友好社区的长期发展战略 ·制定行动指南，包括强制性内容和参考性内容 ·广泛征询意见并深入研究 (2) 出台约束或激励政策，促使各部门工作考虑老年人 ·财政、规划、住建、交通、卫健等部门 (3) 加大政府购买社会组织的养老及社工服务的力度 ·重点完善政策并考核质量	(1) 成立跨部门、跨领域的督导委员会 ·委员来自街镇相关办公室，为老服务组织、老年人团体、爱心企业、优秀社会工作者 ·聘请相关领域的专业顾问 (2) 依托社区代表会议等平台，推动共商共议 (3) 设立老年友好社区营造专项资金，并进一步拓宽项目的资金筹集渠道	(1) 提升居村委会自治能力 (2) 搭建协作团队 ·老年人担任重要角色 ·设置专人领导 (3) 开展民主协商，达成共识 ·依托联席会议和三会制度 ·正视各类利益诉求 ·建立共同目标和可量化指标 (4) 明确权责划分，加强资源共享 ·避免资源垄断与浪费 (5) 分阶段实施，动态监督

图 15-1 老年人社区生活圈分层级的协作机制

同营造相关主题内容纳入部门的优先事项与重要议程。老年人社区生活圈营造是一项复杂的系统性工作，各个阶段和环节都离不开政府的支持，尤其是设施的实施和环境的改善。如促使财政部门为老年社会组织及社区老年服务机构提供必要的资金扶持；促使规划、住建和市政部门在所有的设计中纳入"无障碍"要素；促使交通部门为老年人提供专用设施和乘车优惠；促使卫生部门为老年人提供便捷和高质量的医疗、预防、保健、康复等全面的医疗服务。

二、街镇层级

街镇层级，建立跨部门、跨领域的督导委员会，依托社区代表会议等平台共商共议，健全"自下而上"的议题形成机制，并设立专项资金，进一步拓宽项目的资金筹集渠道。

成立跨部门、跨领域的督导委员会，动员驻区单位参与老年人社区生活圈营造，加强街镇政府相关部门之间的协作，推进多元主体建立老年人社区生活圈合作伙伴关系。委员应包括社区管理办公室、社区服务办公室、社区平安办公室、社区自治办公室或镇政府社区管理、规划建设等科室负责人，高校和研究机构的专家学者，为老服务的先进社会组织、老年人社会组织的核心成员，爱心企业和资助团体代表，优秀社会工作者。遴选适老性基建改造、老旧社区更新、助老出行管理、医养保健护理、安老组织运作、涉老心理咨询、老年人再就业培训等方面的专业人士担任顾问。

设立老年人社区生活圈营造专项资金,并进一步拓宽项目的资金筹集渠道。政府拨款方面,街镇政府应用好"自治金",设立老年人社区生活圈营造专项资金,一方面,用于老年人社区生活圈环境和服务的改善;另一方面,形成社会资金的"蓄水池",通过公益创投等方式,扶持"自下而上"产生的项目,激发居民参与的热情。同时进一步加强老年基金会分会和社区基金会的职能,引入市场合作机制,进一步拓宽项目的资金筹集渠道。

三、居村层级

居村层级,提升居(村)委会的自治能力,发挥社会组织和居民的主体作用,建立合作伙伴关系,通过民主协商和资源共享推动老年人社区生活圈营造。

为居(村)委会减负增能,提升居(村)委会的自治能力。明确居(村)委会协助行政事务清单和工作事项准入机制,减轻居村委会的行政负担。充分发挥居(村)委会作为群众性自治组织的职能作用,加强与业委会及基层社会团体等组织的合作,探索符合条件的居委会成员通过合法程序兼任业委会成员,增强其对社区居民的凝聚能力。

搭建包含所有利益相关者的协作团队,并以社会组织和居民为主体。团队成员应该包括居(村)委会成员,规划设计团队,基于社区的社会组织、私营企业、老年人俱乐部等居民团体,并根据社区的具体需求增加相应的专业团队与人员(医疗保健、交通、住房、社会工作等)。老年人是团队的重要成员,应包括年龄、性别、文化和能力不同的老年人,以确保他们的需求、观点和建议具有广泛性和包容性。同时,团队还需要一位具有强影响力的领导者,引导、把控项目整体方向,可考虑从居(村)委会领导、社会组织领导或社区居民领袖中选取。

建立分阶段实施及动态监督机制。分阶段实施老年人社区生活圈计划,一方面,不断加强多元主体的合作关系;另一方面,持续监测各项指标和收集老年人满意度,增强反馈,不断改进与优化营造方案,同时应尽可能地使老年人参与实施过程,增加老年人的参与感,使他们更加珍惜营造成果。

第二节　将社区生活圈营造与社区规划编制的评估阶段相结合

社区生活圈营造的要点，一方面是社区建成空间的品质和功能提升，另一方面是主体意识培育和关联网络的形成。社区规划致力通过改善物质空间来达到社会目标，其推广需要市民参与基础，并从点到面渐进推动。从社区生活圈协同营造入手，可以改变以往规划与社区居民联结度不强的状况，形成上下合力。

将老年人社区生活圈营造与社区规划编制、"15分钟生活圈"体系构建等工作中的评估阶段相结合，通过自上而下的现状基础统计和缺配情况梳理，结合社区居委会、业委会自下而上的居民需求调查，建档立库，排出计划时间表，提高工作效率。形成项目库后，再公开发布项目清单，引导社会和社区主动选择与自身诉求相吻合的更新点位，将社会力量、居民自治组织的自主行动热情融入行政力量支持的规划和计划中，并由社区和政府共同筹措资金。同时，对于并不具备自主行动的社区，行政力量应提供资源扶持，并引导社会和市场帮扶，保证项目推进的稳定性。

在协同营造项目的研究和设计阶段，利用行政力量与各相关部门和主体进行规划方案的说明及对接，充分利用街道、居委会对于社区现状的了解程度，保障相关主体在位。倾听商户、产权单位的诉求，了解路政部门、园林绿化部门、交管部门、城管部门、工商部门等责权部门是否有相关项目的实施计划，以免产生冲突，保证评估和研究结论的可行性。

第三节　建立多核心的多元主体关系，共同参与规划决策

社区生活圈营造的规划协商环节，可以充分利用社区现有的自治条件，依托社区自治平台成熟的议事习惯和流程，开展协同营造环节。

在社区治理上，中国语境下的"城市社区治理"带有明显的强政府干预特

点,对于社区层面的口袋公园、小型游园、康体设施的财政支持,政府仍然是社区基本公共服务设施的主要提供者。[①] 居委会组织管理居民事务,也受到行政力量的渗透支配。近些年来,通过"二级政府、三级管理"等制度设计,社区管理权力下放至区和街道,行政向下放权也开始转变为向社会放权,通过淡化行政色彩调动整合社区资源。[②] 先行国家和地区的经验表明,老年人社区生活圈的营造需要结合"政府主动有为"和"社会积极作为"。需要打破行政依赖,构建更为平衡的"多核心"多元主体关系(图 15-2),使社会组织、市场和居民的优势得到更好的发挥,在营造中扮演更有主动性和影响力的角色。

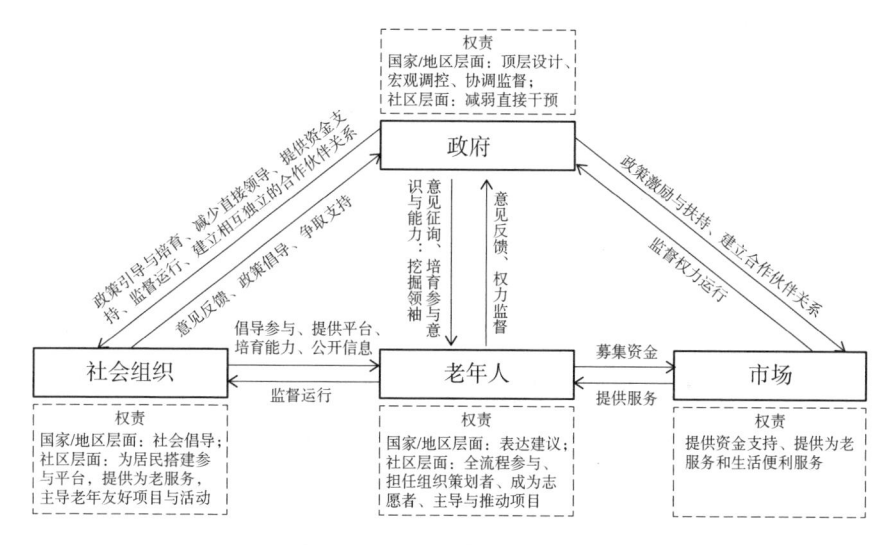

图 15-2　更平衡的主体关系

多元主体关系因为"多核心"而更平衡,一方面,明晰政府的职能边界,推动权力下放;另一方面,鼓励与培育社会力量,提升社会组织的组织和倡导能力,鼓励社会资本进入,增加老年人的参与阶段。老年人的社会参与不可只停留于形式,需要真正纳入政府部门的工作议程和具体活动的考核指标中,使老年人参与全部流程,促进老年人人生价值的自我实现。

---

① 姜玉培、甄峰、张振龙:《面向人本治理的社区生活圈休闲步行与环境协调关系及影响因素研究——以南京市为例》,《人文地理》2023 年第 4 期。
② Lehning A., Scharlach A. E., Dal Santo T. S., "A Web-Based Approach for Helping Communities Become More 'Aging Friendly'", *Journal of Applied Gerontology*, 29(4), 2010, pp.415-433.

第四节　拓展资金来源渠道，为项目实施提供有力支撑

财政资金来源单一，具有有限性，需要开拓更丰富的资金渠道，推动为老服务中心资金来源的多样化。目前，为老服务中心基本是由政府委托的民办非企业单位运营，应在保持主要资金来源于政府拨款的条件下，拓宽服务中心资金来源渠道，包括根据不同长者的经济情况收取低额服务费和会员费，以及慈善募集等。对企业、事业单位、社会团体和个人向民办非企业单位提供公益、救济性捐赠的，准予税收优惠。

例如，陆家嘴社区基金会资金的主要来源包括企业资金和社会资金两类。在企业资金方面，主要来源于地产企业，他们为给所建设的地产项目做配套，会给一些社区营造项目提供支持。在社会资金方面，一部分来自致力社区提升的社会组织。例如，"仁人家园"是一家旨在推动社区环境提升和低收入家庭环境改善的社会组织，在一致的社会目标基础上产生合作的关系。另一部分则是来自社区基金会的募集。陆家嘴社区基金会的募款主要针对绿化类企业、食品类企业和建筑类企业，这些业务领域跟社区有结合的可能，可以通过社会营销手段，在过程中实现双方诉求的平衡。

通过经济收益和品牌宣传，与企事业单位形成互惠关系。建立健全政府购买服务机制和委托承包机制，并制定贷款优先、利息优惠、税收减免等扶持政策，减轻参与企业的融资和利润压力。同时，吸引社会资本进入社区为老服务的相关产业，如老年医疗保健业、老年房地产业、老年娱乐文化业等，促进社区为老服务的多样化发展。

根据我国的行政管理体制"党建引领"的特征，可以发挥基层党建工作的优势，打破社区党建工作中"街道党工委—社区党总支—党支部—党小组—党员"的纵向管理模式，积极联络产权单位，由社区或街道党组织与辖区企业单位党组织签订联建共建协议，横向联系驻区单位党组织，通过"社区-企业"结对的方式，实现社区、机关、企事业单位的资源共享，在社区与驻地企业之间形成互助关系。企事业单位也可以通过参与社区生活圈营造活动本身进行品牌宣传，扩大品牌影响力，履行社会责任，树立正面的企业形象。

此外，实施"以奖代补"，注重引入市场竞争机制。如在政府购买养老服务中，为老年人发放服务券的方式优于对养老服务机构的直接补贴，原因在于前者赋予了老年人"用脚投票"的权利。示范睦邻点的补贴也应实施"以奖代补"，激励社区和老年人提升示范睦邻点的质量。

第五节 引导在地主体角色转变，形成长效管理维护机制

一、政府主体

对于政府主体，应明晰政府的职能边界，推动权力下放，加强在国家层面的宏观调控和协调监督，减弱在社区层面的直接干预。

首先，加强在国家和城市层面的宏观调控和协调监督。政府应重点发挥以下作用：制定和完善相关法律法规，制定发展战略与规划并通过政策工具向地方强有力推进，培育社会组织并引入市场机制，加强对社会组织和市场行为的监管，整合与协调社会资源，提供资金支持，推动利益主体建立合作伙伴关系。

其次，政府减弱在社区层面的直接干预，提升社区的自治能力。扭转政府与居（村）委会的关系，改变政府包揽社区居（村）委会人员任命的状况，通过公开透明的选举机制由居民进行选举；居（村）委会在接受政府的工作指导时，能够充分发挥其自治性，处理社区具体事务，构建居民参与自治的平台。

再次，与社会组织建立相对独立的合作伙伴关系。政府与社会组织的关系由行政审批、直接指派工作向着发展方向的引导、提供资金支持、信息共享和社会资源等方面的支持转变，建立相互尊重、相互信任、独立的合作伙伴关系，以共同的目标为导向，协同推动协同营造。

对于社会力量主体，推动社会组织的自律管理和公众监督，培育根植于社区的社会组织，提升社会组织的自组织能力，充分发挥社会倡导与提供平台的作用。

首先，应推动社会组织的自律管理和公众监督，不断孕育良好的社会组织发展土壤。完善社会组织的自律规范和治理制度，促使社会组织应遵守行业规

范,并受到社会规则、诚信及道德的约束,同时也要推动社会组织的信息公开,接受居民和公共媒体的监督,并健全社会评估机制。

其次,政府应孵化、培育根植于社区的社会组织,提升他们的自组织能力,发挥好社会倡导、平台与桥梁的作用。第一,降低登记门槛,优化工作流程,继续推动社会组织孵化基地和社会组织服务中心的建设,为社会组织提供场地设备、能力培育和小额补贴等支持。第二,鼓励社会组织深入社区内部,努力连接社会的各种资源,激活基层的多元力量。社会组织里的工作人员与社区居民有比较频繁的接触,对社区居民的需求更加了解,与社区居民的关系也更加亲密。因此,应发挥他们的倡导作用,动员更多的社区居民参与;同时社会组织应扮演好街镇和居(村)委会联系社区居民、开展社区事务的协助者角色。

二、老年人领袖

对于老年人,应培养老年人的参与意识与能力,增加老年人的参与阶段,挖掘老年人领袖,充分发挥"银色力量"的作用。

首先,培养老年人的参与意识。在社区的日常治理中,邀请老年人参与社区事务的决策会议,鼓励老年人参加多种多样的社区活动,增加老年人对社区的归属感,感受积极参与社区事务的成就感。在营造的前期阶段,组织者应积极向长者推广概念,增加长者的认同感,激发老年人的参与热情。

其次,提升老年人的参与能力。通过课程培训、工作坊等形式,对老年人进行技术培训,提升老年人的参与能力。让老年人组织策划社区活动,过程中由工作人员给予积极的协助和鼓励,使他们不断地学习技巧、积累经验,增强自信。

再次,增加老年人的参与阶段。从国家和城市的指南制定开始,就应该将更多老年人的观点考虑在内,号召老年人通过焦点小组讨论、公众论坛、征询会等方式表达愿景,使社区生活圈的协同营造真正符合老年人的实际需求。在具体项目中,应让老年人全流程参与其中。评估阶段,通过工作坊、体验营造等形式鼓励身体健康的老年人和身体不便的老年人的照顾者参与社区考察与调研,由老年人识别阻碍老年人社区生活圈构建的障碍。确定优先事项和营造方案时,应充分考虑老年人的意见,使有限的资源最大化地满足老年人的需求;具体实施过程中,应鼓励老年人付出劳动,包括组织与策划活动、担任志愿者、参与微更新劳作等;通过社区活动增加社交互动,建立社会资本;参与过程中,各主体共享和共同的生活场景及经历,促进了人们相互认同,形成情感上的纽带,链接居民间的日常生活,作为激发社区活力的触媒;通过发掘共同的兴趣、为居民创造交流的机会,也可以有效引导居民建立内生型社区社会组织,为实现社区治理创造良好条件。

充分发挥多元主体自主性的社区生活圈协同营造,可以帮助解决实施及监管环节缺乏长期性的问题。通过协同营造活动,社区居民逐步形成主人翁意识,对社区产生归属感,自己为社区建设出力,就会积极关注社区中存在的问题,也会更主动维护更新成果和社区环境。

三、形成长效管理维护机制

老年人社区生活圈协同营造策略的制定,需要重点关注体制机制、规划编制、参与主体、资金来源等方面。

一是围绕协同理念,建立分层级的多元主体协同营造机制。在市、区两级政府层级,制定长期发展战略,完善购买服务机制;在街镇层级,建立跨部门、跨领域的督导委员会,健全"自下而上"议题形成机制,设立专项资金;在居(村)层级,提升村委会自治能力,发挥社会组织和居民作用,建立合作关系。

二是将社区生活圈营造与社区规划编制的评估阶段相结合,提升社区建成空间的品质和功能,推动主体意识培育和关联网络的形成,加强规划与社区居民的联结度,形成上下合力。

三是建立多核心的多元主体关系,共同参与规划决策。应明晰政府的职能边界,推动权力下放,鼓励社会资本进入,加强老年人的社会参与,并将其纳入相关政府部门考核指标中。

四是拓展资金来源渠道,打破党建工作中的纵向管理模式,横向联系驻区单位党组织,积极推动企业、事业单位、社会团体和民办非企业单位等平台之间的合作,实现资源共享,吸引资金投入为老服务产业,形成良好的市场经济。

五是引导主体角色转变,形成长效管理维护机制。政府需要明晰职能边界,强化宏观调控与监督,减少对社区干预,提升自治能力;社会力量主体应自律管理、公众监督,培养社区组织,激发参与意识;老年人要增强参与感和能力,发挥"银色力量"。

值得强调的是,老年人社区生活圈的协同营造,需要结合具体案例提出因地制宜的策略,不同地域、不同规模和发展阶段的城市,其社区的环境、资源、文化以及老年人群体的具体需求均存在差异，不宜简单照搬既有的做法。在实际操作中，应定期评估策略的实施效果，收集多方参与主体尤其是老年人的反馈，及时调整和优化。本书的调研案例均来自北京、上海、广州等特大城市，对于中小城市以及农村地区的情况还有待进一步的研究。

附　　录

A. 调研问卷

A1. 老年人日常生活需求与行为特征调查问卷

一、基础信息

1. 您的年龄：_____岁；性别：① 男　② 女
2. 您现在的居住地是：_____市_____区
3. 您的月收入符合以下哪种情况？① 1 000 元以下　② 1 001—1 200 元　③ 1 201—3 000 元　④ 3 001—5 000 元　⑤ 5 000 元以上
4. 您的受教育程度符合以下哪种情况？① 本科及以上　② 大专　③ 高中、中专　④ 初中　⑤ 小学及以下
5. 您的婚姻状况符合以下哪种情况？① 有配偶　② 丧偶　③ 离异　④ 独身
6. 您的健康状况符合以下哪种情况？① 无慢性病　② 患有一种慢性病　③ 患两种及以上慢性病
7. 您的身体状况符合以下哪种情况？① 不需他人照顾，完全独立生活　② 需要他人照顾，但日常活动没有困难　③ 日常活动存在困难
8. 总体上，您对目前的生活满意吗？① 非常满意　② 比较满意　③ 一般　④ 不太满意　⑤ 很不满意

您最满意的是哪个方面，最不满的是哪个方面？
① 社区居住　② 交通出行　③ 医疗养老　④ 交往参与　⑤ 休闲康体

二、居住需求与满意度

1. 您的居住情况符合以下哪种情况？① 自己或与老伴单独居住　② 与子女同住　③ 养老机构居住

2. 您期望的居住情况符合以下哪种情况？① 自己或与老伴单独居住　② 与子女同住　③ 养老机构居住

3. 您目前住房的产权符合以下哪种情况？① 公有住宅　② 私有住宅

4. 您目前住房的类型符合以下哪种情况？① 平房　② 多层(7层以下)有电梯　③ 多层无电梯　④ 高层

5. 您对您现在的住房环境满意吗？① 非常满意　② 比较满意　③ 一般　④ 不太满意　⑤ 很不满意

6. 对于住房环境,您最关注什么？（多选)您现在的住房亟待改善的是哪个方面(多选)① 出入方便,电梯和无障碍设施好　② 交通便利　③ 社区环境安静、空气好　④ 周边公共服务设施配置齐全　⑤ 邻里和睦　⑥ 社区安全有保障

三、交通出行需求与满意度

1. 您的步行能力如何？① 良好,可长距离步行　② 中等　③ 较差,仅能短距离步行　④ 不能独立步行

2. 您平均每天出门＿＿＿＿次？

3. 您最主要的出行方式是＿＿＿＿,其次是＿＿＿＿,再其次是＿＿＿＿。您最满意的是＿＿＿＿,您认为亟待改善的是＿＿＿＿(选填如下序号)

① 步行　② 自行车/共享单车　③ 电动车/摩托车　④ 私家车　⑤ 公交车　⑥ 地铁　⑦ 出租车

4. 您出门的目的是？（多选)

① 购买食品　② 购买衣物/日用品　③ 休闲娱乐(打牌/看书/文娱/群体活动等)　④ 就餐　⑤ 锻炼健身　⑥ 看病就医　⑦ 接送孙辈(幼儿园/小学)　⑧ 探亲访友　⑨ 办理事务(银行/邮局/派出所等)　⑩ 老年教育　⑪ 其他

四、医疗养老需求及满意度

（一）医疗服务情况

1. 您去医院的频率符合以下哪种情况？① 几乎每周;② 每月1—2次;

③ 2—3个月一次；④ 半年左右1次；⑤ 很少去

2. 您最常选择哪类就诊方式？① 网络问诊　② 上门问诊　③ 社区卫生服务中心就诊　④ 镇(区)级综合医院就诊　⑤ 大型专科医院就诊　⑥ 综合性三甲医院就诊；您对目前就诊情况的满意程度符合以下哪种情况？① 非常满意　② 比较满意　③ 一般　④ 较不满意　⑤ 很不满意

3. 你目前就诊面临的最大问题是什么？(多选)① 腿脚不便　② 交通不便　③ 医院设施落后　④ 医生水平不足　⑤ 无人陪护　⑥ 排队太多　⑦ 就诊过程复杂,各类设备不会使用　⑧ 花费过高　⑨ 难以负担医疗费　⑩ 其他_____

4. 您最需要的社区医疗服务是什么？(多选)① 健康咨询　② 定期体检　③ 购药拿药　④ 看病打针　⑤ 身体机能康复锻炼　⑥ 上门问诊

(二) 养老服务情况

1. 您目前享受的养老服务有哪些？(多选)① 无　② 社区饭桌　③ 社区居家养老服务　④ 社区日托服务　⑤ 养老院照料服务；您对养老服务的满意程度符合以下哪种情况？① 非常满意　② 比较满意　③ 一般　④ 较不满意　⑤ 很不满意

2. 您的养老意愿符合以下哪种情况？① 不需他人照顾　② 子女照顾　③ 保姆照顾　④ 社区居家养老服务(包括社区饭桌等)　⑥ 离家近的社区托老所　⑦ 条件好的养老院,离家远近无所谓　⑧ 便宜的养老院,离家远近的托老所

五、交往参与需求及满意度

(一) 社会交往

1. 您有多少关系密切,能够给予您支持和帮助的亲人和朋友？亲人：_____　朋友：_____

① 1个也没有　② 1—2个　③ 3—5个　④ 6个及以上

您与他们的来往频率是？亲人：_____　朋友：_____

① 几乎每天　② 每周3—5次　③ 每周1—2次　④ 每月1—2次

2. 您与社区内的邻居关系满足以下哪一项？

① 邻居之间来往较少,只是点头之交　② 邻居之间会简单聊天,并给予力所能及的帮助　③ 与部分邻居熟悉,会经常在一起活动、聊天　④ 与大部分邻居很熟悉,会经常在一起活动、聊天

3. 现在的社会交往能否满足您的要求?

① 完全满足　② 大部分满足　③ 部分满足　④ 无法满足

4. 您的社区(包括党团组织)是否会组织活动? 频率是_____。

① 很少,基本不组织　② 每年几次　③ 几乎每月1次　④ 几乎每周1次　⑤ 一周多次

您参加的频率符合以下哪种情况?

① 从不参加　② 偶尔参加　③ 经常参加　④ 主动参加并积极活动

您对社区活动的态度符合以下哪种情况?

① 数量多,且内容丰富　② 数量不足,但内容丰富　③ 数量多,但类型单一　④ 数量少,且内容不丰富　⑤ 数量或内容过多,感到复杂聒噪

(二) 社区组织与公众参与

1. 您对社区的归属感强吗?

① 很有归属感　② 比较有归属感　③ 一般　④ 不太有归属感　⑤ 完全没有归属感

2. 您对本社区的总体管理水平和服务水平是否满意?

① 非常满意　② 比较满意　③ 一般　④ 较不满意　⑤ 很不满意

3. 社区组织管理人员对居民事务关心程度符合以下哪种情况? ① 会主动关心、积极解决　② 不会主动关心,但对居民反映的问题和困难会积极解决　③ 不会主动关心,对居民反映的问题和困难拖延漠视　④ 没有或不知道如何联系社区管理人员

4. 您是否参与过社区公共事务的管理?

① 是,原因是_____①受居委会邀请或居委会要求参与　② 因社会责任自愿参加　③ 与自身利益相关所以参加　④ 大家都参加　⑤ 其他____

② 否,原因是_____① 没有时间　② 没有兴趣　③ 无人告知　④ 不知途径　⑤ 认为自己的参与没有作用　⑥ 参与没有回报　⑦ 行动不便　⑧ 其他_____

5. 您所在的社区是否主动公开管理信息?

① 按时按事公开　② 定时集中公开　③ 有人申请或询问才公开　④ 从不公开

6. 您在日常生活中了解社区公共信息的渠道有哪些?

① 社区公告栏　② 社区微信群　③ 社区工作人员通知　④ 邻居告知　⑤ 不关心

7. 您对社区事务的公众参与情况是否满意？

① 非常满意　② 比较满意　③ 一般　④ 较不满意　⑤ 很不满意

六、休闲康体需求及满意度

1. 您日常是否会进行体育锻炼？

是，您参与体育锻炼的频率是每周_____次，每次持续_____小时。

否，影响您参与体育锻炼的原因有哪些？① 周边缺乏空间　② 周边缺乏设施或设施质量差　③ 身体条件不允许　④ 缺少同伴　⑤ 没有兴趣　⑥ 没有时间　⑦ 其他_____

2. 您认为周边设施对您进行体育锻炼的支持程度符合以下哪种情况？

① 能满足我全部体育锻炼的需要　② 能满足我大部分的需要　③ 能满足我少部分的需要　④ 完全无法满足需要

3. 您认为周边支持体育锻炼最必要的设施是什么？（多选）

① 广场　② 步道　③ 室外健身器械　④ 室内健身房　⑤ 体育馆　⑥ 各类球场（门球、羽毛球、乒乓球等）　⑦ 其他_____

4. 除体育锻炼外，您还会进行什么休闲活动？① 棋牌　② 书画　③ 上网　④ 剪纸/插花　⑤ 读书　⑥ 乐器演奏　⑦ 唱歌/戏曲　⑧ 其他_____

5. 您认为周边设施对您参与文化活动的支持程度符合以下哪种情况？

① 能满足我全部文化活动的需要　② 能满足我大部分的需要　③ 能满足我少部分的需要　④ 完全无法满足需要

A2. 老年人社区服务设施需求、使用特征调查问卷

一、基本信息

1. 您的年龄是_____岁，性别_____，住址是（请精确至楼栋号）_____。

2. 您的月收入符合以下哪种情况？

① 依靠低保，790元　② 791—2 020元　③ 2 021—3 000元　④ 3 001—5 000元　⑤ 5 000元以上

3. 您的教育程度符合以下哪种情况？

① 小学及以下　② 初中　③ 高中或中专　④ 大专　⑤ 本科及以上

4. 您目前的居住状态符合以下哪种情况?

① 四代同住　② 三代同住　③ 与子女同住　④ 与配偶同住　⑤ 其他

5. 您家中是否有未成年小孩,孩子几岁?_____您是否接送孩子上学? ① 是　② 否

6. 您的户籍是否在上海? 如果不是,您的户籍在哪里? ① 是　② 否_____

7. 您目前的步行能力符合以下哪种情况?

① 能轻松行走　② 爬楼梯、上坡有点吃力　③ 需要有人在旁边看着　④ 需要有人一直扶着,或者依靠拐杖　⑤ 需要轮椅出行

二、社区设施的需求

1. 您希望步行多长时间能够到达您想去的设施?

① 5 分钟以下　② 10—15 分钟　③ 15—20 分钟　④ 20—30 分钟

2. 以下哪些设施是您所在社区没有的? 您希望增加的是_____? (最多三项)

① 助餐中心(食堂)　② 咨询服务中心(法律、心理咨询等)　③ 康复锻炼中心　④ 家庭帮助服务中心(提供日常起居帮助)　⑤ 托老所　⑥ 老年学校　⑦ 其他_____

三、社区服务设施的使用情况

1. 您一周去菜市场_____次? 您经常去的菜市场有_____个? 您能接受最长多少时间步行到菜市场?_____

① 5 分钟　② 10 分钟　③ 15 分钟　④ 20 分钟　⑤ 25 分钟　⑥ 30 分钟　⑦ 45 分钟　⑧ 60 分钟

2. 您一周去便利店_____次? 您经常去的便利店有_____个? 您能接受最长多少时间步行到便利店?_____

① 5 分钟　② 10 分钟　③ 15 分钟　④ 20 分钟　⑤ 25 分钟　⑥ 30 分钟　⑦ 45 分钟　⑧ 60 分钟

3. 您一周去水果店_____次? 您经常去的水果店有_____个? 您能接受最长多少时间步行到水果店?_____

① 5 分钟　② 10 分钟　③ 15 分钟　④ 20 分钟　⑤ 25 分钟　⑥ 30 分钟　⑦ 45 分钟　⑧ 60 分钟

4. 您一周去超市_____次? 您经常去的超市有_____个? 您能接受

最长多少时间步行到超市？_____

① 5 分钟　② 10 分钟　③ 15 分钟　④ 20 分钟　⑤ 25 分钟　⑥ 30 分钟　⑦ 45 分钟　⑧ 60 分钟

5. 您一周去饭店/餐馆_____次？您经常去的饭店/餐馆有_____个？您能接受最长多少时间步行到饭店/餐馆？_____

① 5 分钟　② 10 分钟　③ 15 分钟　④ 20 分钟　⑤ 25 分钟　⑥ 30 分钟　⑦ 45 分钟　⑧ 60 分钟

6. 您一周去幼儿园、小学、中学_____次？您经常去的有幼儿园、小学、中学_____个？您能接受最长多少时间步行到幼儿园、小学、中学？_____

① 5 分钟　② 10 分钟　③ 15 分钟　④ 20 分钟　⑤ 25 分钟　⑥ 30 分钟　⑦ 45 分钟　⑧ 60 分钟

7. 您一周去老年人活动中心_____次？您经常去的老年人活动中心有_____个？您能接受最长多少时间步行到老年人活动中心？_____

① 5 分钟　② 10 分钟　③ 15 分钟　④ 20 分钟　⑤ 25 分钟　⑥ 30 分钟　⑦ 45 分钟　⑧ 60 分钟

8. 您一周去托老所_____次？您经常去的托老所有_____个？您能接受最长多少时间步行到托老所？_____

① 5 分钟　② 10 分钟　③ 15 分钟　④ 20 分钟　⑤ 25 分钟　⑥ 30 分钟　⑦ 45 分钟　⑧ 60 分钟

9. 您一周去助餐中心_____次？您经常去的助餐中心有_____个？您能接受最长多少时间步行到助餐中心？_____

① 5 分钟　② 10 分钟　③ 15 分钟　④ 20 分钟　⑤ 25 分钟　⑥ 30 分钟　⑦ 45 分钟　⑧ 60 分钟

10. 您一周去公交站、地铁站_____次？您经常去的公交站、地铁站有_____个？您能接受最长多少时间步行到公交站、地铁站？_____

① 5 分钟　② 10 分钟　③ 15 分钟　④ 20 分钟　⑤ 25 分钟　⑥ 30 分钟　⑦ 45 分钟　⑧ 60 分钟

11. 您一周去公园/绿地_____次？您经常去的公园/绿地有_____个？您能接受最长多少时间步行到公园/绿地？_____

① 5 分钟　② 10 分钟　③ 15 分钟　④ 20 分钟　⑤ 25 分钟　⑥ 30 分

钟　⑦ 45 分钟　⑧ 60 分钟

12. 您一周去证券交易大厅＿＿＿＿次？您经常去的证券交易大厅有＿＿＿＿个？您能接受最长多少时间步行到证券交易大厅？＿＿＿＿

① 5 分钟　② 10 分钟　③ 15 分钟　④ 20 分钟　⑤ 25 分钟　⑥ 30 分钟　⑦ 45 分钟　⑧ 60 分钟

13. 您一个月去商场、百货商店＿＿＿＿次？您经常去的商场、百货商店有＿＿＿＿个？您能接受最长多少时间步行到商场、百货商店？＿＿＿＿

① 5 分钟　② 10 分钟　③ 15 分钟　④ 20 分钟　⑤ 25 分钟　⑥ 30 分钟　⑦ 45 分钟　⑧ 60 分钟

14. 您一个月去沿街服装店＿＿＿＿次？您经常去的沿街服装店有＿＿＿＿个？您能接受最长多少时间步行到沿街服装店？＿＿＿＿

① 5 分钟　② 10 分钟　③ 15 分钟　④ 20 分钟　⑤ 25 分钟　⑥ 30 分钟　⑦ 45 分钟　⑧ 60 分钟

15. 您一个月去美容美发/洗浴/按摩店＿＿＿＿次？您经常去的美容美发/洗浴/按摩店有＿＿＿＿个？您能接受最长多少时间步行到美容美发/洗浴/按摩店？＿＿＿＿

① 5 分钟　② 10 分钟　③ 15 分钟　④ 20 分钟　⑤ 25 分钟　⑥ 30 分钟　⑦ 45 分钟　⑧ 60 分钟

16. 您一个月去诊所＿＿＿＿次？您经常去的诊所有＿＿＿＿个？您能接受最长多少时间步行到诊所？＿＿＿＿

① 5 分钟　② 10 分钟　③ 15 分钟　④ 20 分钟　⑤ 25 分钟　⑥ 30 分钟　⑦ 45 分钟　⑧ 60 分钟

17. 您一个月去药房＿＿＿＿次？您经常去的药房有＿＿＿＿个？您能接受最长多少时间步行到药房？＿＿＿＿

① 5 分钟　② 10 分钟　③ 15 分钟　④ 20 分钟　⑤ 25 分钟　⑥ 30 分钟　⑦ 45 分钟　⑧ 60 分钟

18. 您一个月去银行/邮局＿＿＿＿次？您经常去的银行/邮局有＿＿＿＿个？您能接受最长多少时间步行到银行/邮局？＿＿＿＿

① 5 分钟　② 10 分钟　③ 15 分钟　④ 20 分钟　⑤ 25 分钟　⑥ 30 分钟　⑦ 45 分钟　⑧ 60 分钟

19. 您一个月去公证处/派出所＿＿＿＿次？您经常去的公证处/派出所

有_____个？您能接受最长多少时间步行到公证处/派出所？_____

① 5 分钟　② 10 分钟　③ 15 分钟　④ 20 分钟　⑤ 25 分钟　⑥ 30 分钟　⑦ 45 分钟　⑧ 60 分钟

四、社区服务设施使用的满意程度

请对您所在社区周边的服务设施使用满意度打分。(5 分最满意,1 分最不满意)

① 5 分　② 4 分　③ 3 分　④ 2 分　⑤ 1 分

五、社区服务设施的重要性评定

以下哪些设施您认为非常重要,希望就近布置？(请选择 10 项以内)

1. 菜市场　2. 便利店　3. 水果店　4. 超市　5. 饭店及餐馆　6. 幼托、小学及中学　7. 老年人活动中心　8. 托老所　9. 助餐中心　10. 商场/百货商店　11. 沿街服装店　12. 美容美发/洗浴/按摩店　13. 诊所　14. 药房　15. 银行/邮局　16. 公交/地铁站点　17. 公园/绿地　18. 证券交易大厅　19. 公证处/派出所

A3. 老年人交通出行调查问卷

1. 您的年龄：_____岁,性别：_____,您是否拥有上海户口：① 是　② 否

2. 您的教育程度符合以下哪种情况？

① 本科及以上　② 大专　③ 高中、中专　④ 初中　⑤ 小学及以下

3. 与您同住的家人有(多选)：

① 配偶　② 儿子媳妇　③ 女儿女婿　④ 孙子/外孙　⑤ 兄弟姐妹　⑥ 独居

与您同住的家人共有_____位,其中最小成员的年龄是_____岁,参加工作的有_____人。

4. 您的月收入符合以下哪种情况？

① 依靠低保,640 元　② 641—1620 元　③ 1621—3000 元　④ 3001—5000 元　⑤ 5000 元以上

您每个月花在交通上的费用大约为_____元。

5. 您家是否有小汽车：① 有　② 没有

如果有,您家的小汽车由谁驾驶(可选择多项)：① 您本人　② 子女

6. 您每天一般外出_____次,所采用的交通方式为(可选择多项):
① 步行　② 自行车　③ 公交车　④ 地铁　⑤ 出租车　⑥ 自驾小汽车　⑦ 搭乘小汽车　⑧ 电(助)动车　⑨ 班车

如果不能保证每天均有外出,那么您每周(月)外出总次数为_____次。

7. 您每天全部出行所耗费的时间加起来大约_____分钟(指您步行、骑自行车、搭乘公共汽车等花费的时间总长,不包括您在目的地的停留时间)。

当您步行出行时,从家到目的地通常要步行_____分钟,您能接受的最长时间为_____分钟。当您乘坐公交出行时,从家到目的地通常要乘车_____分钟,您能接受的最长时间为_____分钟。

8. 您每天外出的目的是什么?(可多选)
① 逛街购物(主要指购买衣物、日用品)　② 购买食品(主要指蔬菜、主食)　③ 访亲会友　④ 休闲娱乐(主要指体育锻炼、打牌聊天等)　⑤ 看病体检　⑥ 去银行或邮局办事　⑦ 工作　⑧ 去原单位办事　⑨ 接送孩子上下学　⑩ 参加社区组织的活动　⑪ 参加老年教育或其他文化活动　⑫ 其他

9. 您每天什么时间外出(可多选)
① 早晨7点之前　② 上午7—9点　③ 上午9—11点　④ 中午11—13点　⑤ 下午13—16点　⑥ 下午16—18点　⑦ 晚上18—20点　⑧ 晚上20点以后

10. 您每天外出买菜和食品的平均次数是_____次,地点是:
① 小区附近的菜市场或超市　② 小区外的菜市场或超市,离家大概_____米

从您家到该地单程耗时_____分钟,主要交通方式为:
① 步行　② 自行车　③ 公交车　④ 地铁　⑤ 出租车　⑥ 自驾小汽车　⑦ 搭乘小汽车　⑧ 电(助)动车　⑨ 班车

您对到达该菜市场或超市的交通便捷性有何评价:① 很便捷　② 一般便捷　③ 不便捷

11. 您每天外出进行体育锻炼的平均次数是_____次,地点是:
① 小区内部活动场地与设施　② 小区周边的设施,离家大概_____米　③ 离家较远的大型体育活动场地或场馆,名称_____,位于_____路

从您家到该地单程耗时_____分钟,主要交通方式为:

① 步行　② 自行车　③ 公交车　④ 地铁　⑤ 出租车　⑥ 自驾小汽车　⑦ 搭乘小汽车　⑧ 电(助)动车　⑨ 班车

您对到达该体育设施的交通便捷性有何评价：① 很便捷　② 一般便捷　③ 不便捷

12. 您每周外出进行文化活动（如参加老年大学、去图书馆等）的平均次数是＿＿＿＿次，您进行活动的地点主要是＿＿＿＿，位于＿＿＿＿路。

从您家到该地单程耗时＿＿＿＿分钟，主要交通方式为：

① 步行　② 自行车　③ 公交车　④ 地铁　⑤ 出租车　⑥ 自驾小汽车　⑦ 搭乘小汽车　⑧ 电(助)动车　⑨ 班车

您对到达该文化设施的交通便捷性有何评价：① 很便捷　② 一般便捷　③ 不便捷

13. 您每月外出看病体检的次数是＿＿＿＿次，医院名称是＿＿＿＿，位于＿＿＿＿路。从您家到该地单程耗时＿＿＿＿分钟，主要交通方式为：

① 步行　② 自行车　③ 公交车　④ 地铁　⑤ 出租车　⑥ 自驾小汽车　⑦ 搭乘小汽车　⑧ 电(助)动车　⑨ 班车

您对到达该医院的交通便捷性有何评价：① 很便捷　② 一般便捷　③ 不便捷

14. 您每月去银行办事的次数是＿＿＿＿次，银行名称是＿＿＿＿，位于＿＿＿＿路。从您家到该地单程耗时＿＿＿＿分钟，主要交通方式为：

① 步行　② 自行车　③ 公交车　④ 地铁　⑤ 出租车　⑥ 自驾小汽车　⑦ 搭乘小汽车　⑧ 电(助)动车　⑨ 班车

您对到达该银行的交通便捷性有何评价：① 很便捷　② 一般便捷　③ 不便捷

15. 您每月去邮局办事的次数是＿＿＿＿次，邮局名称是＿＿＿＿，位于＿＿＿＿路。从您家到该地单程耗时＿＿＿＿分钟，主要交通方式为：

① 步行　② 自行车　③ 公交车　④ 地铁　⑤ 出租车　⑥ 自驾小汽车　⑦ 搭乘小汽车　⑧ 电(助)动车　⑨ 班车

您对到达该邮局的交通便捷性有何评价：① 很便捷　② 一般便捷　③ 不便捷

16. 您每月访亲会友的次数是＿＿＿＿次，从您家到该地单程耗时＿＿＿＿分钟，主要交通方式为：

① 步行　② 自行车　③ 公交车　④ 地铁　⑤ 出租车　⑥ 自驾小汽车　⑦ 搭乘小汽车　⑧ 电(助)动车　⑨ 班车

17. 您每月去原工作单位办事的次数是_____次,单位位于_____路。

从您家到该地单程耗时_____分钟,主要交通方式为:

① 步行　② 自行车　③ 公交车　④ 地铁　⑤ 出租车　⑥ 自驾小汽车　⑦ 搭乘小汽车　⑧ 电(助)动车　⑨ 班车

18. 您对现在的公交服务是否满意:

① 很满意　② 比较满意　③ 一般　④ 不太满意　⑤ 很不满意

如不满意,主要是因为(可多选)

① 乘车时,站点之间距离较长　② 公交车站较远,乘车不便　③ 缺少直达线路,需要多次换车　④ 看不清站牌,不清楚乘坐线路　⑤ 公交车站的候车座椅不舒适　⑥ 等车时间过长　⑦ 车内环境不够舒适　⑧ 司机服务态度不好　⑨ 不能享受免费搭乘政策　⑩ 公交费用高　⑪ 其他

19. 您对居住区外部的步行环境是否满意:

① 很满意　② 比较满意　③ 一般　④ 不太满意　⑤ 很不满意

如不满意,主要是因为(可多选):

① 人行道不平整　② 缺少休息设施　③ 绿灯时间过短　④ 缺少道路照明　⑤ 缺少公共厕所　⑥ 缺少电梯、坡道等无障碍设施　⑦ 步行时会出现交通标志看不清或看不懂的情况　⑧ 安全性低　⑨ 其他_____

20. 您对所居住小区的交通环境是否满意?

① 很满意　② 比较满意　③ 一般　④ 不太满意　⑤ 很不满意

如不满意,主要是因为(可多选):

① 小区出入口设置不合理,经常需要绕行才能出入小区　② 步行时不安全,常有小汽车经过　③ 道路不平整　④ 缺少道路照明　⑤ 其他_____

21. 在交通出行时,您最看重的是(最多可选择三项):

① 安全　② 舒适　③ 方便　④ 花费少　⑤ 能够迅速到达　⑥ 其他_____

22. 阻碍您出行愿望实现的主要原因(最多可选择三项):

① 乘车不便　② 交通安全性　③ 交通费用　④ 身体状况　⑤ 天气影响,如下雨、下雪等　⑥ 没人陪伴　⑦ 其他_____

23. 如果交通条件与服务水平得到改善,您是否愿意增加中长距离出行的

次数(如去市级或区级医疗、商业以及文体设施等)?

① 愿意　② 可能,但要考虑交通费用情况　③ 不愿意

24. 外出时您是否需要陪伴?

① 非常需要　② 偶尔需要　③ 可有可无　④ 不需要

A4. 农村地区老年人交通出行调查问卷

1. 您的年龄:＿＿＿＿＿岁;性别:＿＿＿＿＿;住址是＿＿＿＿＿村＿＿＿＿＿组＿＿＿＿＿号。

2. 您的户口符合以下哪种情况?

① 上海市农业户口　② 上海市非农业户口　③ 外省市户口:＿＿＿＿＿省＿＿＿＿＿市

3. 您的学历符合以下哪种情况?

① 本科及以上　② 大专　③ 高中、中专　④ 初中　⑤ 小学及以下

4. 您的职业符合以下哪种情况?

① 退休　② 农民　③ 个体户　④ 商业服务人员　⑤ 教师或专业技术人员　⑥ 机关、事业单位工作人员　⑦ 公司、企业单位员工　⑧ 其他＿＿＿＿＿

5. 您的月收入符合以下哪种情况?

① 低保,880元　② 881—1 200元　③ 1 201—2 000元　④ 2 001—3 000元　⑤ 3 001—5 000元　⑤ 5 000元以上

6. 您每个月在交通上的花费大约是＿＿＿＿＿元。

7. 您现在和谁一起住?

① 四代同住　② 三代同住　③ 和子女同住　④ 和孙辈同住　⑤ 夫妻两人住　⑥ 其他＿＿＿＿＿

8. 您家里有没有未满18岁的小孩?

① 有,孩子＿＿＿＿＿岁　② 没有

9. 您现在走路出门轻松吗?

① 哪里都能轻松行走　② 爬楼梯,上坡有点困难　③ 要有人在旁边照看着　④ 要有人一直扶着,或者依靠拐杖　⑤ 需要轮椅出行

10. 您家现在有哪些交通工具?(可多选)

① 自行车　② 电(助)动车　③ 摩托车　④ 农用车(包括三轮车、农用货车)　⑤ 小汽车

11. 如果您家有小汽车,谁来开车?(可多选)

① 自己　② 老伴　③ 子女　④ 孙子/孙女

12. 您每天一般出门_____次,主要用什么交通工具?(可多选)

① 走路　② 自行车　③ 电(助)动车　④ 摩托车　⑤ 农用车(包括三轮车、农用货车)　⑥ 自己开小汽车　⑦ 搭乘小汽车　⑧ 公交车　⑨ 地铁　⑩ 班车　⑪ 出租车　⑫ 其他_____

如果不是每天都出门,那么您每周大约出门_____次。

13. 您每天出门的时间是(可选择多项):

① 早上7点之前　② 上午7—9点　③ 上午9—11点　④ 中午11—13点　⑤ 下午13—16点　⑥ 下午16—18点　⑦ 晚上18—20点　⑧ 晚上20点以后

14. 您平均每天在路上花的时间总共约_____分钟(包括走路、等车、转车等)。

15. 您每天出门做什么?(可多选)

① 干农活(下地干活、买种子化肥、卖农产品等)　② 看病、体检、开药　③ 上班(开店,去公司、工厂和工地上班等)　④ 体育锻炼　⑤ 逛街购物(主要指买衣服、日用品或赶集等)　⑥ 见亲戚朋友　⑦ 购买食品(主要指买菜、食物)　⑧ 去银行/邮局办事　⑨ 休闲娱乐(如打牌、聊天、打麻将、看书看报等)　⑩ 接送小孩　⑪ 参加老年教育或其他文化活动　⑫ 去原来工作单位办事　⑬ 参加村委会组织的活动　⑭ 其他_____

16. 您每天出门的过程一般是(如"家→务农→家""家→送孩子→购物→家",可填多种)

① _____→_____→_____→_____,总路程_____米,路上用时共_____分钟。

② _____→_____→_____→_____,总路程_____米,路上用时共_____分钟。

③ _____→_____→_____→_____,总路程_____米,路上用时共_____分钟。

④ _____→_____→_____→_____,总路程_____米,路上用时共_____分钟。

17. 您出门干农活的次数是平均(□每天　□每周　□每月　□每年)

_____次,务农地离家大概_____米,从家里过去用时_____分钟,一般怎么去?

① 走路　② 自行车　③ 电(助)动车　④ 摩托车　⑤ 农用车(包括三轮车、农用货车)　⑥ 自己开小汽车　⑦ 搭乘小汽车　⑧ 公交车　⑨ 地铁　⑩ 班车　⑪ 出租车　⑫ 其他_____

18. 您出门买东西的次数是平均(□每天　□每周　□每月　□每年)_____次,地点是:

① 村里的菜市场、商店或超市,地址是_____　② 村外附近菜市场、商店或超市,地址是_____　③ 离家比较远的大超市或商场,名称是_____,位于_____路。

19. 从您家到菜市场、商店或超市用时_____分钟,一般怎么去:

① 走路　② 自行车　③ 电(助)动车　④ 摩托车　⑤ 农用车(包括三轮车、农用货车)　⑥ 自己开小汽车　⑦ 搭乘小汽车　⑧ 公交车　⑨ 地铁　⑩ 班车　⑪ 出租车　⑫ 其他_____

您觉得现在出门去菜市场、商店或超市买东西方便吗?

① 非常方便　② 比较方便　③ 一般方便　④ 不太方便　⑤ 很不方便

您觉得现在的菜市场、商店或超市有什么问题?(可多选)

① 离家太远　② 规模太小　③ 数量太少　④ 其他_____

20. 您外出进行文化娱乐活动(如去老年活动室聊天、打牌、打麻将、看书看报等)的次数是平均(□每天　□每周　□每月　□每年)_____次,地点是_____。

从您家到活动室用时_____分钟,一般怎么去?

① 走路　② 自行车　③ 电(助)动车　④ 摩托车　⑤ 农用车(包括三轮车、农用货车)　⑥ 自己开小汽车　⑦ 搭乘小汽车　⑧ 公交车　⑨ 地铁　⑩ 班车　⑪ 出租车　⑫ 其他_____

您觉得现在出门去活动室聊天、打牌、打麻将或看书看报方便吗:

① 非常方便　② 比较方便　③ 一般方便　④ 不太方便　⑤ 很不方便

您觉得现在打牌、打麻将或看书看报的地方有什么问题?(可多选)

① 离家太远　② 规模太小　③ 数量太少　④ 其他_____

21. 您去医院(或卫生室)的次数是平均(□每天　□每周　□每月　□每年)_____次,医院(或卫生室)名称是_____,地址是_____

_____。

　　从您家到医院(或卫生室)用时_____分钟,一般怎么去?

　　① 走路　② 自行车　③ 电(助)动车　④ 摩托车　⑤ 农用车(包括三轮车、农用货车)　⑥ 自己开小汽车　⑦ 搭乘小汽车　⑧ 公交车　⑨ 地铁　⑩ 班车　⑪ 出租车　⑫ 其他_____

　　您觉得现在去医院(卫生室)方便吗?

　　① 非常方便　② 比较方便　③ 一般方便　④ 不太方便　⑤ 很不方便

　　您觉得现在的医院(卫生室)有什么问题?(可多选)

　　① 离家太远　② 规模太小　③ 数量太少　④ 其他_____

　　22. 您去银行或邮局办事的次数是平均(□每天　□每周　□每月　□每年)_____次,银行或邮局的名称是_____,位于_____路。

　　从您家到银行或邮局用时_____分钟,一般怎么去?

　　① 走路　② 自行车　③ 电(助)动车　④ 摩托车　⑤ 农用车(包括三轮车、农用货车)　⑥ 自己开小汽车　⑦ 搭乘小汽车　⑧ 公交车　⑨ 地铁　⑩ 班车　⑪ 出租车　⑫ 其他_____

　　您现在出门去银行或邮局方便吗?

　　① 非常方便　② 比较方便　③ 一般方便　④ 不太方便　⑤ 很不方便

　　您觉得现在的银行或邮局有什么问题?(可多选)

　　① 离家太远　② 规模太小　③ 数量太少　④ 其他_____

　　23. 您出门体育锻炼的次数是平均(□每天　□每周　□每月　□每年)_____次,地点是:

　　① 村里的活动场地与设施,位于_____路　② 村外附近的场地设施,位于_____路　③ 离家较远的大型体育活动场地或体育馆,名称是_____,地址是_____。

　　从您家到锻炼场地用时_____分钟,一般怎么去?

　　① 走路　② 自行车　③ 电(助)动车　④ 摩托车　⑤ 农用车(包括三轮车、农用货车)　⑥ 自己开小汽车　⑦ 搭乘小汽车　⑧ 公交车　⑨ 地铁　⑩ 班车　⑪ 出租车　⑫ 其他_____

　　您觉得现在出门锻炼方便吗?

　　① 非常方便　② 比较方便　③ 一般方便　④ 不太方便　⑤ 很不方便

　　您觉得现在锻炼的地点有什么问题?(可多选)

① 离家太远　② 规模太小　③ 数量太少　④ 其他_____

24. 您出门见亲戚朋友的次数是平均(□每天　□每周　□每月　□每年)_____次。从您家过去用时_____分钟,一般怎么去?

① 走路　② 自行车　③ 电(助)动车　④ 摩托车　⑤ 农用车(包括三轮车、农用货车)　⑥ 自己开小汽车　⑦ 搭乘小汽车　⑧ 公交车　⑨ 地铁　⑩ 班车　⑪ 出租车　⑫ 其他_____

25. 您去原来工作单位办事的次数是平均(□每天　□每周　□每月　□每年)_____次,您原来单位位于_____路。从您家过去用时_____分钟,一般怎么去?

① 走路　② 自行车　③ 电(助)动车　④ 摩托车　⑤ 农用车(包括三轮车、农用货车)　⑥ 自己开小汽车　⑦ 搭乘小汽车　⑧ 公交车　⑨ 地铁　⑩ 班车　⑪ 出租车　⑫ 其他_____

26. 您自己开车或者骑电(助)动车、摩托车出门时,对现在村里的交通环境满意吗?

① 非常满意　② 比较满意　③ 一般满意　④ 不太满意　⑤ 很不满意

27. 您走路出门时,对现在村里的步行交通环境满意吗

① 非常满意　② 比较满意　③ 一般满意　④ 不太满意　⑤ 很不满意

28. 您觉得现在出门时有哪些问题?(可多选)

① 道路不平整、泥泞等　② 路上车太多不安全　③ 道路不畅通,堵车　④ 缺少人行专用道　⑤ 缺少交通标志　⑥ 缺少路灯　⑦ 交通标志看不清或看不懂　⑧ 过马路时绿灯时间短　⑨ 缺少公共厕所　⑩ 缺少坡道等无障碍设施　⑪ 缺少坐下休息的地方　⑫ 噪声太大　⑬ 缺少停车的地方　⑭ 缺少行道树　⑮ 其他_____

29. 您对现在的公交服务满意吗?

① 非常满意　② 比较满意　③ 一般满意　④ 不太满意　⑤ 很不满意

30. 您觉得现在坐公交时有哪些问题?(可多选)

① 公交车站较远,乘车不便　② 乘车时站点之间距离较长　③ 等车时间长　④ 看不清站牌,不清楚线路　⑤ 缺少直达线路,要转很多次车　⑥ 公交费用高　⑦ 上下车缺少无障碍设施　⑧ 车站候车座椅不舒适　⑨ 车内环境不舒适　⑩ 司机服务态度不好　⑪ 其他_____

31. 出门时,您最重视的因素是?(最多可选三项)

① 方便到达目的地　② 省钱　③ 省时间　④ 安全　⑤ 舒适　⑥ 其他_____

32. 在下列距离下,请问您首选的交通工具(方式)是?

(1) 0.5 公里以内:

① 走路　② 自行车　③ 电(助)动车　④ 摩托车　⑤ 农用车(包括三轮车、农用货车)　⑥ 自己开小汽车　⑦ 搭乘小汽车　⑧ 公交车　⑨ 地铁　⑩ 班车　⑪ 出租车　⑫ 其他_____

(2) 0.5—1 公里:

① 走路　② 自行车　③ 电(助)动车　④ 摩托车　⑤ 农用车(包括三轮车、农用货车)　⑥ 自己开小汽车　⑦ 搭乘小汽车　⑧ 公交车　⑨ 地铁　⑩ 班车　⑪ 出租车　⑫ 其他_____

(3) 1—3 公里:

① 走路　② 自行车　③ 电(助)动车　④ 摩托车　⑤ 农用车(包括三轮车、农用货车)　⑥ 自己开小汽车　⑦ 搭乘小汽车　⑧ 公交车　⑨ 地铁　⑩ 班车　⑪ 出租车　⑫ 其他_____

(4) 3—5 公里:

① 走路　② 自行车　③ 电(助)动车　④ 摩托车　⑤ 农用车(包括三轮车、农用货车)　⑥ 自己开小汽车　⑦ 搭乘小汽车　⑧ 公交车　⑨ 地铁　⑩ 班车　⑪ 出租车　⑫ 其他_____

(5) 5 公里以上:

① 走路　② 自行车　③ 电(助)动车　④ 摩托车　⑤ 农用车(包括三轮车、农用货车)　⑥ 自己开小汽车　⑦ 搭乘小汽车　⑧ 公交车　⑨ 地铁　⑩ 班车　⑪ 出租车　⑫ 其他_____

33. 您做出上述选择的主要原因是?(最多可选三项)

(1) 0.5 公里以内:

① 方便到达目的地　② 省钱　③ 省时间　④ 安全　⑤ 舒适　⑥ 其他_____

(2) 0.5—1 公里:

① 方便到达目的地　② 省钱　③ 省时间　④ 安全　⑤ 舒适　⑥ 其他_____

(3) 1—3 公里

① 方便到达目的地　② 省钱　③ 省时间　④ 安全　⑤ 舒适　⑥ 其他
＿＿＿＿＿

(4) 3—5 公里：

① 方便到达目的地　② 省钱　③ 省时间　④ 安全　⑤ 舒适　⑥ 其他
＿＿＿＿＿

(5) 5 公里以上：

① 方便到达目的地　② 省钱　③ 省时间　④ 安全　⑤ 舒适　⑥ 其他
＿＿＿＿＿

34. 您会因为什么原因不愿意出门？

① 身体状况　② 天气不好,如下雨、下雪等　③ 目的地离家太远　④ 乘车不方便　⑤ 交通费太贵　⑥ 没人陪伴　⑦ 路上不安全　⑧ 其他＿＿＿＿＿

35. 您之前享受过上海市"非高峰时段 70 岁以上老年人免费乘车"政策吗？

① 享受过　② 没享受过

36. 这项政策取消后,对您平常出门有什么影响吗？(可多选)

① 出门变多了　② 出门减少了　③ 路上花的时间延长了　④ 路上花的时间缩短了　⑤ 出发时间提前了　⑥ 出发时间延后了　⑦ 没有影响　⑧ 其他＿＿＿＿＿

37. 上海市公共交通卡各项优惠中,您享受过以下哪些？(可多选)

① 乘坐公交优惠　② 乘坐地铁优惠　③ 地铁换乘公交优惠　④ 地铁"出站换乘"优惠　⑤ 乘坐轮渡优惠　⑥ 乘坐磁悬浮优惠　⑦ P＋R(驻车换乘)停车优惠　⑧ 很少乘公交,未享受过

38. 上海市公共交通卡优惠对您平常出门有什么影响吗？(可多选)

① 出门变多了　② 出门减少了　③ 路上花的时间延长了　④ 路上花的时间缩短了　⑤ 出发时间提前了　⑥ 出发时间延后了　⑦ 乘坐公交(含地铁)次数增加　⑧ 乘坐公交(含地铁)次数减少　⑨ 没有影响　⑩ 其他＿＿＿＿＿

如果您使用电(助)动车出行,请继续填写；如果不使用,以下题目可跳过,问卷填写结束。

39. 您是否持有本市非机动车号牌和行车执照？

① 是　② 否

40. 您平常使用电（助）动车出行时，一般行驶速度是多少？

① 低于每小时 15 公里　② 每小时 15—30 公里　③ 每小时 30 公里以上

41. 您平常使用电（助）动车出行时，最多搭载过多少人？

① 不载人　② 1 人（12 岁以下儿童）　③ 1 人（12 岁以上）　④ 1 人以上

42. 您了解《上海市非机动车管理办法》中的以下规定吗？

(1) 电动自行车上路申请需要非机动车号牌和行车执照。

① 了解　② 没听说过

(2) 电动自行车最高行驶时速不得超过 15 公里。

① 了解　② 没听说过

(3) 电动自行车仅限载 1 名 12 周岁以下的未成年人。

① 了解　② 没听说过

43. 《上海市非机动车管理办法》对您平常出门有什么影响吗？

① 出门变多了　② 出门减少了　③ 路上花的时间延长了　④ 路上花的时间缩短了　⑤ 出发时间提前了　⑥ 出发时间延后了　⑦ 使用电（助）动车次数增加　⑧ 使用电（助）动车次数减少　⑨ 没有影响　⑩ 其他_____

B. 部分访谈提纲和记录

B1. 老年人对社区设施和服务的需求、使用特征及满意度访谈

一、老年人陈某

（一）基本信息

居住地：延吉七村；70 岁；男；月收入 3 000—5 000 元；高中毕业；步行能力类型：能轻松行走

（二）访谈内容

1. 认为需要（缺少）的设施：

(1) 社区医疗卫生中心，要去控江东三村就医，略远。

(2) 没有食堂，希望可以有类似食堂的餐厅提供餐饮服务，像老年人餐厅。考虑到老年人的收入水平以及经常就餐的习惯，希望菜品能够物美价廉。

(3) 希望有托老所。现在在控江东三村有，但是名额紧张，未来需求旺盛，希望自己的社区也可以有托老所。

(4) 希望有固定的废品回收站，现在都是流动摊贩。

(5) 认为睦邻中心很重要。

2. 认为需要(缺少)的服务：

(1) 餐饮服务很重要。不需要烧饭、操心买什么菜。特别是只有一两个人的时候。

(2) 睦邻中心很重要。经常来这边读书、跳舞、唱歌、和其他老人聊天。

(3) 上网,智能手机培训。(可以和儿童分时利用活动室,假期让给儿童使用)。

3. 认为社区不方便的地方：

(1) 公园方面。虽然去杨浦公园、黄兴公园、延春公园都很方便,但是杨浦公园门口因为有花鸟市场,人太多了,所以不愿意去。

(2) 小区停车占道问题。

4. 其他需要补充的意见和建议：

认为社区的关怀服务做得不错,健康访谈、医生讲座都很重要。

二、老年人顾某

(一) 基本信息

居住地:联洋二居委;69岁;男;月收入5 000元以上;本科毕业;步行能力类型:能独立行走。

(二) 访谈内容

1. 认为需要(缺少)的设施：

(1) 菜市场、水果店、沿街便利店等便利性服务设施。

(2) 较大型的公园绿地,免门票。

(3) 中小型超市。

(4) 食堂、助餐中心。

2. 认为需要(缺少)的服务：

因为可以独立行走,所以认为服务还可以。但是联洋的菜市场很贵,会去比较远的地方买菜,有时候会骑电动车,或者坐公交,早上一般会起得比较早去买菜,远一点没关系,认为价格便宜很重要。

3. 认为社区不方便的地方：

小区比较新,周边交通并不是很便利,小区出入口少,出小区路较远,物品整体价格偏高。

4. 补充内容：

老人是二居委棋牌室的管理者,每周要在棋牌室待3个半天,他认为居委会应该更加重视老年人的精神文化生活,对居委会下属的棋牌室等活动室投入应该更大一点。另外,老人认为联洋广场内的设施大部分是商业设施,面向年轻人的较多,老年人使用的很少,认为这种集中的布局方式不合理,还是应该有沿街商业比较便捷。

三、老年人李某

(一)基本信息

居住地:绿一社区;87岁;女;独居;月收入3000元;初中毕业;步行能力类型:爬楼梯、上坡有点吃力。

(二)访谈内容

1. 认为需要(缺少)的设施:

(1)可以避雨的活动场所。老人提出小区内的花园里只有廊(没有顶)和凳子,没有亭子这种可以避雨的地方。希望有一个可以避雨的活动场所。

(2)银行太少了。特别是对于老年人,取钱通过上海银行,这边却没有上海银行。

(3)缺少棋牌室。棋牌室离得太远了,而且是私人经营的。

(4)图书室很重要。

(5)康复锻炼中心。年纪大了,希望可以有这种地方来锻炼一下。

(6)助餐中心可以更加分散一点。目前的助餐中心人太多了,而且送到居委会,饭菜都凉了。

(7)非常欠缺大型医院。

(8)缺少公园绿地。

2. 认为需要(缺少)的服务:

(1)定期体检,健康讲座。

(2)康复锻炼。

(3)希望社区可以提供上门家政服务。希望可以安装门铃,呼叫救助中心。

(4)定期技能培训很重要。

3. 认为社区不方便的地方:

(1)因为是保障房和经济动迁房,小区很新,很多设施没有配置齐全,有些设施在万达广场,但是万达广场离得比较远,走过去不太方便。

(2) 公交线路晚上关闭得太早,这边很多老人是从普陀区等地动迁过来的,经常回去访亲探友,稍微晚回来一点,下了地铁就没有公交接驳了,非常不方便。

(3) 小区里有河,河边的木板是镂空的,对于老人来讲,容易摔跤,不安全。

4. 补充内容:

不愿意去附近的公园,但是会自己组织去较远的地方玩;觉得骑摩托车特别危险;认为小区的医疗设施太缺乏,大型医院距离太远,生病较重的老年人看病拿药非常不方便。

四、社区居委会管理人员黄某

(一) 基本信息

延吉社区某村居委会管理人员;58岁;男;家庭结构:一家五口;步行能力类型:良好。

(二) 访谈内容

1. 社区老年人经常使用的设施:

使用老年人活动中心比较多,每天都有很多老年人在那里聊天等。

2. 认为社区老年人缺乏的设施:

(1) 目前我们社区跟七村比,缺少一个大型的睦邻中心,尽管这个睦邻中心说是覆盖几个社区共同使用,但离我们还是有点距离,很多睦邻中心的便民服务和福利都被七村先到先得,很多好处我们享受得少了些,居民们有时会心理不平衡。

(2) 缺乏老年食堂这样的设施,老人用餐不方便。现在需要送餐上门的老年人一般都和社区附近的几家快餐店或炒菜店说好,一个月给多少钱,送上门,也享受不到老年食堂的便捷。

3. 认为有待提升的设施:

目前的养老院为私人养老院,设施规模小、床位数少,但即使是这样,好多老年人想进去还要排上好几个月甚至一年。

4. 社区老年人经常使用的服务或活动:

老年人经常参与社区组织的公益讲座等活动。

5. 认为社区老年人缺乏的服务或活动:

目前社区缺乏一些上门的便民服务,例如上门送药、上门医疗等。

6. 认为有待提升的服务或活动:

(1) 老年人参与度高的活动,比如文体娱乐等还可以增加一些。

(2) 希望能提高家政服务的质量,降低收费标准。

7. 对社区管理的意见或看法:

(1) 我们社区的管理者普遍比较年轻,思维比较活跃,容易学习新鲜事物,对社区管理也能提出不一样的见解。

(2) 但是一些社区管理制度还不太完善。例如,因为我们是老小区,老年人希望能安装电梯,很多住在六楼的老年人腿脚不便,不想走路。因为这其实不是我们居委会的职责,但是我们主动去联系物业和街道办,街道办要我们去征求上级单位的意见,上级单位又告知我们需要得到房管局等单位的同意,总之安装电梯非常麻烦,要拿的批复很多,报批的单位也很多,往往就踢皮球,最后就不了了之了。另外,对于同一栋楼的居民来说,住在一楼、二楼的居民可能不需要使用电梯,不愿意参与筹款。所以在处理民众事务的时候,由于社区管理的制度不完善,很多对应事务找不到解决途径,会出现矛盾的情况。

8. 其他需要补充的意见和建议:

现在我们小区最迫在眉睫的就是老年食堂了,大家都想最先解决这个问题。

B2. 多元主体协同营造访谈提纲

一、政府部门(职能部门、街道)访谈提纲

1. 基本情况

(1) 为什么开展社区营造工作?

(2) 在社区营造过程中承担了什么角色?涉及哪些职能部门?部门间的分工是什么?

2. 营建阶段

(1) 哪些工作由街道、居委会承担?是否有社区工作事项清单?

(2) 怎样和居民沟通交流(座谈会、听证会、微信群、意见征集书、网站公示)?会议的参与要求是什么?

(3) 是否有社会组织参与的案例?社会组织的角色是什么?如何协作运行?

(4) 是否有企业参与的案例?企业的角色是什么?如何协作运行?

(5) 社区规划师参与了哪些阶段？作为什么角色？起到了什么作用？

(6) 项目推进的资金来源是什么？

3. 运营阶段

如何维护和管理营造成果？

4. 问题

(1) 公众参与方面（群众动员等）、落地实施方面（意见协调、项目收支等）。

(2) 其他需要改进的方面。

5. 相关管理和技术文件（社区治理、社区营造）

市、区层面的相关文件。

6. 相关资料

项目成果集、相关活动记录。

二、居委会访谈提纲

1. 基本情况

在社区营造过程中承担了哪些工作？是否有工作事项清单等？

2. 营建阶段

(1) 怎样和居民沟通交流（座谈会、听证会、微信群、网站公示）？

(2) 居民参与了哪些阶段（选址、方案设计、实施）？主要议题是什么？各阶段的参与情况（未反馈意见、有反馈意见但未采纳、根据意见调整了方案）？

(3) 是否有社会组织参与？社会组织的角色是什么？如何协作运行？

(4) 是否有企业参与？企业的角色是什么？如何协作运行？

(5) 社区规划师参与了哪些阶段？作为什么角色？起到了什么作用？

分类	选址	方案设计	实施
居民			
社会组织			
企业			

(6) 项目的资金来源是什么？

3. 运营阶段

(1) 如何维护和管理营造成果？有哪些主体参与？

(2) 是否有常态化的评估机制和意见反馈途径？是否收到居民的意见反馈？

4. 问题

(1) 公众参与方面（群众动员等）、落地实施方面（意见协调等）。

(2) 其他需要改进的方面。

5. 相关管理和技术文件（社区治理、社区营造）。

街道、社区层面的相关文件（议事规则、议事流程、居民公约等）。

6. 相关资料

项目成果集、相关活动记录。

三、社会组织访谈提纲

1. 基本情况

(1) 社会组织的基本情况。

(2) 为什么参与社区营造工作？

2. 政府委托型项目

(1) 在社区营造中承担了哪些工作？

(2) 政府在哪些方面提供了帮助？

(3) 居民参与了哪些阶段（选址、方案设计、实施，管理使用）？各阶段的参与深度？通过哪些手段鼓励居民参与？

(4) 设施建成后的运营模式是什么？有哪些主体参与？

(5) 过程中有什么困难？是如何解决的？

3. 自主发起型项目

(1) 与联系到的其他主体是如何合作的？各主体分别承担什么工作？提供哪些资源？

(2) 过程中如何保障收支平衡？

(3) 设施建成后的运营模式是什么？有哪些主体参与？

(4) 过程中有什么困难？是如何解决的？

4. 相关资料

项目成果集、相关活动记录。

四、企业访谈提纲

1. 基本情况

(1) 为什么参与社区营造工作？

(2) 在社区营造过程中承担了哪些工作？

2. 营建阶段

(1) 政府在哪些方面提供了帮助？

(2) 怎样和居民沟通交流（座谈会、听证会、微信群、网站公示）？

(3) 居民参与了哪些阶段（选址、方案设计、实施，管理使用）？主要议题是什么？各阶段的参与情况（未反馈意见、有反馈意见但未采纳、根据意见调整了方案）？

(4) 是否有社会组织参与？社会组织的角色是什么？如何协作运行？

(5) 社区规划师参与了哪些阶段？作为什么角色？起到了什么作用？

(6) 项目的资金来源是什么？

3. 运营阶段

(1) 营造成果如何进行维护和管理？有哪些主体参与？

(2) 是否有常态化的评估机制和意见反馈途径？是否有收到居民的意见反馈？

4. 问题

(1) 公众参与方面（群众动员等）、落地实施方面（意见协调等）。

(2) 其他需要改进的方面。

5. 相关资料

项目成果集、相关活动记录。

五、居民访谈提纲

1. 基本情况

基本信息（性别、年龄、职业、居住时间）。

2. 参与情况

(1) 是否了解社区营造的内容？

(2) 是从什么渠道了解的（新闻媒体、社区宣传、周围邻居）？

(3) 参与了哪些阶段（选址阶段、方案设计阶段、实施落实阶段，管理使用阶段）？

(4) 是否有对社区营造提出意见和建议？意见是否得到采纳（未提出意见、有提出意见但未采纳、有提出意见并得到协调、根据意见调整了方案）？

(5) 是通过哪些工作人员提出的意见（街道办、居委会、规划师、社会工作者）

3. 成果评价

(1) 社区协同营造对您产生了哪些影响？是否给您的生活带来了便利？是否造成了不便？

(2) 您对营造的成果满意吗？原因是什么？

(3) 其他感想和建议。

图书在版编目(CIP)数据

老年人社区生活圈:体系构建与协同营造 / 黄建中
等著 .— 上海 : 上海社会科学院出版社,2024
ISBN 978 - 7 - 5520 - 4387 - 7

Ⅰ. ①老… Ⅱ. ①黄… Ⅲ. ①老年人—社区服务—研
究—中国 Ⅳ. ①D669.6

中国国家版本馆 CIP 数据核字(2024)第 094899 号

老年人社区生活圈:体系构建与协同营造

著　　者:黄建中 等
责任编辑:周　萌
封面设计:黄婧昉
出版发行:上海社会科学院出版社
　　　　　上海顺昌路 622 号　邮编 200025
　　　　　电话总机 021 - 63315947　销售热线 021 - 53063735
　　　　　https://cbs.sass.org.cn　E-mail: sassp@sassp.cn
照　　排:南京前锦排版服务有限公司
印　　刷:上海盛通时代印刷有限公司
开　　本:710 毫米×1010 毫米　1/16
印　　张:18.75
插　　页:1
字　　数:316 千
版　　次:2024 年 8 月第 1 版　2024 年 8 月第 1 次印刷

ISBN 978 - 7 - 5520 - 4387 - 7/D·720　　　　　定价:98.00 元

版权所有　翻印必究